Aphorismen der Weltliteratur

Aphorismen der Weltliteratur

Herausgegeben von
Friedemann Spicker

Philipp Reclam jun.
Stuttgart

Alle Rechte vorbehalten
© 1999 Philipp Reclam jun. GmbH & Co., Stuttgart
Satz und Druck: Reclam, Ditzingen
Buchbinderische Verarbeitung:
Sigloch Buchbinderei, Künzelsau
Printed in Germany 2000
RECLAM ist eine eingetragene Marke
der Philipp Reclam jun. GmbH & Co., Stuttgart
ISBN 3-15-058017-X

Es ist ein großer Fehler, über die Dinge dieser Welt allgemein und absolut und sozusagen wie in Regeln zu sprechen: denn beinahe alle Dinge sind verschieden und weichen von der Regel ab angesichts der Mannigfaltigkeit der Umstände, die nicht über einen Leisten zu schlagen sind: Unterschiede und Abweichungen jedoch lehren uns nicht Bücher, sondern die Urteilskraft.

Francesco Guicciardini

Wer irgendeine von diesen Bemerkungen weder in seinem Leben noch die Antizipation in seiner Seele hat: findet sie bloß leer oder nichts. Etwas anderes ist, wenn einer eine falsch findet.

Jean Paul

Wo nichts mehr zu enträtseln bleibt, hört unser Anteil auf.

Ernst von Feuchtersleben

Die großen Aphoristiker lesen sich so, als ob sie alle einander gut gekannt hätten.

Elias Canetti

Francesco Guicciardini

(1483–1540)

Es ist ein großer Fehler, über die Dinge dieser Welt allgemein und absolut und sozusagen wie in Regeln zu
sprechen: denn beinahe alle Dinge sind verschieden und
weichen von der Regel ab angesichts der Mannigfaltigkeit der Umstände, die nicht über einen Leisten zu
schlagen sind: Unterschiede und Abweichungen jedoch
lehren uns nicht Bücher, sondern die Urteilskraft.   *1*

Die Vergangenheit erleuchtet die Zukunft, da die Welt
im Grunde immer gleich blieb und alles, was ist und
noch kommt, auch früher schon einmal – wenn auch unter anderem Namen und in anderer Form – war und immer wiederkehrt. Freilich sieht das nicht jeder, sondern
nur der einsichtsvolle und aufmerksame Beobachter.   *2*

Vom Tun oder Nichttun eines scheinbar Nichtigen
hängt oft das Gelingen des Wichtigsten ab, drum soll
man auch im Kleinen behutsam und umsichtig sein.   *3*

Wer Gefahren wagt, ohne zu bedenken, wie groß sie
sind, ist lediglich ein dummes Tier; tapfer ist nur, wer die
Gefahr kennt und sie aus Not oder achtbarem Grund
trotzdem auf sich nimmt.   *4*

Leicht ist ein schöner Zustand zerstört, während man
ihn nur schwer erreicht. Wer sich wohlbefindet, tue
drum alles, um dieses Glück nicht zu verlieren.   *5*

Alle in dieser Welt, wer sie auch sein mögen, begehen
Fehler, aus denen dann größerer oder kleinerer Schaden
entsteht, je nachdem, welche Umstände und Zufälle mit-
spielen. Glück ist, im Unbedeutenden zu irren oder
dort, wo es wenig schadet.   6

Glück ist zuweilen des Menschen größter Feind: Es
macht ihn oft böse, leichtfertig und rücksichtslos; deshalb ist ihm zu widerstehen eine härtere Probe als die
Überwindung vieler Widerstände.   7

Hat die Volksherrschaft auch große Mängel und Nachteile, so halten doch treffliche Männer sie in unserer
Stadt für das geringste Übel.   8

Das Volk liebt den Mann, der die Gerechtigkeit bringt,
dem Weisen schenkt es eher Ehrfurcht denn Liebe.   9

Im Gespräch mit großen Herren soll man sich nie durch
Freundlichkeiten und leere Gunsterweisungen auf den
Arm nehmen lassen; denn so lieben sie, die Menschen
springen zu lassen und in ihrer Gunst zu ertränken. Je
schwerer man sich in einer solchen Lage verteidigen
kann, desto stärker heißt es sich zurückhalten und fest
bleiben, um nicht zu fallen.   10

Wer sich bei seinen Oberen beliebt machen will, zeige
ihnen vor allem Achtung und Ehrerbietung und tue eher
zu viel als zu wenig; denn nichts verletzt einen Vorge-
setzten mehr als der Eindruck, es werde ihm nicht so
viel Achtung und Ehre erwiesen, wie er für sich verlangt.   11

Nur ein nieder- oder übelgebildeter Geist begehrt Hab und Gut um ihres bloßen Besitzes willen. Doch in unserer so verrotteten Welt ist jeder, der nach Achtung und Rang strebt, genötigt, auch einen bunten Rock anzuziehen, da er nur dann beachtet und gewürdigt wird, während sonst keiner auf ihn schaut.   *12*

Keinen größeren Feind hat der Mensch als sich selbst. Fast alle üblen Gefahren und Mühen, die nicht zu sein brauchten, schafft er sich selbst durch übergroße Begehrlichkeit.   *13*

Kämpfe niemals gegen die Religion oder gegen anderes, was von Gott abzuhängen scheint, denn all dies hat zuviel Gewalt über die Geister von Toren.   *14*

FRANCIS BACON

(1561–1626)

Der Mensch, der Diener und Ausleger der Natur, wirkt und weiß so viel, als er von der Ordnung der Natur durch Versuche oder durch Beobachtung bemerkt hat; weiter weiß und vermag er nichts.   *1*

Unsinn und Widerspruch wäre es, zu wähnen, daß etwas, was bis jetzt nicht zu Stande gebracht ist, anders als durch eine bisher noch unversuchte Methode geschehen könne.   *2*

Zwei Wege gibt es zur Untersuchung und Auffindung der Wahrheit – es kann nicht mehrere geben. – Der eine ist ein Sprung von der sinnlichen Wahrnehmung und von einzelnen zu höchst allgemeinen Grundsätzen; aus diesen höchsten Wahrheiten werden sodann die Mittelsätze aufgefunden; dieser Weg ist der jetzt gewöhnliche. Der andre leitet von der sinnlichen Wahrnehmung und vom Einzelnen ebenfalls Grundsätze her; aber er steigt dann allmählich und stufenweise höher, bis er erst ganz zuletzt zu den allgemeinsten, höchsten gelangt – das ist der wahre Weg, aber noch unbetreten. *3*

Vorzugsweise wird der menschliche Geist von dem, was plötzlich das Gemüt ergreift und erschüttert, wovon die Phantasie erfüllt wird, angesprochen; alles Übrige dichtet und fabelt er auf eine, freilich unbegreifliche Weise hinzu, sowie es zu seinen wenigen Begriffen am besten paßt. Allein zu jener Reise nach fernliegenden und fremden Instanzen, welche eine Feuerprobe für die Axiome sind, hat er nicht Lust und Geschick, wofern sie ihm nicht durch strenge Gesetze und harte Zucht auferlegt wird. *4*

Jenes einfältige kindische Anstaunen der Gelehrsamkeit suchen die Lehrer und Vorsteher derselben auf alle Weise zu steigern. Mit ehrsüchtiger Affektation stellen sie dieselben dem Publikum als durchaus vollendet dar. Ihre systematischen Einteilungen scheinen alles zu umfassen, was nur im entferntesten in ihren Bereich gehört. Nun sind zwar diese Teile übel ausgefüllt, gleichsam leere Fächer; doch in den Augen des Haufens gilt das alles für höchste wissenschaftliche Vollständigkeit.

Weit redlicher verfuhren die älteren Forscher. Sie sammelten meistenteils ihre durch Naturstudien erworbnen Kenntnisse, die sie der Mühe wert hielten, in Aphorismen oder kurze nicht methodisch verkettete Sätze und maßten sich nicht trügerisch an, die ganze Kunst zu umfassen. Es ist also kein Wunder, daß bei dem jetzigen Verfahren die Menschen nicht weiter zu kommen streben, da ihnen alles als längst in jeder Rücksicht vollendet dargestellt wird.   5

Die bisherigen Philosophen waren entweder Empiriker oder Rationalisten. Die Empiriker begnügen sich damit, alles zum einstigen Gebrauche zusammenzutragen wie die Ameise. Die Rationalisten entwickeln ihre Gewebe aus sich selbst wie die Spinne. Zwischen beiden hält die Biene das Mittel; aus den Blumen der Felder und Gärten sammelt sie ihren Stoff, dann aber verarbeitet sie ihn durch eigne Kraft. Nicht ungleich diesem Bilde ist die wahre philosophische Tätigkeit. Sie läßt nicht alles bloß auf die Kräfte des Geistes ankommen, noch nimmt sie aus der Naturgeschichte und den mechanischen Versuchen den ihr dargebotenen Stoff – roh, wie er ist – ins Gedächtnis auf, sondern legt ihn erst verändert und umgearbeitet dem Verstande vor. Aus solcher innigen Verbindung der Erfahrung mit der Vernunft, welche bisher noch nicht stattgefunden hat, ist nun alles zu erwarten!   6

Wissenschaft und Tapferkeit bauen die Größe auf. Sie machen unsterblich; weil sie es sind. Jeder ist so viel, als er weiß, und der Weise vermag alles. Ein Mensch ohne Kenntnisse; eine Welt im Finstern. Einsicht und Kraft; Augen und Hände. Ohne Mut ist das Wissen unfruchtbar.   *1*

Bald aus zweiter, bald aus erster Absicht handeln. Ein Krieg ist das Leben des Menschen gegen die Bosheit des Menschen. Die Klugheit führt ihn, indem sie sich der Kriegslisten hinsichtlich ihres Vorhabens bedient. Nie tut sie das, was sie vorgibt, sondern zielt nur, um zu täuschen. Mit Geschicklichkeit macht sie Luftstreiche; dann aber führt sie in der Wirklichkeit etwas Unerwartetes aus, stets darauf bedacht, ihr Spiel zu verbergen. Eine Absicht läßt sie erblicken, um die Aufmerksamkeit des Gegners dahin zu ziehn, kehrt ihr aber gleich wieder den Rücken und siegt durch das, woran keiner gedacht. Jedoch kommt ihr andererseits ein durchdringender Scharfsinn durch seine Aufmerksamkeit zuvor und belauert sie mit schlauer Überlegung: stets versteht er das Gegenteil von dem, was man ihm zu verstehn gibt, und erkennt sogleich jedes Falsche-Miene-Machen. Die erste Absicht läßt er immer vorübergehn, wartet auf die zweite, ja auf die dritte. Indem jetzt die Verstellung ihre Künste erkannt sieht, steigert sie sich noch höher und versucht nunmehr durch die Wahrheit selbst zu täuschen: sie ändert ihr Spiel, um ihre List zu ändern, und läßt das nicht Erkünstelte als erkünstelt erscheinen, indem sie so ihren Betrug auf die vollkommenste Aufrichtigkeit gründet. Aber die beobachtende Schlauheit ist auf ihrem Posten, strengt ihren Scharfblick an und entdeckt die in Licht gehüllte Finsternis: sie entziffert jenes Vorhaben, welches je aufrichtiger, desto trügerischer war. Auf solche Weise kämpft die Arglist des Python gegen den Glanz der durchdringenden Strahlen Apollos. *2*

Die Daumschraube eines jeden finden. Dies ist die Kunst, den Willen anderer in Bewegung zu setzen. Es gehört mehr Geschick als Festigkeit dazu. Man muß wissen, wo einem jeden beizukommen sei. Es gibt keinen Willen, der nicht einen eigentümlichen Hang hätte, welcher, nach der Mannigfaltigkeit des Geschmacks, verschieden ist. Alle sind Götzendiener, einige der Ehre, andere des Interesses, die meisten des Vergnügens. Der Kunstgriff besteht darin, daß man diesen Götzen eines jeden kenne, um mittelst desselben ihn zu bestimmen. Weiß man, welches für jeden der wirksame Anstoß sei, so ist es, als hätte man den Schlüssel zu seinem Willen. Man muß nun auf die allererste Springfeder oder das primum mobile in ihm zurückgehn, welches aber nicht etwa das Höchste seiner Natur, sondern meistens das Niedrigste ist: denn es gibt mehr schlecht- als wohlgeordnete Gemüter in der Welt. Jetzt muß man zuvörderst sein Gemüt bearbeiten, dann ihm durch ein Wort den Anstoß geben, endlich mit seiner Lieblingsneigung den Hauptangriff machen; so wird unfehlbar sein freier Wille schachmatt. *3*

Denken wie die wenigsten und reden wie die meisten.
Gegen den Strom schwimmen wollen vermag keineswegs, den Irrtum zu zerstören, sehr wohl aber, in Gefahr zu bringen. Nur ein Sokrates konnte es unternehmen. Von anderer Meinung abweichen wird für Beleidigung gehalten; denn es ist ein Verdammen des fremden Urteils. Bald mehren sich die darob Verdrießlichen, teils wegen des getadelten Gegenstandes, teils wegen dessen, der ihn gelobt hatte. Die Wahrheit ist für wenige, der Trug so allgemein wie gemein. Den Weisen wird man nicht an dem erkennen, was er auf dem Marktplatz redet: denn dort spricht er nicht mit *seiner* Stimme, sondern mit der der allgemeinen Torheit, so sehr auch sein Inneres sie verleugnen mag. Der Kluge vermeidet ebensosehr, daß man ihm als daß er andern widerspreche: so bereit er zum Tadel ist, so zurückhaltend in der Äußerung desselben. Das Denken ist frei, ihm kann und darf keine Gewalt geschehn. Daher zieht der Kluge sich zurück in das Heiligtum seines Schweigens; und läßt er ja sich bisweilen aus, so ist es im engen Kreise weniger und Verständiger.

4

Den glücklichen Ausgang im Auge behalten. Manche setzen sich mehr die strenge Richtigkeit der Maßregeln zum Ziel als das glückliche Erreichen des Zwecks: allein stets wird in der öffentlichen Meinung die Schmach des Mißlingens die Anerkennung ihrer sorgfältigen Mühe überwiegen. Wer gesiegt hat, braucht keine Rechenschaft abzulegen. Die genaue Beschaffenheit der Umstände können die meisten nicht sehn, sondern bloß den guten oder schlechten Erfolg: daher wird man nie in der Meinung verlieren, wenn man seinen Zweck erreicht. Ein gutes Ende übergoldet alles, wie sehr auch immer das Unpassende der Mittel dagegen sprechen mag. Denn zuzeiten besteht die Kunst darin, daß man gegen die Regeln der Kunst verfährt, wenn ein glücklicher Ausgang anders nicht zu erreichen steht.   5

Kenntnis seiner selbst, an Sinnesart, an Geist, an Urteil, an Neigungen. Keiner kann Herr über sich sein, wenn er sich nicht zuvor begriffen hat. Spiegel gibt es für das Antlitz, aber keine für die Seele; daher sei ein solcher das verständige Nachdenken über sich: allenfalls vergesse man sein äußeres Bild, aber erhalte sich das innere gegenwärtig, um es zu verbessern, zu vervollkommnen: man lerne die Kräfte seines Verstandes und seine Feinheit zu Unternehmungen kennen: man untersuche seine Tapferkeit, zum Einlassen in Händel: man ergründe seine ganze Tiefe und wäge seine sämtlichen Fähigkeiten, zu allem.   6

Tun und sehn lassen. Die Dinge gelten nicht für das, was sie sind, sondern für das, was sie scheinen. Wert haben und ihn zu zeigen verstehn heißt zweimal Wert haben. Was nicht gesehn wird, ist, als ob es nicht wäre. Das Recht selbst kann seine Achtung nicht erhalten, wenn es nicht auch als Recht erscheint. Viel größer ist die Zahl der Getäuschten als die der Einsichtigen. Der Betrug herrscht vor, und man beurteilt die Dinge von außen: viele aber sind weit verschieden von dem, was sie scheinen. Eine gute Außenseite ist die beste Empfehlung der inneren Vollkommenheit.   7

Besser mit allen ein Narr als allein gescheit, sagen politische Köpfe. Denn wenn alle es sind, steht man hinter keinem zurück: und ist der Gescheite allein, wird er für den Narren gelten. So wichtig ist es, dem Strom zu folgen. Bisweilen besteht das größte Wissen im Nichtwissen oder in der Affektation desselben. Man muß mit den übrigen leben, und die Unwissenden sind die Mehrzahl. Um allein zu leben, muß man sehr einem Gotte oder ganz einem Tier ähnlich sein. Doch möchte ich den Aphorismus ummodeln und sagen: besser mit den übrigen gescheit als allein ein Narr; denn einige suchen Originalität in Schimären.   8

Seine Sachen herauszustreichen verstehn. Der innere Wert derselben reicht nicht aus: denn nicht alle dringen bis auf den Kern oder schauen ins Innere: vielmehr laufen die meisten dahin, wo schon ein Zusammenlauf ist, und gehn, weil sie andere gehn sehn. Ein großer Teil der Kunst besteht darin, seine Sache in Ansehn zu bringen, bald durch Anpreisen, denn Lob erregt Begierde; bald durch eine vortreffliche Benennung, welche einer hohen Meinung sehr förderlich ist; wobei jedoch alle Affektation zu vermeiden. Ferner ist ein allgemeines Anregungsmittel, sie bloß für die Einsichtigen zu bestimmen, da alle sich für solche halten, und wenn etwa nicht, dann der gefühlte Mangel den Wunsch erregen wird. Hingegen muß man nie seinen Gegenstand als leicht oder gewöhnlich empfehlen, wodurch er mehr herabgesetzt als erleichtert wird: nach dem Ungewöhnlichen haschen alle, weil es für den Geschmack wie für den Verstand anziehender ist.   9

Aufmerksamkeit auf sich im Reden: wenn mit Neben-
buhlern, aus Vorsicht; wenn mit andern, des Anstands
halber. Ein Wort nachzuschicken ist immer Zeit, nie eins
zurückzurufen. Man rede wie im Testament: je weniger
Worte, desto weniger Streit. Beim Unwichtigen übe man
sich für das Wichtige. Das Geheimnisvolle hat einen gewissen göttlichen Anstrich. Wer im Sprechen leichtfertig
ist, wird bald überwunden oder überführt sein.   *10*

Ohne zu lügen nicht alle Wahrheiten sagen. Nichts erfordert mehr Behutsamkeit als die Wahrheit: sie ist ein
Aderlaß des Herzens. Es gehört gleichviel dazu, sie zu
sagen und sie zu verschweigen zu verstehn. Man verliert
durch eine einzige Lüge den ganzen Ruf seiner Unbe-
scholtenheit. Der Betrug gilt für ein Vergehn und der
Betrüger für falsch, welches noch schlimmer ist. Nicht
alle Wahrheiten kann man sagen, die einen nicht unser
selbst wegen, die andern nicht des andern wegen.   *11*

Etwas zu wünschen übrig haben, um nicht vor lauter
Glück unglücklich zu sein. Der Leib will atmen und der
Geist streben. Wer alles besäße, wäre über alles enttäuscht und mißvergnügt. Sogar dem Verstande muß etwas zu wissen übrigbleiben, was die Neugier lockt und
die Hoffnung belebt. Übersättigungen an Glück sind
tödlich. Beim Belohnen ist es eine Geschicklichkeit, nie
gänzlich zufriedenzustellen. Ist nichts mehr zu wünschen, so ist alles zu fürchten: unglückliches Glück! Wo
der Wunsch aufhört, beginnt die Furcht.   *12*

Sein Leben verständig einzuteilen verstehn; nicht wie
es die Gelegenheit bringt, sondern mit Vorhersicht und

Auswahl. Ohne Erholungen ist es mühselig wie eine
lange Reise ohne Gasthöfe: mannigfaltige Kenntnisse
machen es genußreich. Die erste Tagereise des schönen
Lebens verwende man zur Unterhaltung mit den Toten:
wir leben, um zu erkennen und um uns selbst zu erkennen; also machen wahrhafte Bücher uns zu Menschen.
Die zweite Tagereise bringe man mit den Lebenden zu,
indem man alles Gute auf der Welt sieht und anmerkt; in
einem Lande ist nicht alles zu finden: der Vater der Welt
hat seine Gaben verteilt und bisweilen gerade die Häßliche am reichsten ausgestattet. Die dritte Tagereise hindurch gehöre man ganz sich selber an: das letzte Glück
ist, zu philosophieren.   *13*

Etwas mehr wissen und etwas weniger leben. Andere
sagen es umgekehrt. Gute Muße ist besser als Geschäfte.
Nichts gehört unser als nur die Zeit, in welcher selbst
der lebt, der keine Wohnung hat. Es ist gleich unglücklich, das kostbare Leben mit mechanischen Arbeiten
oder mit einem Übermaß erhabener Beschäftigungen
hinzubringen. Man überhäufe sich nicht mit Geschäften
und mit Neid; sonst stürzt man sein Leben hinunter und
erstickt den Geist. Einige wollen dies auch auf das Wissen ausdehnen: aber wer nichts weiß, der lebt auch
nicht.   *14*

Samuel Butler

(1612–1680)

Die meisten Menschen verdanken ihr Unglück weniger ihrem Mangel an Unehrlichkeit als ihrem Witz.　　*1*

Es gibt mehr Narren als Schurken in der Welt. Anders würden die Schurken nicht genug haben, um davon zu leben.　　*2*

Es erfordert größere Meisterschaft in der Malkunst, ein Glied richtig zu verkürzen, als drei in ihrer vollen Länge zu zeichnen; und so ist es beim Schreiben, wenn man etwas kurz und natürlich ausdrückt statt umständlich und weitschweifig.　　*3*

Das Ziel alles Wissens besteht darin, daß man versteht, was zu tun angemessen ist; denn zu wissen, was gewesen ist und was ist und was sein mag, das führt nur in diese Richtung.　　*4*

Wenn man ein Urteil wünscht, kann man mit Wahrheit nicht weniger getäuscht und betrogen werden als mit Falschheit; so kann man auch, wenn man unaufmerksam ist und stolpert, dabei in die richtige wie in die falsche Richtung fallen.　　*5*

Die Phantasie ist (wie bei Caligula) ein hervorragender Diener der Vernunft und der Urteilskraft, aber höchst ungeeignet, die Welt zu regieren.　　*6*

Es werden mehr Weise von Narren als Narren von Weisen regiert.   7

Ehrliche Ratschläge sind, wie ehrliche Menschen, gewöhnlich die unglücklichsten und werden schlechter aufgenommen als die schädlichsten.   8

Das Recht ist nur eine Regel, und Gleichheit ist die Ausnahme von ihr.   9

Der kürzeste Weg zur Ehre ist es, überhaupt keine zu besitzen.   10

Die Menschen verstehen die Welt und die Vorzüge des Lebens immer erst, wenn ihnen dieses Wissen nicht mehr nützt.   11

Derjenige, der nichts von Philosophie in sich hat, ist immer noch weniger Narr als der, der nichts als Philosophie in sich hat.   12

FRANÇOIS DE LA ROCHEFOUCAULD

(1613–1680)

Es bedarf größerer Tugenden, das Glück zu ertragen als das Unglück.   1

Der Eigennutz spricht jede Sprache und spielt jede Rolle, selbst die der Uneigennützigkeit.   2

Der Mensch glaubt oft, selbst zu führen, wenn er geführt wird, und während sein Geist auf ein Ziel zustrebt, zieht ihn sein Herz unvermerkt nach einem anderen hin.

3

Die Menschen würden nicht lange in Gemeinschaft leben, wenn nicht einer vom andern betrogen würde.   *4*

Die Greise geben gern gute Lehren, um sich darüber zu trösten, daß sie nicht mehr imstande sind, schlechte Beispiele zu geben.   *5*

Der Verstand wird stets vom Herzen getäuscht.   *6*

Die Fehler des Geistes nehmen mit dem Alter zu wie die Falten des Gesichts.   *7*

Wir sind so gewohnt, uns vor anderen zu verstellen, daß wir uns am Ende vor uns selbst verstellen.   *8*

Die Tugenden verlieren sich im Eigennutz, wie die Ströme sich im Meer verlieren.   *9*

Der Wunsch, klug zu erscheinen, hindert uns oft, es zu werden.   *10*

Mit dem Alter nimmt man an Torheit und Weisheit zu.

11

Niemand verdient das Lob der Güte, wenn er nicht die Kraft hat, böse zu sein; jede andere Güte ist zumeist nur Trägheit oder Willensschwäche.   *12*

Es beweist große Klugheit, seine Klugheit zu verbergen.

13

Höflichkeit ist der Wunsch, höflich behandelt zu werden und als gesittet zu gelten.   14

Es gibt verschleierte Unwahrheiten, die der Wahrheit so ähnlich sehen, daß sich von ihnen nicht täuschen zu lassen, einem Mangel an Urteil gleichkäme.   15

Man weiß durchaus nicht alles, was man will.   16

Schwache Menschen können nicht aufrichtig sein.   17

Man verzeiht, solange man liebt.   18

Wir würden uns oft unserer schönsten Handlungen schämen, wenn die Welt alle ihre Beweggründe kennte.

19

Es ist leichter, den Menschen im allgemeinen als einen Menschen im besonderen zu kennen.   20

Man wünscht nie brennend, was man nur aus Vernunft wünscht.   21

Wer große Leidenschaften gefühlt hat, ist sein ganzes Leben lang glücklich und unglücklich, von ihnen geheilt zu sein.   22

Wir plagen uns weniger, glücklich zu werden, als glauben zu machen, daß wir es seien.   23

Es ist notwendiger, die Menschen zu studieren als die
Bücher.   *24*

Es ist niemals so schwer, treffend zu sprechen, als wenn
man sich schämt zu schweigen.   *25*

Höchste Narrheit ist aus der höchsten Weisheit gewebt.

26

BLAISE PASCAL

(1623–1662)

Die zwei entgegengesetzten Begründungen: Man muß
damit anfangen, sonst versteht man nichts und alles ist
häretisch; und sogar am Ende einer jeden Wahrheit muß
man hinzufügen, daß man sich an die entgegengesetzte
Wahrheit erinnert.   *1*

Unterwerfung. – Man muß zu zweifeln verstehen, wo es
notwendig ist, bejahen, wo es nötig ist, indem man sich
unterwirft, wo es nötig ist. Wer nicht so handelt, versteht nicht die Macht der Vernunft. Es gibt aber Menschen, die sich gegen diese drei Prinzipien verfehlen, indem sie entweder alles als beweiskräftig hinstellen, weil
sie sich in der Kunst des Beweises nicht auskennen, oder
indem sie an allem zweifeln, weil sie nicht wissen, daß
man sich unterwerfen muß, oder indem sie sich in allem

unterwerfen, weil sie nicht wissen, wann man urteilen muß.   2

Man muß sich selber kennen: wenn das auch nicht dazu diente, die Wahrheit zu finden, so dient es doch wenigstens dazu, sein Leben zu ordnen; und es gibt nichts, das richtiger wäre.   3

Zwei Dinge belehren den Menschen über seine Natur; der Instinkt und die Erfahrung.   4

Die Größe des Menschen ist groß darin, daß er sein Elend erkennt. Ein Baum erkennt sein Elend nicht.
   Es heißt also unglücklich sein, wenn man sich als unglücklich erkennt. Aber es heißt groß sein, wenn man erkennt, daß man unglücklich ist.   5

Der Gedanke macht die Größe des Menschen.   6

Während ich meinen Gedanken niederschreibe, entgleitet er mir zuweilen; aber das erinnert mich an meine Schwäche, die ich alle Augenblicke vergesse; das belehrt mich ebensosehr wie mein vergessener Gedanke, denn ich strebe nur danach, mein Nichts zu erkennen.   7

Wir rennen unbekümmert in den Abgrund, nachdem wir irgend etwas vor uns hingestellt haben, das uns hindern soll, ihn zu sehen.   8

Der Mensch ist weder Engel noch Tier, und das Unglück will es, daß wer einen Engel aus ihm machen will, ein Tier aus ihm macht.   9

Widersprüche. – Der Mensch ist von Natur gläubig, ungläubig, furchtsam, verwegen.   10

Das ewige Schweigen dieser unendlichen Räume erschreckt mich.   11

Zu unserer Natur gehört die Bewegung; die vollkommene Ruhe ist der Tod.   12

Die gewohnt sind, mit dem Gefühl zu urteilen, begreifen nichts von dem, was nur der Verstand erkennt; denn sie wollen gleich mit einem Blick alles durchdringen, und sind nicht daran gewöhnt, die Prinzipien zu suchen. Die anderen dagegen, die daran gewöhnt sind, nach Prinzipien zu denken, begreifen nichts von dem, was nur das Gefühl erfaßt, denn sie suchen Prinzipien darin und sind nicht imstande, etwas mit einem Blick zu erfassen.   13

Das letzte, was man findet, wenn man ein Werk schafft, ist die Erkenntnis, was man an seinen Anfang zu stellen hat.   14

Wir lieben nur einmal wahrhaft: das erstemal; später lieben wir nicht mehr so willenlos.   *1*

Beginn und Ende der Liebe künden sich an in der Verlegenheit, mit dem andern allein zu sein.   *2*

Es gibt Leute, die eine Sache so brennend und so entschieden wünschen, daß sie aus Furcht, sie zu verfehlen, nichts zu tun vergessen, was den Erfolg verhindern muß.   *3*

Was man am meisten ersehnt, erfüllt sich nicht, und wenn es eintrifft, dann nicht zu der Zeit noch unter den Umständen, wo es die größte Freude bereitet hätte.   *4*

Man muß lachen, auch ehe man glücklich ist, sonst stirbt man, ohne gelacht zu haben.   *5*

Man muß schon jeglichen Geistes bar sein, wenn Liebe, Bosheit und Not ihn nicht wecken.   *6*

Es ist ein großes Unglück, wenn man nicht Geist genug besitzt, um gut zu sprechen, noch Urteilskraft genug, um zu schweigen: darin liegt der Grund jeder Ungehörigkeit.   *7*

Wenn du genau darauf achtest, welche Leute nicht zu loben vermögen, nur immer tadeln, mit niemandem zufrieden sind, so wirst du bemerken, daß es stets die sind, mit denen niemand zufrieden ist. 8

Nur tiefe Unwissenheit verleitet zum lehrhaften Ton. Wer nichts weiß, glaubt andern das, was er eben erst gelernt hat, beibringen zu müssen; wer viel weiß, denkt kaum daran, daß man das, was er sagt, nicht wissen könne, und spricht deshalb mit einer gewissen Gleichgültigkeit. 9

Der Weise meidet zuweilen die Menschen, aus Furcht, sich zu langweilen. 10

Nach einem ausgedehnten Mittagsmahl unterzeichnet *Champagne* mit wohlgefülltem Magen und umnebelt vom lieblichen Dunst köstlicher Weine eine Order, die eine ganze Provinz des Brotes berauben würde, wenn man nicht dagegen einschritte. Er ist entschuldbar: wie sollte er in der ersten Stunde der Verdauung begreifen, daß man irgendwo Hungers sterben kann? 11

Man sieht Männer die höchste Gunst durch dieselben Fehler verlieren, die ihnen dazu verholfen hatten. 12

Es gibt Fälle im Leben, wo Wahrheit und Offenheit die beste List von der Welt sind. 13

Die Großen dürften die Zeit der ersten Menschen nicht sonderlich lieben: sie spricht nicht für sie; sie müssen mit Betrübnis feststellen, daß wir alle Brüder und Schwestern sind. Die Menschen bilden eine einzige Familie: es gibt nur ein Mehr oder Weniger im Grade der Verwandtschaft. 14

Das Leben ist kurz und voll Verdruß: es vergeht unter
lauter Wünschen; man verspart sich Ruhe und Freuden
für die Zukunft, für ein Alter, wo die besten Güter dahin sind, Gesundheit und Jugend. Und wenn diese Zeit
naht, findet sie uns noch in Wünschen: wir sind nicht
weitergekommen, wenn das Fieber uns ergreift und unserem Leben ein Ende macht; wären wir genesen, hätten
wir nur immer weiter gewünscht.   15

Es gibt Güter, die wir leidenschaftlich begehren und deren bloße Vorstellung uns schon hinreißt und entzückt;
haben wir das Glück, sie zu erlangen, so nehmen wir sie
gelassener auf, als wir gedacht hätten; wir erfreuen uns
kaum an ihnen und verlangen sogleich nach größeren. 16

Die Fehler der Toren sind oft so plump und so schwer
vorauszusehen, daß sie die Klugen irreleiten und nur denen Vorteil bringen, die sie begehen.   17

Man empfindet Scham über sein eigenes Glück, wenn
man andere im Elend sieht.   18

Alles Übel des Menschen kommt davon, daß er nicht
allein sein kann: daher der Hang zu Spiel, Luxus, Zerstreuung, Wein und Frauen, daher Unwissenheit, Läster-
sucht, Mißgunst, Selbstvergessen und Lauheit gegen
Gott.   19

Die meisten Menschen verwenden den einen Teil ihres
Lebens dazu, sich für den andern unglücklich zu machen.   20

Haß ist so zäh und hartnäckig, daß der Wunsch eines Kranken nach Versöhnung als das untrüglichste Vorzeichen des Todes gelten kann.   21

Es gibt eine Art scheue Tiere, von männlichem und weiblichem Geschlecht, die man da und dort auf den Feldern sieht, dunkel, fahl und von der Sonne verbrannt, über die Erde gebeugt, die sie mit zäher Beharrlichkeit durchwühlen und umgraben; sie scheinen so etwas wie eine Sprache zu besitzen, und wenn sie sich aufrichten, zeigen sie ein Menschenantlitz, und es sind in der Tat Menschen; nachts ziehen sie sich in ihre Höhlen zurück, wo sie sich von schwarzem Brot, Wasser und Wurzeln nähren. Sie ersparen den andern Menschen die Mühe, zu pflügen, zu säen und zu ernten, damit sie leben können, und haben wohl verdient, daß ihnen nicht das Brot mangle, das sie gesät haben.   22

Ich weiß nicht, was auf der Welt zu billigen und zu loben schwerer fällt als gerade das, was der Billigung und des Lobes besonders würdig ist, und ob Tugend, Verdienst, Schönheit, gute Taten und schöne Werke ursprünglicher und sicherer wirken als Neid, Eifersucht und Widerwillen. Ein Frömmler wird von einem andern Frömmler Gutes sagen, aber nie von einem Heiligen; wenn eine Frau die Schönheit einer andern anerkennt, so darf man daraus schließen, daß sie sich selber für schöner hält; wenn ein Dichter die Verse eines andern Poeten lobt, so kann man wetten, daß sie schlecht und wertlos sind.   23

Der Stumpfsinnige ist ein Dummkopf, der nicht spricht; das macht ihn erträglicher als den Dummen, der nicht schweigen kann. 24

Ein Merkmal geistiger Mittelmäßigkeit ist die Sucht, immer etwas zu erzählen. 25

Es gibt eine Lebensweisheit, die uns über Ehrgeiz und Glückszufälle erhebt, die uns den Reichen, Großen und Mächtigen gleichstellt, nein, über sie erhaben macht; die uns gleichgültig sein läßt gegen Stellung und Gönner; die uns davon befreit, zu wünschen, zu verlangen, zu bitten, zu ersuchen, beschwerlich zu fallen, und uns sogar die Erregung und übermäßige Freude, erhört worden zu sein, erspart. Es gibt eine andere Lebensweisheit, die uns lehrt, all diese Dinge auf uns zu nehmen und sie um unserer Nächsten oder Freunde willen zu ertragen: das ist die bessere. 26

Es ist eine übertriebene Zuversicht der Eltern, alles von der guten Erziehung ihrer Kinder zu erhoffen, und ein großer Irrtum, gar nichts davon zu erwarten und sie deshalb zu vernachlässigen. 27

Gebt Posten, wo man fallen könnte und doch nicht fällt: die Menschen lieben Ehre und Leben. 28

Ehe man sich als Freigeist oder Wüstling bekennt, sollte man sich ernstlich prüfen und erforschen, damit man wenigstens, den gewählten Grundsätzen gemäß, so stirbt, wie man gelebt hat; fühlt man aber nicht die Kraft in sich, diese Folgerung zu ziehen, so sollte man sich entschließen, so zu leben, wie man zu sterben wünscht. 29

Wer anders denkt als die Allgemeinheit und sich gegen die anerkannten Ordnungen auflehnt, müßte tiefere Kenntnisse haben als die andern, klare Einsichten besitzen und über Beweise verfügen, die jeden Zweifel ausschlössen.   30

Ich fühle, daß es einen Gott gibt, und ich fühle nicht, daß es keinen gebe; das genügt mir, alles Vernünfteln ist dabei wertlos: ich folgere also, daß Gott existiert. Dieser Schluß ist in meinem Wesen gegeben: ich habe die Grundlagen dafür in meiner Kindheit zu leicht in mich aufgenommen und in späteren Jahren zu selbstverständlich bewahrt, als daß ich sie der Falschheit verdächtigen könnte. – Aber es gibt Menschen, die diese Prinzipien ableugnen. – Es ist noch sehr die Frage, ob sich wirklich solche Leute finden; und wenn es wahr wäre, so beweist es nur, daß es Ungeheuer gibt.   31

Wenn man an diesem Buch keinen Geschmack findet, wundere ich mich; und findet man Geschmack daran, wundere ich mich ebenso.   32

Jonathan Swift

(1667–1745)

Wir haben gerade genug Religion in uns, einander zu hassen, aber nicht genug, einander zu lieben. *1*

Wenn wir eine Sache haben wollen oder begehren, ist unser ganzes Denken nur mit ihren guten Seiten oder Umständen beschäftigt; haben wir sie dann, ist unser ganzes Denken nur mit den schlechten beschäftigt. *2*

Die zweite Hälfte seines Lebens verbringt der Weise damit, sich von den Torheiten, Vorurteilen und irrigen Ansichten zu befreien, die er sich in der ersten zu eigen gemacht hat. *3*

Würde jemand all seine Ansichten über Liebe, Politik, Religion, Gelehrsamkeit usw. aufzeichnen, von der Jugend an bis ins hohe Alter hinein, was ergäbe das am Ende für eine lange Liste von Inkonsequenzen und Widersprüchen! *4*

Kein kluger Mensch hat je gewünscht, jünger zu sein. *5*

Jeder möchte lange leben, aber keiner will alt werden. *6*

Wenn sich Bücher und Gesetze weiter so vermehren wie während der letzten fünfzig Jahre, mache ich mir Sorgen, wie in Zukunft jemand noch Gelehrter oder Jurist werden soll. *7*

Prüde Leute haben eine schmutzige Phantasie. 8

Wenn mich jemand zwingt, Abstand zu wahren, habe ich den Trost, daß er ihn gleichfalls wahrt. 9

Genaugenommen, *leben* nur wenige Menschen wirklich in der Gegenwart, die meisten haben nur vor, einmal richtig zu *leben*. 10

Ich wundere mich nie darüber, wenn ich sehe, daß Menschen schlecht sind, doch wundere ich mich oft darüber, daß sie sich nicht schämen. 11

Alle Loblieder enthalten eine Beimischung Opium. 12

Vision ist die Kunst, Unsichtbares zu sehen. 13

Laut Hippokrates, Aph. 32,6, neigen Stotterer stets zu Durchfall. Ich wollte, es stände im Vermögen der Ärzte, den Wortreichtum so mancher Leute in die inneren Teile zu befördern. 14

Ist ein Gedanke zu schwach, um einen schlichten Ausdruck zu tragen, so soll er verworfen werden. *1*

Gewohnheit macht alles, selbst in der Liebe. *2*

Das Gefühl, nicht die Achtung eines Menschen erwerben zu können, treibt leicht dazu, ihn zu hassen. *3*

Handel mit Ehre bereichert nicht. *4*

Nützliche Verschwendung des Überflusses ist edle und große Sparsamkeit. *5*

Das Gefühl unserer Kräfte steigert sie. *6*

Von der Zeit und von den Menschen muß man alles erwarten und alles befürchten. *7*

Wenige Maximen sind wahr in jeder Hinsicht. *8*

Die Vernunft begreift nicht die Interessen des Herzens.

9

Große Gedanken entspringen im Herzen. *10*

Guter Instinkt bedarf der Vernunft nicht; er verleiht sie.

11

Das Gewissen der Sterbenden verleumdet ihr Leben.

12

Um Großes zu vollbringen, muß man leben, als müßte man niemals sterben.

13

Der Gedanke an den Tod betrügt uns, denn er läßt uns vergessen zu leben.

14

Wir danken den Leidenschaften vielleicht die größten Vorzüge des Verstandes.

15

Die jungen Leute leiden weniger unter ihren Fehlern als unter der Weisheit der Alten.

16

Wir sparen unsere Nachsicht für die Vollkommenen.

17

Es ist falsch, daß Gleichheit ein Naturgesetz sei. Die Natur hat nichts Gleiches erschaffen. Ihr oberstes Gesetz ist Unterordnung und Abhängigkeit.

18

Die lächerlichsten und kühnsten Hoffnungen sind manchmal die Ursache außerordentlicher Erfolge gewesen.

19

Über große Demütigungen trösten wir uns selten – wir vergessen sie.

20

Was wir einen glänzenden Gedanken nennen, ist meist nur ein verfänglicher Ausdruck, der uns mit Hilfe von ein wenig Wahrheit einen verblüffenden Irrtum aufzwingt.

21

Es gibt keinen Widerspruch in der Natur.   22

Wenn der berühmte Autor der Maximen so gewesen wäre, wie er alle Menschen zu schildern versucht hat, verdiente er dann unsere Achtung und den abgöttischen Kult seiner Anhänger?   23

Geistige Mittelmäßigkeit und Bequemlichkeit machen mehr Menschen zu Philosophen als das Denken.   24

Wir haben weder die Kraft noch die Gelegenheit, all das Gute und Böse zu tun, das wir planen.   25

Der Glaube ist der Unglücklichen Trost und der Glücklichen Schrecken.   26

Man schwingt sich nicht zu großen Wahrheiten auf ohne Enthusiasmus: kalten Blutes diskutiert man, aber man erfindet nichts. Vielleicht machen erst Leidenschaft und Verstandesschärfe zusammen den echten Philosophen.   27

Großes erreicht der Geist nur sprungweise.   28

Das Gefühl verdächtige ich nicht, falsch zu sein.   29

Eine große Wahrheit, von der man durchdrungen ist und die man lebhaft fühlt, kann man ruhig aussprechen, auch wenn andre sie schon ausgesprochen haben. Jeder Gedanke ist neu, der das Siegel der Eigenart eines Schriftstellers trägt.   30

Bedeutende Geister lassen sich durch bedeutende Ämter
schnell belehren. *31*

Eine Maxime, die erst bewiesen werden muß, ist
schlecht formuliert. *32*

Sind die Leidenschaften Ausdruck der Kraft oder des
Unvermögens und der Schwäche? Verrät es Größe oder
Mittelmäßigkeit, frei von Leidenschaften zu sein? Oder
ist alles ein Ineinander von Stärke und Schwäche, Größe
und Kleinheit? *33*

Klarheit ist die Ehrlichkeit der Philosophen. *34*

Die Dummköpfe nutzen die Klugen, so wie kleine
Menschen hohe Absätze tragen. *35*

Die Verachtung unsrer Natur ist ein Irrtum unsrer Vernunft. *36*

Aphorismen sind die Einfälle der Philosophen. *37*

NICOLAS-SÉBASTIEN ROCH CHAMFORT

(1741–1794)

Maximen, Axiome sind wie Kompendien das Werk
geistreicher Leute, die, so scheint es, für die mittelmäßigen und trägen Geister gearbeitet haben. Der Träge
nimmt eine Maxime an, um sich die Beobachtungen zu
ersparen, die deren Verfasser zu seinem Resultat geführt

haben. Der träge und der mittelmäßige Mensch getrauen
sich nicht darüber hinauszugehen, und sie geben der
Maxime eine Allgemeinheit, die der Verfasser, wenn er
nicht selber mittelmäßig war, ihr gar nicht geben wollte.
Ein überlegener Geist erfaßt mit einem Schlage die Ähnlichkeiten, die Unterschiede, die eine Maxime mehr oder
minder oder überhaupt nicht auf diesen oder jenen Fall
anwendbar machen. Es verhält sich hier so wie in der
Naturgeschichte, deren Klassen und Unterabteilungen
dem Wunsch nach Vereinfachung entstammen. Eine
solche Einteilung hat Kombinations- und Beobach-
tungsgabe erfordert. Aber der große Naturforscher, der
Genius, sieht, daß die Natur individuell verschiedene
Wesen erschaffen hat, er sieht das Unzulängliche aller
Klassen und Unterabteilungen, die den mittelmäßigen
oder trägen Geistern so nützlich sind. Zwischen beiden
besteht ein Assoziationszusammenhang; sie verhalten
sich oft zueinander wie Ursache und Wirkung.   *1*

Man muß zugeben, daß es unmöglich ist, in der Welt zu
leben, ohne von Zeit zu Zeit Komödie zu spielen. Es nur
im Notfall zu tun, und um der Gefahr zu entgehen, unterscheidet den Mann von Rang vom Spitzbuben, der
den Gelegenheiten zuvorkommt.   *2*

Das Denken bietet Trost und Heilung für alles. Hat es
einem wehgetan, so verlange man von ihm das geeignete
Gegenmittel, und man bekommt es.   *3*

Will man der Vernunft all das Böse verzeihen, das sie
den Menschen angetan hat, so muß man überlegen, was
der Mensch ohne Vernunft wäre. Es war ein notwendi-
ges Übel.   *4*

Sieht man, wie Bacon zu Beginn des 16. Jahrhunderts dem menschlichen Geist den Weg wies zum Wiederaufbau des Gebäudes der Wissenschaften, so bewundert man fast nicht mehr die großen Männer, die auf ihn folgten: Bayle, Locke u. a. Er weist ihnen im voraus das Gebiet zu, das sie urbar machen oder erobern sollen. Er ist Cäsar nach dem Sieg von Pharsalus: Herr der Welt, Königreiche und Provinzen seinen Anhängern und Günstlingen spendend.   5

Unsre Vernunft macht uns oft unglücklicher als unsre Leidenschaften, und man kann sagen, daß der Mensch dem Kranken gleicht, den sein Arzt vergiftet hat.   6

In großen Dingen zeigen sich die Menschen so, wie man es von ihnen erwartet, in kleinen geben sie sich so, wie sie sind.   7

Von niemandem abhängen, der Mann seines Herzens, seiner Grundsätze, seiner Gefühle sein: nichts habe ich seltener gesehen.   8

Man muß verstehen, die Dummheiten zu begehen, die unser Charakter von uns verlangt.   9

Die physischen Geißeln und Drangsale der menschlichen Natur haben die Gesellschaft notwendig gemacht. Die Gesellschaft hat die Leiden der Natur noch gesteigert. Die Nachteile der Gesellschaft haben die Regierung notwendig gemacht, und die Regierung steigert noch die Leiden der Gesellschaft. Das ist die Geschichte der menschlichen Natur.   10

Die Natur hat Illusionen den Weisen wie den Narren mitgegeben, damit die Weisen nicht zu unglücklich würden durch ihre Weisheit.   *11*

Die öffentliche Meinung ist eine Gerichtsbarkeit, die ein rechter Mann nie ganz anerkennt und die er nie ablehnen soll.   *12*

Es gibt wenige Laster, durch die man sich seine Freunde so verscherzen kann wie durch große Vorzüge.   *13*

Leben ist eine Krankheit, von der der Schlaf alle sechzehn Stunden einmal befreit. Es ist nur ein Palliativ, der Tod ist das Heilmittel.   *14*

Manche Dinge lassen sich leichter legalisieren als legitimieren.   *15*

Berühmtheit: der Vorteil, denen bekannt zu sein, die einen nicht kennen.   *16*

Die Maximen bedeuten für die Lebensführung soviel wie die Meisterregeln für die Kunst.   *17*

Man ist glücklich oder unglücklich durch eine Menge von Dingen, die nicht ans Tageslicht kommen, über die man nicht spricht und nicht sprechen kann.   *18*

Es scheint, daß bei gleichen geistigen Gaben der Reiche niemals die Natur, den Menschen, die Gesellschaft so gut kennen kann wie der Arme. Denn in dem Augenblick, wo der Reiche im Genuß aufgeht, muß der Arme sich mit dem Denken trösten.   *19*

Man ist in der Einsamkeit glücklicher als in der Welt. Kommt es nicht daher, daß man in der Einsamkeit an die Dinge denkt, in der Gesellschaft aber an die Menschen denken muß?   20

Fast alle Menschen sind Sklaven aus demselben Grund, den die Spartaner für die Sklaverei der Perser angaben: daß sie nicht nein sagen konnten. Dies Wort auszusprechen wissen und allein leben können – das sind die einzigen Mittel, Freiheit und Charakter zu bewahren.   21

Will das Glück sich mit mir einlassen, so muß es die Bedingungen annehmen, die mein Charakter ihm stellt.   22

Als ich der Welt und dem Vermögen entsagte, fand ich Glück, Stille, Gesundheit, ja Reichtum und merkte, dem Sprichwort zum Trotz, daß, wer das Spiel aufgibt, es gewinnt.   23

Mein ganzes Leben ist ein Gewebe von augenfälligen Kontrasten zu meinen Prinzipien. Ich liebe die Fürsten nicht und bin befreundet mit einer Fürstin und einem Fürsten. Man kennt meine republikanischen Grundsätze, und mehrere meiner Freunde haben monarchische Orden. Ich liebe die freiwillige Armut und verkehre mit reichen Leuten. Ich weiche allen Ehrenbezeigungen aus, und doch sind einige zu mir gekommen. Die Literatur ist fast mein einziger Trost, und ich verkehre nicht mit Schöngeistern und gehe nicht zur Akademie. Man nehme hinzu, daß mir Illusionen für die Menschen unentbehrlich zu sein scheinen, und ich lebe ohne Illusio-

nen; ich halte die Leidenschaften für wertvoller als die
Vernunft und weiß gar nicht mehr, was Leidenschaften
sind usw.   24

Das kontemplative Leben ist oft elend. Man muß mehr
handeln, weniger denken und sich nicht leben sehen.
                                                               25

Empfinden macht denken. Das gibt man zu, nicht, daß
das Denken sich in Empfindungen umsetzt. Es ist nicht
weniger wahr.   26

In der Liebe ist alles wahr, alles falsch. Sie ist das einzige
Ding, über das man nichts Absurdes sagen kann.   27

Die meisten Bücher von heute scheinen in einem Tag
aus der Lektüre von gestern entstanden zu sein.   28

Der Erfolg vieler Werke erklärt sich aus der Beziehung,
die zwischen der Mittelmäßigkeit der Ideen des Autors
und der Mittelmäßigkeit der Ideen des Publikums besteht.   29

In den schönen Künsten und selbst in vielen andern
Dingen weiß man nur, was man nicht gelernt hat.   30

Es werden Bücher über die Interessen der Fürsten geschrieben, die besonders studiert werden sollen – war jemals die Rede vom Studium der Interessen der Völker?

                                                               31

Es ist unbestreitbar, daß es in Frankreich sieben Millionen Menschen gibt, die Almosen verlangen, und zwölf, die außerstande sind, sie ihnen zu geben. *32*

Der Adel, sagen die Adligen, sei eine Zwischenstufe zwischen König und Volk. Ja, so wie der Jagdhund eine Zwischenstufe ist zwischen dem Jäger und dem Hasen.

33

Die Natur häufte endlose Leiden auf uns und gab uns gleichzeitig einen unüberwindlichen Willen zum Leben. Sie scheint es mit den Menschen gemacht zu haben wie mit einem Brandstifter, der unser Haus ansteckt, nachdem er eine Wache vor die Tür gestellt hat. Die Gefahr muß sehr groß geworden sein, wenn wir den Sprung zum Fenster hinaus wagen. *34*

In jedes Lebensalter tritt der Mensch als Novize ein. *35*

Es gibt eine Melancholie, die an Seelengröße grenzt.

36

Georg Christoph Lichtenberg

(1742–1799)

Der große Kunstgriff, kleine Abweichungen von der Wahrheit für die Wahrheit selbst zu halten, worauf die ganze Differential-Rechnung gebaut ist, ist auch zugleich der Grund unsrer witzigen Gedanken, wo oft das Ganze hinfallen würde, wenn wir die Abweichungen in einer philosophischen Strenge nehmen würden.　*1*

Die größten Dinge in der Welt werden durch andere zuwege gebracht, die wir nichts achten, kleine Ursachen, die wir übersehen, und die sich endlich häufen.　*2*

Weiser werden heißt, immer mehr und mehr die Fehler kennenlernen, denen dieses Instrument, womit wir empfinden und urteilen, unterworfen sein kann. Vorsichtigkeit im Urteilen ist, was heutzutage allen und jeden zu empfehlen ist, gewönnen wir alle 10 Jahre nur *eine* unstreitige Wahrheit von jedem philosophischen Schriftsteller, so wäre unsere Ernte immer reich genug.

3

Wenn er seinen Verstand gebrauchen sollte, so war es ihm, als wenn jemand, der beständig seine rechte Hand gebraucht hat, etwas mit der linken tun soll.　*4*

Er pflegte seine obern und untern Seelenkräfte das Ober- und Unterhaus zu nennen, und sehr oft ließ das erstere eine Bill passieren, die das letztere verwarf.　*5*

Jeder Mensch hat auch seine moralische backside, die er nicht ohne Not zeigt, und die er so lange als möglich mit den Hosen des guten Anstandes zudeckt. 6

Der Mensch kommt unter allen Tieren in der Welt dem Affen am nächsten. 7

Ihr Unterrock war rot und blau sehr breit gestreift und sah aus, als wenn er aus einem Theater-Vorhang gemacht wäre. Ich hätte für den ersten Platz viel gegeben, aber es wurde nicht gespielt. 8

Weil er seinem Vater nun einmal bei der Zeugung mißlungen war, so getraute sich kein Kupferstecher nachher noch einmal sein Heil mit ihm in Kupfer zu versuchen.

9

Wie hat es Ihnen in dieser Gesellschaft gefallen? Antwort Sehr wohl, beinah so sehr als auf meiner Kammer.

10

Vernunft und Einbildungskraft haben bei ihm in einer sehr unglücklichen Ehe gelebt. 11

Es tun mir viele Sachen weh, die andern nur leid tun.

12

Bei mir liegt das Herz dem Kopf wenigstens um einen ganzen Schuh näher als bei den übrigen Menschen, daher meine große Billigkeit. Die Entschlüsse können noch ganz warm ratifiziert werden. 13

Es ist ein Glück, daß man nicht das *Sein* und *Bedeuten*
in andern Dingen untersucht.   *14*

Wer hört Entschuldigungen, wenn er Handlungen hören kann?   *15*

Es war ihm unmöglich, die Wörter nicht in dem Besitz
ihrer Bedeutungen zu stören.   *16*

Zeit urbar machen.   *17*

Was Baco von der Schädlichkeit der Systeme sagt,
könnte man von jedem Wort sagen. Viele Wörter, die
ganze Klassen ausdrücken oder alle Stufen einer ganzen
Leiter, werden wie von einer Stufe als individua gebraucht. Das heißt die Wörter wieder indefinieren.   *18*

Man ist nur gar zu sehr geneigt zu glauben, wenn man
etwas Talent besitzt, Arbeiten müßte einem leicht werden. Greife dich immer an, Mensch, wenn du etwas
Großes tun willst.   *19*

Einen Gedanken zu finden, wobei sich allemal jeder
Mensch, der ihn hört, todlacht.   *20*

Eine halb neue Erfindung mit einem ganz neuen Namen.   *21*

Daß der Mensch das edelste Geschöpf sei, läßt sich auch
schon daraus abnehmen, daß es ihm noch kein anderes
Geschöpf widersprochen hat.   *22*

Es läßt sich ohne sonderlich viel Witz so schreiben, daß ein anderer sehr vielen haben muß, es zu verstehen.

23

Was ist denn das? Kaum kann ich unterscheiden, ob es etwas oder nichts ist. Das sind keine Argumente, auf die man sich einläßt. Aber daß ihr seht, daß ich es ehrlich meine, so will ich euch helfen, ich will euern Beweisen alle die Stärke geben, die ihr ihnen nicht zu geben im Stande seid, die Stärke, die ihr würdet gegeben haben, wenn ihr vernünftige Leute wäret, kurz alle die Stärke, deren sie fähig sind, und dann will ich zurücktreten und sie umblasen.

24

Der Menschenkenner, der, wenn er wollte, jedermanns Heimlichkeiten sagen könnte.

25

Der Mann hatte so viel Verstand, daß er fast zu nichts mehr in der Welt zu gebrauchen war.

26

Bemühe dich, nicht unter deiner Zeit zu sein.

27

Pascal, der Mann, der in seinem zwölften Jahr die Sätze des Euklid für sich fand, und in seinem 16ten Jahr ein Werk über die Kegelschnitte schrieb, das seinesgleichen seit Archimedes' Zeiten nicht gehabt haben soll, glaubte in seinem dreißigsten in allem Ernst, daß eine Tränen- fistul seiner Schwester Tochter durch eine Reliquie, einen heiligen Dorn geheilt worden sei. Pascal lebte 39 Jahr, diese können wir füglich = 80 setzen, denn er starb von Alter schwach und entkräftet. 30 sind also ohngefähr 61 Jahre, das ist schon ein Alter, um etwas zu glauben.

28

Der Mann hat recht, sollte man sagen, aber nicht nach den Gesetzen, die man sich in der Welt einstimmig auferlegt hat.   *29*

Es muß ein Spiritus rector in einem Buch sein oder es ist keinen Heller wert.   *30*

Es ist ein großer Unterschied zwischen etwas *noch* glauben und es *wieder* glauben. *Noch* glauben, daß der Mond auf die Pflanzen wirke, verrät Dummheit und Aberglaube, aber es *wieder* glauben zeigt von Philosophie und Nachdenken.   *31*

Mut, Geschwätzigkeit und Menge ist auf unserer Seite. Was wollen wir weiter?   *32*

Die Wahrheit hat tausend Hindernisse zu überwinden, um unbeschädigt zu Papier zu kommen, und von Papier wieder zu Kopf. Die Lügner sind ihre schwächsten Feinde. Der enthusiastische Schriftsteller, der von allen Dingen spricht und alle Dinge ansieht wie andere ehrliche Leute, wenn sie einen Hieb haben, ferner der superfeine, erkünstelte Menschenkenner, der in jeder Handlung eines Mannes, wie Engel in einer Monade, sein ganzes Leben sich abspiegeln sieht und sehen will, der gute fromme Mann, der überall aus Respekt glaubt, nichts untersucht, was er vor seinem 15. Jahr gelernt hat, und sein bißchen Untersuchtes auf ununtersuchten Grund baut, dieses sind Feinde der Wahrheit.   *33*

Der Mensch ist nicht so schwer zu kennen, als mancher Stubensitzer glaubt, der sich in seinem Schlafrock freut, wenn er eine von Rochefoucaulds Bemerkungen wahr findet. Ja ich behaupte, die meisten kennen den Menschen besser, als sie selbst wissen, sie machen auch Gebrauch davon im Handel und Wandel, allein sobald sie schrieben, da wäre der Teufel los, da wäre alles so feiertagsmäßig schön, daß man sie gar nicht kenne, und da sie sonst ganz natürlich aussähen, so machten sie jetzt Gesichter wie eine alte Jungfer, wenn sie sich malen läßt.

34

Es gibt Leute, die glauben, alles wäre vernünftig, was man mit einem ernsthaften Gesicht tut.

35

Sagt, ist noch ein Land außer Deutschland, wo man die Nase eher rümpfen lernt als putzen?

36

Lesen heißt borgen, daraus erfinden abtragen.

37

Die unterhaltendste Fläche auf der Erde für uns ist die vom menschlichen Gesicht.

38

Ein Buch ist ein Spiegel, wenn ein Affe hineinsieht, so kann kein Apostel herausgucken.

39

Die Metapher ist weit klüger als ihr Verfasser und so sind es viele Dinge. Alles hat seine Tiefen. Wer Augen hat, der sieht alles in allem.

40

Ein kluges Kind, das mit einem närrischen erzogen wird, kann närrisch werden. Der Mensch ist so perfektibel und korruptibel, daß er aus Vernunft ein Narr werden kann.

41

In einer so zusammengesetzten Maschine als diese Welt
spielen wir, dünkt mich, aller unsrer kleinen Mitwir-
kung ungeachtet, was die Hauptsache betrifft, immer in
einer Lotterie.   42

Die Klugheit eines Menschen läßt sich aus der Sorgfalt
ermessen, womit er das Künftige oder das Ende bedenkt. Respice finem.   43

Bei manchem Werk eines berühmten Mannes möchte
ich lieber lesen, was er weggestrichen hat, als was er hat
stehen lassen.   44

Der Trieb, unser Geschlecht fortzupflanzen, hat noch
eine Menge anderes Zeug fortgepflanzt.   45

Ich gehe oft, wenn ein Bekannter vorbeigeht, vom Fenster weg, nicht sowohl um ihm die Mühe einer Verbeu-
gung als vielmehr mir die Verlegenheit zu ersparen zu
sehen, daß er mir keine macht.   46

Schmierbuch-Methode bestens zu empfehlen. Keine
Wendung, keinen Ausdruck unaufgeschrieben zu lassen.
Reichtum erwirbt man sich auch durch Ersparung der
Pfennigs-Wahrheiten.   47

Eine Regel beim Lesen ist, die Absicht des Verfassers
und den Hauptgedanken sich auf wenig Worte zu bringen und sich unter dieser Gestalt eigen zu machen. Wer
so liest, ist beschäftigt und gewinnt, es gibt eine Art von
Lektüre, wobei der Geist gar nichts gewinnt und vielmehr verliert, es ist das Lesen ohne Vergleichung mit sei-

nem eigenen Vorrat und ohne Vereinigung mit seinem Meinungs-System.   48

Die Schwachheiten großer Leute bekannt zu machen, ist eine Art von Pflicht; man richtet damit Tausende auf, ohne jenen zu schaden. Der Brief von d'Alembert über Rousseau im Mercure de France, Sept. 1779 verdient bekannter zu sein.   49

Es ist fast unmöglich, die Fackel der Wahrheit durch ein Gedränge zu tragen, ohne jemandem den Bart zu sengen.   50

Wer sich selbst recht kennt, kann sehr bald alle anderen Menschen kennen lernen. Es ist alles Zurückstrahlung.
                                                         51

Ich sagte bei mir selbst: das kann ich unmöglich glauben, und während dem Sagen merkte ich, daß ichs schon zum zweitenmal geglaubt hatte.   52

Es ist schade, daß man bei Schriftstellern die gelehrten Eingeweide nicht sehen kann, um zu erforschen, was sie gegessen haben.   53

Wo Mäßigung ein Fehler ist, da ist Gleichgültigkeit ein Verbrechen.   54

Es gibt Leute, die können alles glauben, was sie wollen; das sind glückliche Geschöpfe!   55

Es gibt wirklich sehr viele Menschen, die bloß lesen, damit sie nicht denken dürfen.   56

Ich mag immer den Mann mehr lieben, der so schreibt, wie es Mode werden kann, als den, der so schreibt, wie es Mode ist.   57

Harlequin will sich selbst ermorden, und nachdem er gegen jede Todesart etwas einzuwenden findet, entschließt er sich endlich, sich totzukitzeln.   58

Der Amerikaner, der den Kolumbus zuerst entdeckte, machte eine böse Entdeckung.   59

Er hatte gar keinen Charakter, sondern wenn er einen haben wollte, so mußte er immer erst einen annehmen.   60

Wenn eine Geschichte eines Königs nicht verbrannt worden ist, so mag ich sie nicht lesen.   61

Die Neigung der Menschen, kleine Dinge für wichtig zu halten, hat sehr viel Großes hervorgebracht.   62

Die gefährlichsten Unwahrheiten sind Wahrheiten mäßig entstellt.   63

Wer in sich selbst verliebt ist, hat wenigstens bei seiner Liebe den Vorteil, daß er nicht viele Nebenbuhler erhalten wird.   64

Er hatte ein paar Augen, aus denen man, selbst wenn sie still standen, seinen Geist und Witz so erkennen konnte wie bei einem stillstehenden Windhunde die Fertigkeit im Laufen. 65

So wie das höchste Recht das höchste Unrecht ist, so ist auch umgekehrt nicht selten das höchste Unrecht das höchste Recht. 66

Ich habe mich nach dem Strom der Gesinnungen gerichtet und zweierlei gesucht, entweder reich oder ein Betbruder zu werden, es ist mir aber keines geglückt. 67

Ich vergesse das meiste, was ich gelesen habe, so wie das, was ich gegessen habe, ich weiß aber so viel, beides trägt nichtsdestoweniger zu Erhaltung meines Geistes und meines Leibes bei. [...] 68

Was man so sehr prächtig Sonnenstäubchen nennt, sind doch eigentlich Dreckstäubchen. 69

Alles, was der Mann sagte, hatte sein ganz eignes Gewicht. Er wußte sich nicht immer zur Fassungskraft gemeiner Menschen herabzulassen, und selbst dem Geübten waren oft seine Maximen anfangs so schwer zu fassen als nachher, wenn sie sie gefaßt hatten, zu vergessen.

70

Es gibt in Rücksicht auf den Körper gewiß, wo nicht mehr, doch ebenso viele Kranke in der Einbildung als wirklich Kranke, in Rücksicht auf den Verstand ebenso viel, wo nicht sehr viel mehr Gesunde in der Einbildung als wirklich Gesunde. 71

Wenn auch das Gehen auf zwei Beinen dem Menschen nicht natürlich ist, so ist es doch gewiß eine Erfindung, die ihm Ehre macht.   72

Die Mythen der Physiker.   73

Aufklärung in allen Ständen besteht eigentlich in *richtigen Begriffen von unsern wesentlichen Bedürfnissen*.
          74

Wie sind wohl die Menschen zu dem Begriff von *Freiheit* gelangt? Es ist ein großer Gedanke gewesen.   75

Hinlänglicher Stoff zum Stillschweigen.   76

Das Wahrheits-Gefühl.   77

Er hatte ein paar Stückchen auf der Metaphysik spielen gelernt.   78

Als ich dieses gesehen hatte und den Anblick nun so ganz für mein künftiges Leben gesichert sah, ging ich weg mit einem Gefühl, als wäre ich reicher geworden.
          79

Es gibt sehr viele Menschen, die unglücklicher sind als du, gewährt zwar kein Dach darunter zu wohnen, allein sich bei einem Schauer darunter zu retirieren ist das Sätzchen gut genug.   80

Da gnade Gott denen von Gottes Gnaden.   81

Rousseau hat, glaube ich, gesagt: ein Kind, das bloß seine Eltern kennt, kennt auch die nicht recht. Dieser Gedanke läßt sich auf viele andere Kenntnisse, ja auf alle anwenden, die nicht ganz *reiner* Natur sind: Wer nichts als Chemie versteht, versteht auch die nicht recht.   82

Es geht freilich sonderbar zu unter uns Erdreichern.

83

Die Allmacht Gottes im Donnerwetter wird nur bewundert entweder zur Zeit, da keines ist, oder hintendrein beim Abzuge.   84

Es gibt auch ein Wort Gottes zum bessern Denken und sicherer Erforschung der Natur. Baco's Novum Organum ist einer der besten Kommentatoren darüber.   85

No popery, kein Papst! Es sei, wo es wolle. Es gibt Päpste überall.   86

An jeder Sache etwas zu sehen suchen, was noch niemand gesehen und woran noch niemand gedacht hat.

87

Ein Meisterstück der Schöpfung ist der Mensch auch schon deswegen, daß er bei allem Determinismus glaubt, er agiere als freies Wesen.   88

Das Wort Schwierigkeit muß gar nicht für einen Menschen von Geist als existent gedacht werden. Weg damit!

89

Sich allen Abend ernstlich zu befragen was man an dem Tage Neues gelernt hat.   90

Einen Finder zu erfinden für alle Dinge.   91

Man muß etwas Neues machen, um etwas Neues zu sehen.   92

Wenn auch meine Philosophie nicht hinreicht, etwas Neues auszufinden, so hat sie doch Herz genug, das längst Geglaubte für unausgemacht zu halten.   93

Mit dem Fortschreiten der Menschheit zu größerer Vollkommenheit sieht es traurig aus, wenn man die Analogie alles dessen, was lebt, zu Rate zieht.   94

Um vergnügt oder vielmehr lustig in der Welt zu sein, wird nur erfordert, daß man alles nur flüchtig ansieht; so wie man nachdenkender wird, wird man auch ernsthafter.   95

Der Mensch liebt die Gesellschaft, und sollte es auch nur die von einem brennenden Rauchkerzchen sein.   96

Erst *müssen* wir glauben, und dann glauben wir.   97

Es kommt nicht darauf an, ob die Sonne in eines Monarchen Staaten nicht untergeht, wie sich Spanien ehedem rühmte, sondern was sie während ihres Laufes in diesen Staaten zu sehen bekommt.   98

Während man über geheime Sünden öffentlich schreibt, habe ich mir vorgenommen, über öffentliche Sünden heimlich zu schreiben.   99

Wir fressen einander nicht, wir schlachten uns bloß.
                                                    100

Ängstlich zu sinnen und zu denken, was man hätte tun können, ist das Übelste, was man tun *kann*.   101

Ich möchte was darum geben, genau zu wissen, für wen eigentlich die Taten getan worden sind, von denen man öffentlich sagt, sie wären *für das Vaterland* getan worden.   102

Ich kann freilich nicht sagen, ob es besser werden wird, wenn es anders wird; aber so viel kann ich sagen, es muß anders werden, wenn es gut werden soll.   103

Zweifle an allem wenigstens einmal, und wäre es auch der Satz: zweimal zwei ist vier.   104

Daß in den Kirchen gepredigt wird, macht deswegen die Blitzableiter auf ihnen nicht unnötig.   105

Wie herrlich würde es nicht um die Welt stehen, wenn die großen Herrn den Frieden wie eine Maitresse liebten, sie haben für ihre Person zu wenig vom Kriege zu fürchten.   106

Was die wahre Freiheit und den wahren Gebrauch derselben am deutlichsten charakterisiert, ist der Mißbrauch derselben.   107

Ich kann nicht sagen, daß ich das Glück hätte, daran zu
zweifeln.   *108*

Frage: Was ist leicht und was ist schwer? Antwort: solche Fragen zu tun ist *leicht*; sie zu beantworten ist
schwer.   *109*

Neue Irrtümer zu erfinden.   *110*

Natürlich der plausible Irrtum findet weniger Widerstand in der Welt als die Wahrheit.   *111*

JOHANN WOLFGANG GOETHE

(1749–1832)

Jedes ausgesprochene Wort erregt den Gegensinn.[1]   *1*

Der Verständige findet fast alles lächerlich, der Vernünftige fast nichts.   *2*

Freiwillige Abhängigkeit ist der schönste Zustand, und
wie wäre der möglich ohne Liebe!   *3*

---

1 So als »Maxime« isoliert in Heckers Edition. Frickes Neuedition weist die
ursprüngliche textsemantische Verknüpfung nach, die eine entscheidende
Einschränkung des Satzes bedeutet.

Man weicht der Welt nicht sicherer aus als durch die Kunst, und man verknüpft sich nicht sicherer mit ihr als durch die Kunst.[2]

4

Was man nicht versteht, besitzt man nicht.

5

Wer sich vor der Idee scheut, hat auch zuletzt den Begriff nicht mehr.

6

Wo der Anteil sich verliert, verliert sich auch das Gedächtnis.

7

Der Mensch begreift niemals, wie anthropomorphisch er ist.

8

Der Handelnde ist immer gewissenlos; es hat niemand Gewissen als der Betrachtende.

9

Den Stoff sieht jedermann vor sich, den Gehalt findet nur der, der etwas dazu zu tun hat, und die Form ist ein Geheimnis den meisten.

10

Es ist immer dieselbe Welt, die der Betrachtung offen steht, die immerfort angeschaut oder geahnet wird, und es sind immer dieselben Menschen, die im Wahren oder Falschen leben, im letzten bequemer als im ersten.

11

Das ist die wahre Symbolik, wo das Besondere das Allgemeine repräsentiert, nicht als Traum und Schatten,

---

2 Durch Frickes Edition als Teil einer aufeinander aufbauenden Argumentationskette nachgewiesen.

sondern als lebendig-augenblickliche Offenbarung des
Unerforschlichen.   *12*

Eigentlich lernen wir nur von Büchern, die wir nicht be-
urteilen können. Der Autor eines Buchs, das wir beur-
teilen könnten, müßte von uns lernen.[3]   *13*

Es ist nichts schrecklicher als eine tätige Unwissenheit.
                                                     14

Kannst du lesen, so sollst du verstehen; kannst du
schreiben, so mußt du etwas wissen; kannst du glauben,
so sollst du begreifen; wenn du begehrst, wirst du sollen;
wenn du forderst, wirst du nicht erlangen, und wenn du
erfahren bist, sollst du nutzen.   *15*

Man sagt, zwischen zwei entgegengesetzten Meinungen
liege die Wahrheit mitten inne. Keineswegs! Das Problem liegt dazwischen, das Unschaubare, das ewig tätige
Leben, in Ruhe gedacht.   *16*

Einer neuen Wahrheit ist nichts schädlicher als ein alter
Irrtum.   *17*

Die größten Schwierigkeiten liegen da, wo wir sie nicht
suchen.   *18*

Man kennt nur diejenigen, von denen man leidet.   *19*

---

3 In Goethes Handschrift mit Maxime Nr. 335 bei Hecker zusammenhän-
  gend.

Daß man gerade nur denkt, wenn man das, worüber man denkt, nicht ausdenken kann! 20

Wer klare Begriffe hat, kann befehlen. 21

Die Natur wirkt nach Gesetzen, die sie sich in Eintracht mit dem Schöpfer vorschrieb, die Kunst nach Regeln, über die sie sich mit dem Genie einverstanden hat. 22

Die Allegorie verwandelt die Erscheinung in einen Begriff, den Begriff in ein Bild, doch so, daß der Begriff im Bilde immer noch begrenzt und vollständig zu halten und zu haben und an demselben auszusprechen sei. 23

Die Symbolik verwandelt die Erscheinung in Idee, die Idee in ein Bild, und so, daß die Idee im Bild immer unendlich wirksam und unerreichbar bleibt und, selbst in allen Sprachen ausgesprochen, doch unaussprechlich bliebe. 24

Was man erfindet, tut man mit Liebe, was man gelernt hat, mit Sicherheit. 25

Derjenige, der sich mit Einsicht für beschränkt erklärt, ist der Vollkommenheit am nächsten. 26

JOSEPH JOUBERT

(1754–1824)

Alle Sprachen setzen Gold in Umlauf.   *1*

Wörter verdunkeln wie Gläser, was sie nicht besser sehen machen.   *2*

Es ist eine große Kunst, den Stil mit Unbestimmtheiten zu erfüllen, die gefallen.   *3*

Es waren immer die besten Zeiten der Literatur, wenn die Schriftsteller die Wörter selbst gewogen und gezählt haben.   *4*

»Der Stil«, sagt Dussault, »ist eine Gewohnheit des Geistes.« Glücklich diejenigen, denen er zur Gewohnheit der Seele geworden ist!   *5*

Es gibt Gedanken, die keines Körpers, keiner Form, keines Ausdrucks bedürfen. Es genügt, sie unbestimmt zu bezeichnen und rauschen zu lassen: beim ersten Wort hört und sieht man sie.   *6*

Hat man einmal den Saft der Wörter gekostet, so kann ihn der Geist nicht mehr entbehren; er trinkt den Gedanken.   *7*

Jeder Klang in der Musik soll ein Echo haben, jede Figur in der Malerei einen Himmel; und wir, die wir mit Gedanken singen und mit Worten malen, auch wir sollten in unsern Schriften jedem Wort und jedem Satz Horizont und Echo schaffen.   8

Man achte beim Schreiben darauf, die Pflugschar nicht so tief einzusenken, daß man sie nicht mehr aus den Furchen herausziehen kann, um sie in eine andere zu senken; dies ist ein wichtiges Prinzip, das sich aber, sofern man kräftig schreibt, schwer beobachten läßt.   9

Es gibt Arten des Stils, die dem Blick angenehm, dem Ohr wohlklingend, weich dem Fühlen, aber unnütz dem Geruch und ohne Würze für den Geschmack sind.   10

Mit den Ausdrücken in der Literatur steht es wie mit den Farben, oft muß die Zeit sie gemildert haben, damit sie allgemein gefallen.   11

Will man sehr feine Dinge sichtbar machen, so muß man sie färben.   12

Schreibt man mit Leichtigkeit, so glaubt man immer mehr Talent zu haben als man hat. Um gut zu schreiben, bedarf man einer natürlichen Leichtigkeit und einer erworbenen Schwierigkeit.   13

Eigentlich weiß man, was es auch sei, erst lange nachdem man es gelernt hat.   14

Der Geschmack ist das literarische Gewissen der Seele.

15

Schöne epische, dramatische, lyrische Dichtungen sind
nur die Träume eines wachgewordenen Weisen.   *16*

Die Welt sehen, heißt über Richter richten.   *17*

Besser eine Frage zu untersuchen, ohne sie zu entscheiden, als sie zu entscheiden, ohne sie zu untersuchen. *18*

Der eine sagt gerne, was er weiß, der andre, was er
denkt.   *19*

Der Mensch bewohnt im Grunde nur seinen Kopf und
sein Herz. Alle Räume, die dort nicht sind – und mögen
sie auch vor seinen Augen, an seiner Seite, zu seinen Fü-
ßen sein – gibt es für ihn nicht.   *20*

Einbildungskraft ist das Auge des Geistes.   *21*

Man begreift die Erde erst, wenn man den Himmel erkannt hat. Ohne die religiöse Welt bleibt die sinnliche
ein trostloses Rätsel.   *22*

Der Himmel ist für die, welche an ihn denken.   *23*

Religion ist die Poesie des Herzens, eine nützliche Ver-
zauberung der Sitten, sie gibt uns Glück und Tugend.
                                                     24

Der Verstand paßt sich der Welt an; Weisheit sucht Ein-
klang im Himmel.   *25*

Maximen sind für den Verstand, was Gesetze für das Handeln sind, sie erleuchten nicht, aber sie leiten, lenken und retten blindlings. Sie sind der Faden im Labyrinth, der Kompaß in der Nacht. 26

Was wahr ist beim Licht der Lampe, ist nicht immer wahr beim Licht der Sonne. 27

Die Zeit und die Wahrheit sind Freunde, obgleich es viele Augenblicke gibt, die der Wahrheit widersprechen. 28

Klopft man vergebens an der Tür mancher Wahrheiten, so muß man versuchen, durchs Fenster einzudringen. 29

Der Geistreiche ist der Wahrheit sehr nahe. 30

Illusion ist ein integrierender Bestandteil der Wirklichkeit, sie gehört wesensmäßig zu ihr wie die Wirkung zur Ursache. 31

Täuschungen kommen vom Himmel, Irrtümer von uns selbst. 32

Man irrt aus Überlegenheit und aus Mittelmäßigkeit. 33

Es gibt Geister, die durch alle Wahrheiten zum Irrtum gelangen. Es gibt glücklichere, die zu den Hauptwahrheiten durch alle Irrtümer gelangen. 34

Es steckt oft mehr Geist und Scharfsinn in einem Irrtum
als in einer Entdeckung.   35

Oft ist ein System nur ein neuer Irrtum, den man nicht
widerlegen kann, weil er noch nicht bestanden hat und
weil man nicht die Zeit hatte, sich darauf vorzubereiten,
ihn zu bekämpfen.   36

Man ist meistens nur durch Nachdenken unglücklich.
                                                      37

Die Jüngeren entsprechen ihrer Pflicht nicht, wenn sie
keine Achtung vor den Älteren haben, und diese nicht,
wenn sie keine Forderungen an die Jüngeren stellen. 38

Das Beste im Menschen sind seine jungen Gefühle und
seine alten Gedanken.   39

Unser Leben ist aus Luft gewebt.   40

Lehren heißt zweimal lernen.   41

Ahmt die Zeit nach: sie zerstört alles langsam, sie unter-
gräbt, verbraucht, entwurzelt, löst ab, aber sie reißt nicht
gewaltsam aus.   42

Schwäche, die bewahrt, ist besser als die Stärke, die zerstört.   43

Die Staatsmänner berauschen sich am Dunst des Weins,
den sie einschenken, und ihre eigene Lüge täuscht sie.

                                                      44

Es gibt wohl ein Recht des Weiseren, nicht aber ein Recht des Stärkeren.   45

Man muß Kiesel im Strome sein, seine Adern behalten und fortrollen, ohne aufgelöst zu werden noch aufzu-lösen.   46

Wenige Menschen sind der Erfahrung würdig. Die mei-sten lassen sich von ihr korrumpieren.   47

»Ich denke wie meine Erde«, sagte ein Gutsbesitzer. Ein sinnvolles Wort, das wir täglich anwenden können. In der Tat denken die einen wie ihre Erde, die andern wie ihre Laden, einige wie ihr Hammer, andre wieder wie ihr leerer Beutel, der gefüllt werden möchte.   48

Jeder Schrei und jede Klage haucht gleichsam einen Dunst aus. Aus diesem bildet sich eine Wolke, aus der Wolke kommen Blitze und Stürme.   49

Wir leben in einem Zeitalter, in dem die überflüssigen Ideen überhandnehmen und die notwendigen Gedanken ausbleiben.   50

Wir leben in einer so sonderbaren Lage, daß die Greise nicht mehr Erfahrung haben als die Jünglinge. Wir alle sind Neulinge, weil alles neu ist.   51

Man muß gegen die liberalen Ideen der Zeit die morali-schen aller Zeiten halten.   52

Nichts macht die Geister in der Literatur so unvorsichtig und verwegen wie die Unkenntnis der Vergangenheit und die Verachtung der alten Bücher. *53*

Wir schreiben unsre Bücher nicht, wenn sie in uns fertig sind, sondern wir verfertigen sie beim Schreiben. Ihr Bestes ist daher von lauter Zurüstung verdeckt. Sie sind voll dessen, was man hätte nehmen, was man hätte weglassen sollen. *54*

Geist arbeitet mit Zustimmung und Ablehnung; er urteilt, aber sieht nicht. *55*

Wir haben keine Dichter mehr, weil wir keine brauchen. Für unsern Geschmack sind sie nicht notwendig, weil sie es weder für unsre Sitten noch für unsre Gesetze, weder für unsre politischen Feste noch für unsre häuslichen Freuden sind. *56*

Jeder Geist hat seinen Bodensatz. *57*

Der Geist bleibt so lange stark, als man die Kraft hat, über seine Schwäche zu klagen. *58*

Man verrenkt sich Geist wie Körper. *59*

Ich gehe dahin, wo man mich wünscht, mindestens ebenso gern wie wo es mir gefällt. *60*

Meine Seele bewohnt einen Ort, durch den Leidenschaften gegangen sind: ich habe sie alle gekannt. *61*

Ich kann nur aussäen, nicht aber aufbauen und begründen, Strahlen aussenden, nicht aber sie in mir sammeln.

62

Wie Dädalus schmiede ich mir Flügel; ich setze sie allmählich zusammen, indem ich täglich eine neue Feder hinzufüge. 63

Leuchte ich, so verzehre ich mich. 64

Gibt es einen Menschen, den der unselige Ehrgeiz quält, ein Buch auf einer Seite zu bieten, eine ganze Seite in einem Satz und diesen Satz in einem Wort – so bin ich es.

65

Ich sehe gern zwei Wahrheiten auf einmal. Jeder gute Vergleich gewährt dem Geist diesen Vorteil. Ich muß immer ein Bild wiedergeben, ein Bild und einen Gedanken, zweierlei und zweifache Arbeit für mich. 66

Nicht meine Worte sollen geschliffen sein, sondern meine Gedanken. Ich halte inne, bis der Tropfen des Lichts, dessen ich bedarf, sich gebildet hat und aus meiner Feder fließt. 67

JEAN PAUL
Johann Paul Friedrich Richter

(1763–1825)

Der Mensch ist gut und will nicht, daß man vor einem andern als ihm selber krieche. *1*

Es gehört schon zu den Widersprüchen des Menschen, daß er welche zu haben glaubt. *2*

Nichts macht die Menschen vertrauter und gegeneinander gutgesinnter als gemeinschaftliche Verleumdung eines dritten. *3*

Man wird am leichtesten verschwiegen unter Leuten, die es nicht sind. *4*

Wenn ein Buch nicht wert ist, zweimal gelesen zu werden, so ists auch nicht wert, einmal gelesen zu werden. *5*

Eine gewisse Seelengröße macht zur Menschenkenntnis unfähig. *6*

Manche geben allen großen Wahrheiten Kleinheit, wenn sie sie nur sagen. *7*

Ein Mädchen wird trübe, wenn man bemerkt, daß sie es sei. *8*

Nicht was viele Menschen, sondern was einer tut, ist groß.   9

Je älter man wird, desto toleranter gegen das Herz und intoleranter gegen den Kopf.   10

In Vorzügen, worüber man zweifelhaft ist, glaubt man ein Lob am leichtesten.   11

Man muß sich oft so stellen (nicht *ver*- und *an*stellen), wie man ist, um nicht anders zu scheinen, als man ist.

12

Das Beste in einem Menschen ist das, was er selber nicht kennt.   13

Je älter, desto mehr entschuldigt, desto weniger achtet man die Menschen.   14

So oft ich auf der Brücke vor dem Mann mit zwei Stökken vorbeiging, dacht ich, ich wollt es aufschreiben und vergaß es, bloß weil ich alle Tage vorbeiging – jetzt hab ich den Nutzen, auch noch diese Bemerkung dazu zu machen.   15

Die bloße nackte Wahrheit wird für die meisten Unwahrheit; durch ihr Kleid wird sie wahrer.   16

Zerstreuete Gedanken lieset man wieder zerstreuet und blättert in ihnen herum.   17

Eine lange Zeit lernt man darum die Menschen nicht kennen, weil man sie überall für besser hält als sich. *18*

Nichts zeigt die Menschen falscher und schöner als die Leiden; im Glück werfen sie die Schleier weg. *19*

Wer wahr sein will, ists schon nicht ganz mehr, er muß es gar nicht wissen. *20*

Ein Staatsmann ist alles leichter als wahr, – sogar keusch. *21*

Wer nicht sucht, wird bald nicht mehr gesucht. *22*

Der Mensch wird wie der Stahl hart – durch öfteres Abkühlen nach Erhitzung. *23*

Wer irgendeine von diesen Bemerkungen weder in seinem Leben noch die Antizipation in seiner Seele hat: findet sie bloß leer oder nichts. Etwas anderes ist, wenn einer eine falsch findet. *24*

Mangel an Verschwiegenheit entsteht meistens aus Mangel an Redestoff. *25*

Man wird nicht eher reich, als wenn man bloß aufs Reichwerden ausgeht; so wie mit Tugend, Kunst, Wissenschaft. Es gibt Dinge und Zwecke, die keinen Nebenbuhler vertragen; auf den man doch immer beim Zufall rechnet. Hier ist nur Entschiedenheit entscheidend. *26*

Die wenigsten Menschen verdienen, daß man etwas von ihnen annimmt.   27

Bloß bei den Tieren kann ich rein rechnen, daß sie je besser gegen mich sind, je besser ich gegen sie; bei den Menschen nicht, ja oft umgekehrt.   28

Nicht die Freuden, sondern die Leiden verbergen die Leere des Lebens.   29

Alles ist uns am andern leichter zu erraten als dies, wie er uns errät; das Erraten des Erratens. Daher können zwei auf einmal sich wechselseitig überlisten und täuschen.   30

Die Erinnerungen früherer Zeiten nehmen von Jahrzehnt zu Jahrzehnt eine andere Gestalt und Wirkung für uns an.   31

Ich möchte lieber das bezahlt haben, was ich ausstreiche, als was ich gebe.   32

Jetzo indem ich zum Aufschreiben einer Bemerkung nach Vita hinlange, hab ich sie vergessen; und nur durch das Schreiben hab ich dieses Bemerken des Vergessens nicht vergessen.   33

Die meisten würden für das Weggelassene in Goethes Briefen das Gedruckte hingeben.   34

Ich sehe nicht ab, warum ein Buch schon bei einem Lesen gefallen oder ein Gedanke das erstemal deutlich sein soll.   35

Keine Zeile schreibt ein Autor so gern als die ins Post-
buch für das empfangne Geld.   36

Unten im Loche des Blumentopfes sieht man das
Schlängeln der gepreßten Wurzeln.   37

Für den Verstand kann man nicht zu lakonisch sein,
aber wohl für die Phantasie.   38

Die Poesie ist die Aussicht aus dem Krankenzimmer des
Lebens.   39

Ironiker schlagen das Hufeisen verkehrt auf.   40

Ich habe nichts als mich von meinen Eltern geerbt.   41

Bis an mein Ende trage ich mich mit der Idee, daß ich es
bald haben werde.   42

Oft weiß ich kaum, was ich eigentlich aus mir machen
soll als Bücher.   43

Krankheiten nützen nicht bloß dem Doktor, sondern
auch der Seele.   44

Körper Findelhaus der Seele.   45

Nach einem bösen Traum sieht man, welchen Stoff zu
einer Hölle ein bloßes Gehirn in sich aufbewahrt.   46

Schon durch das Spalten des Holzes wird man warm.

                                                        47

Sonderbar, daß bei uns der Bauer zugleich einen Käfig bedeutet und den darein gesperrten. 48

Er denkt, er denke. 49

Bei, unter Menschen gibts keine andere Freiheit, als daß man nichts, gar nichts von ihnen haben will. 50

Oft hat weder die Majorität noch Minorität Recht, sondern eine dritte Partei, gegen welche die Minorität eine Majorität ist. 51

Niemand hat weniger Ehrgefühl als eine Regierung. 52

Gedächtnis. – Sonderbar, daß man sich erinnert, man habe sich eine Sache erinnern wollen, aber diese doch nicht mehr sich erinnert. 53

Ich wollte, man könnte die Menschen so zahm machen wie die Tiger. 54

Einer klagt, warum nur ein einziger wäre Gott geworden und warum ihn nicht dieses Glück getroffen. 55

Die Menschen sind so dumm, daß sie Gott selber kaum kann begreifen. 56

In das System, das er sich gebauet, hat er sich nicht einquartiert, sondern eingemauert. 57

Wahrheiten. – Das sind die gewissesten, die man nicht sucht, sondern die uns suchen und verfolgen, z. B. meine von dem Tod. 58

Selbstbiographie. – Ich könnte wohl auf meine Brust
zeigen und sagen: »Da ist ein Gottesacker.« Aber nicht
von Menschen, sondern Gedanken und Systemen.   59

Bei der Erfahrung in die Schule gehen kostet zuviel
Schulgeld.   60

Fremde Ideen sind die Insekten, die den Samenstaub
von einem Gedanken in uns zum andern tragen und dadurch befruchten.   61

Der Mensch ist nie allein – das Selbstbewußtsein macht,
daß immer zwei Ichs in einer Stube sind.   62

Das einzige moralische Verdienst eines Autors ist nicht
sein moralisches Schreiben, sondern daß er es durch sein
Leben besiegelt.   63

Man muß einen Gott haben, um nur zu denken.   64

Dem Vogel kommt des Menschen Besitztum klein vor.
                                                  65

Wir sind Tiere in einem Glase, wir halten die durchsich-
tige Schranke für keine und stoßen immer daran.   66

Wenn ihr das Leben für klein haltet: warum seid ihr
denn nicht wenigstens im Kleinen kühn?   67

»Er hatte Fassung.« Ja, aber das Glas der Fassung fehlte.
                                                  68

Friedrich Schlegel

(1772–1829)

Auch in der Poesie mag wohl alles Ganze halb, und alles Halbe doch eigentlich ganz sein. *1*

Ironie ist die Form des Paradoxen. Paradox ist alles, was zugleich gut und groß ist. *2*

Jeder rechtliche Autor schreibt für niemand, oder für alle. Wer schreibt, damit ihn diese und jene lesen mögen, verdient, daß er nicht gelesen werde. *3*

Witz ist eine Explosion von gebundnem Geist. *4*

Die ganze Geschichte der modernen Poesie ist ein fortlaufender Kommentar zu dem kurzen Text der Philosophie: Alle Kunst soll Wissenschaft, und alle Wissenschaft soll Kunst werden; Poesie und Philosophie sollen vereinigt sein. *5*

Witzige Einfälle sind die Sprüchwörter der gebildeten Menschen. *6*

Der *Zyniker* dürfte eigentlich gar keine Sachen haben: denn alle Sachen, die ein Mensch hat, haben ihn doch in gewissem Sinne wieder. *7*

Manche witzige Einfälle sind wie das überraschende Wiedersehen zwei befreundeter Gedanken nach einer langen Trennung. *8*

Es ist gleich tödlich für den Geist, ein System zu haben, und keins zu haben. Er wird sich also wohl entschließen müssen, beides zu verbinden.   9

Das Druckenlassen verhält sich zum Denken, wie eine Wochenstube zum ersten Kuß.   10

Ein Fragment muß gleich einem kleinen Kunstwerke von der umgebenden Welt ganz abgesondert und in sich selbst vollendet sein wie ein Igel.   11

Je mehr man schon weiß, je mehr hat man noch zu lernen. Mit dem Wissen nimmt das Nichtwissen in gleichem Grade zu, oder vielmehr das Wissen des Nichtwissens.   12

Ideen sind unendliche, selbständige, immer in sich bewegliche, göttliche Gedanken.   13

Nur derjenige kann ein Künstler sein, welcher eine eigne Religion, eine originelle Ansicht des Unendlichen hat.   14

Wer Religion hat, wird Poesie reden. Aber um sie zu suchen und zu entdecken, ist Philosophie das Werkzeug.
                                                        15

Man hat nur so viel Moral, als man Philosophie und Poesie hat.   16

Ironie ist klares Bewußtsein der ewigen Agilität, des unendlich vollen Chaos.   17

Wo Politik ist oder Ökonomie, da ist keine Moral.   18

Der Künstler, der nicht sein ganzes Selbst preisgibt, ist ein unnützer Knecht.   19

NOVALIS
Friedrich von Hardenberg
(1772–1801)

Wir suchen überall das Unbedingte und finden immer nur Dinge.   1

Ganz begreifen werden wir uns nie, aber wir werden und können uns weit mehr als begreifen.   2

Wir sind auf einer Mission: zur Bildung der Erde sind wir berufen.   3

Der Geist erscheint immer nur in fremder, luftiger Gestalt.   4

Jeder geliebte Gegenstand ist der Mittelpunkt eines Paradieses.   5

Macht nur die Berge gleich, das Meer wird es euch Dank
wissen. Das Meer ist das Element von Freiheit und
Gleichheit. Indes warnt es, auf Lager von Schwefelkies
zu treten; sonst ist der Vulkan da und mit ihm der Keim
eines neuen Kontinents.   6

Nichts ist erquickender als von unsern Wünschen zu reden, wenn sie schon in Erfüllung gehn.   7

Die vollendete Form der Wissenschaften muß poetisch
sein. Jeder Satz muß einen selbständigen Charakter haben – ein selbstverständliches Individuum, Hülle eines
witzigen Einfalls sein.   8

Abstraktion schwächt – Reflexion stärkt.   9

Noten an den Rand des Lebens.   10

Menschenlehre. – Ein Kind ist eine sichtbar gewordne
Liebe.
   Wir selbst sind ein sichtbar gewordner Keim der
Liebe zwischen Natur und Geist oder Kunst.   11

Zukunftslehre des Lebens. – Unser Leben *ist* kein
Traum – aber es soll und wird vielleicht einer werden.
                                                         12

Enzyklopädistik. – Halbe Theorie führt von der *Praxis
ab* – ganze zu ihr *zurück*.   13

Der Witz ist schöpferisch – er *macht* Ähnlichkeiten.   14

Die Philosophie ist eigentlich Heimweh – *Trieb überall zu Hause zu sein.*   15

Den Satz des Widerspruchs zu vernichten ist vielleicht die höchste Aufgabe der höhern Logik.   16

Die Sprache ist für die Philosophie, was sie für Musik und Mahlerei ist, nicht das rechte Medium der Darstellung.   17

Vermehrung der Kraft durch weichenden Widerstand.
                                                                                        18

WILLIAM HAZLITT

(1778–1830)

Die sich selbst am meisten mißtrauen, sind andern gegenüber am neidischsten; denn die Schwächsten und Feigsten sind die Rachsüchtigsten.   1

Es ist unterschieden worden zwischen der Genauigkeit und der Feinheit des Verstehens. Das mag dadurch erläutert werden, daß man sagt: Die Genauigkeit besteht darin, die kleinsten Einzelheiten wahrzunehmen, die Feinheit darin, die *Atmosphäre* der Wahrheit zu erspüren.   2

Wir sind lächerlich genug, uns selber als Muster der Perfektion zu begreifen, ohne es von anderen bestätigt zu bekommen. Das beste ist, unsere Absurditäten zu Hause einzusperren.   3

Die Einfachheit des Charakters ist das natürliche Ergebnis gründlichen Nachdenkens.   4

Die Natur ist stärker als die Vernunft; denn die Natur ist letzten Endes der Text, die Vernunft nur der Kommentar. Wer nicht fühlt, daß es eine größere Wahrheit gibt als die, die er weiß oder andern zufriedenstellend erklären kann, der ist eine armselige Kreatur.   5

Vortäuschung ist für den Geist so notwendig wie Kleidung für den Körper.   6

Wir reden wenig, wenn wir nicht über uns reden.   7

Jedermann ist zu bedauern, der gerade genug Verstand hat, seine Mängel wahrzunehmen.   8

Die Menschheit ist eine Herde von Schurken und Narren. Man muß sich ihr anschließen oder ihr aus dem Weg gehen, um nicht von ihr zu Tode getrampelt zu werden.
          9

Das schlechteste von andern anzunehmen und das beste zu tun, das wir selbst können, ist eine sichere Regel, aber sie ist schwer zu befolgen.   10

Schlecht von der Menschheit zu denken und ihr nichts Schlechtes zu wünschen, ist vielleicht die höchste Weisheit und Tugend. *11*

Wir rächen uns mit Eile und Leidenschaft; wir bereuen mit Weile und Überlegung. *12*

Das einzige Laster, das unverzeihlich ist, ist Heuchelei. Die Reue eines Heuchlers ist selbst Heuchelei. *13*

Die Leidenschaften bringen Gegensätze und subtilste Unterscheidungen feiner und genauer als jeder Stift hervor. *14*

Wenn die Welt denn für nichts anderes geeignet wäre, dann ist sie ein guter Gegenstand der Spekulation. *15*

Jeder bildet seiner Meinung nach eine Ausnahme von den gewöhnlichen Regeln der Moral. *16*

Wenn das Gute nur eine Theorie wäre, wäre es schade, wenn sie der Welt verloren ginge. *17*

Die gelehrtesten Menschen sind oft die engstirnigsten. *18*

Der wahre Barbar ist derjenige, der alles außer seinem eigenen Geschmack und seinen eigenen Vorurteilen für barbarisch hält. *19*

Ein ehrlicher Mensch spricht die Wahrheit, auch wenn sie kränkt; ein eingebildeter Mensch, *damit* sie kränkt.

20

Niemals wird wahre Freunde haben, wer es fürchtet, sich Feinde zu machen.   *21*

Wer sich selbst beherrschen kann, beherrscht andere.

22

Das letzte Vergnügen im Leben ist das Bewußtsein, aus der Pflicht entlassen zu sein.   *23*

Geniale Menschen ragen nicht deshalb in irgendeinem Tätigkeitsfeld heraus, weil sie sich darin abmühen, sondern sie mühen sich darin ab, weil sie darin herausragen.

24

Das Laster ist die Natur des Menschen; die Tugend ist Gewohnheit oder Maske.   *25*

Wir können den Verlust von allem ertragen, außer den unserer Selbsttäuschung.   *26*

Die Lebenskunst besteht darin zu wissen, wie man sich an wenigem erfreut und vieles erträgt.   *27*

Genau so viel wie wir in anderen erblicken, tragen wir in uns selbst.   *28*

Die Absicht der Bücher ist, uns Unwissenheit zu lehren; das bedeutet, einen Schleier über die Natur zu werfen und uns zu überreden, daß die Dinge nicht so sind, wie sie sind, sondern so, wie sie der Autor sich vorstellt und wünscht.   *29*

Das größte Verbrechen in den Augen der Welt ist es, wenn man sich darum bemüht, sie zu belehren oder zu verbessern. *30*

Die weitreichenden Folgerungen im Geiste abzuwägen heißt Luft auf Waagschalen wiegen. *31*

Ein Heuchler scheint der einzig vollkommene Charakter zu sein – denn er umfaßt die Extreme dessen, was die menschliche Natur *ist* und wie sie *gedacht* wäre. *32*

Ein großer Geist ist jemand, der vergessen oder über sich hinaussehen kann. *33*

ARTHUR SCHOPENHAUER

(1788–1860)

Ein wichtiger Punkt der Lebensweisheit besteht in dem richtigen Verhältnis, in welchem wir unsere Aufmerksamkeit teils der Gegenwart, teils der Zukunft widmen, damit nicht die eine uns die andre verderbe. Viele leben zu sehr in der Gegenwart: die Leichtsinnigen; – andere zu sehr in der Zukunft: die Ängstlichen und Besorglichen. Selten wird einer genau das rechte Maß halten. [...] *1*

Alle Beschränkung beglückt. Je enger unser Gesichts-, Wirkungs- und Berührungskreis, desto glücklicher sind wir: je weiter, desto öfter fühlen wir uns gequält oder geängstigt. Denn mit ihm vermehren und vergrößern sich die Sorgen, Wünsche und Schrecknisse. [...]   *2*

In allem, was unser Wohl und Wehe betrifft, sollen wir *die Phantasie im Zügel halten*: also zuvörderst keine Luftschlösser bauen; weil diese zu kostspielig sind, indem wir, gleich darauf, sie, unter Seufzern, wieder einzureißen haben. Aber noch mehr sollen wir uns hüten, durch das Ausmalen bloß möglicher Unglücksfälle unser Herz zu ängstigen. [...]   *3*

Unsern Wünschen ein Ziel stecken, unsere Begierden im Zaume halten, unsern Zorn bändigen, stets eingedenk, daß dem Einzelnen nur ein unendlich kleiner Teil alles Wünschenswerten erreichbar ist, hingegen viele Übel jeden treffen müssen, also, mit einem Worte, ... abstinere et sustinere, – ist eine Regel, ohne deren Beobachtung weder Reichtum noch Macht verhindern können, daß wir uns armselig fühlen. [...]   *4*

Für sein Tun und Lassen darf man keinen andern zum Muster nehmen; weil Lage, Umstände, Verhältnisse nie die gleichen sind, und weil die Verschiedenheit des Charakters auch der Handlung einen verschiedenen Anstrich gibt, daher duo cum faciunt idem, non est idem. Man muß, nach reiflicher Überlegung und scharfem Nachdenken, seinem eigenen Charakter gemäß handeln. Also auch im Praktischen ist Originalität unerläßlich: sonst paßt, was man tut, nicht zu dem, was man ist.   *5*

Wer da will, daß sein Urteil Glauben finde, spreche es kalt und ohne Leidenschaftlichkeit aus. Denn alle Heftigkeit entspringt aus dem Willen: daher wird man *diesem* und nicht der Erkenntnis, die ihrer Natur nach kalt ist, das Urteil zuschreiben. Weil nämlich das Radikale im Menschen der Wille, die Erkenntnis aber bloß sekundär und hinzugekommen ist, so wird man eher glauben, daß das Urteil aus dem erregten Willen als daß die Erregung des Willens bloß aus dem Urteil entsprungen sei. 6

Wenn man argwöhnt, daß einer lüge, stelle man sich gläubig: da wird er dreist, lügt stärker und ist entlarvt. Merkt man hingegen, daß eine Wahrheit, die er verhehlen möchte, ihm zum Teil entschlüpft; so stelle man sich darüber ungläubig, damit er, durch den Widerspruch provoziert, die Arriergarde der ganzen Wahrheit nachrücken lasse. 7

Kein Geld ist vorteilhafter angewandt als das, um welches wir uns haben prellen lassen: denn wir haben dafür unmittelbar Klugheit eingehandelt. 8

GIACOMO LEOPARDI

(1798–1837)

Noch der Schmerz, den der Überdruß und das Gefühl der Eitelkeit aller Dinge erzeugen, ist erträglicher als der Überdruß selbst.

1

Es scheint widersinnig und ist doch völlig wahr: Da alles Wirkliche ein Nichts ist, gibt es nichts Wirkliches, nichts, was Bestand hat auf dieser Welt, als die Einbildungen.

2

Merkwürdig ist aber dies: Während äußerlich die Nationen bald eine einzige Person bilden werden und sich allmählich kein Mensch mehr vom andern unterscheidet, ist dafür innerlich jeder Mensch eine Nation geworden, das heißt, es hat niemand mehr ein gemeinsames Streben mit irgendwem, man bildet keine Gemeinschaft, man hat kein Vaterland mehr, und die Selbstsucht drängt jeden zurück auf den engen Kreis seiner eigenen Interessen, ohne Liebe noch Sorge für andere, ohne irgendein Band, ein Verhältnis zu den übrigen Menschen. Im Gegensatz zu den Alten, bei denen die Nationen nach außen hin durch die verschiedensten Einzelpersonen gebildet, in ihrem Gehalt aber und in dem innersten Kern, welcher die Einheit einer Nation bestimmt, zu *einer* Person geeint wurden durch die Vaterlandsliebe, die Tugenden, Hoffnungen usw., die alle Einzelnen zu gemeinsamer Sache zusammenschlossen, so daß sie Glieder *eines* Körpers wurden. Und in diesem Sinn kann man sagen, daß heute so viele Nationen bestehen, wie es Personen gibt, die aber alle sich darin gleich sind, daß sie nichts lieben noch ehren als einzig sich selbst. 3

Die meisten Menschen leben aus Gewohnheit dahin, ohne Freuden oder ausdrückliche Hoffnungen, ohne ausreichenden Grund, sich am Leben zu erhalten und das Notwendige zu tun, um es weiter zu fristen. Dächten sie nach, sie fänden – von der Religion nur erst abgesehen – nichts, was sie leben hieße, und kämen, naturwidrig zwar, doch vernunftgemäß, zu dem Schluß, ihr Leben sei ohne Sinn: es begonnen zu haben, bilde wohl für die Natur, nicht aber für die Vernunft einen tauglichen Grund, es auch fortzusetzen. 4

Die Kinder finden im Nichts das Gesamte, die Erwachsenen im Gesamten das Nichts. 5

Wozu wären wir denn wohl geboren, als um zu erkennen, wie glücklich wir wären, nicht geboren zu sein? 6

Gefragt, was auf Erden das Seltenste sei, antwortete einer: was allen gehört, der gemeine Verstand. 7

Die Vergangenheit, an die wir uns erinnern, ist schöner als die Gegenwart; ebenso die Zukunft, die wir uns vorstellen. Und warum? Weil in der menschlichen Wahrnehmung nur die Gegenwart ihre eigentliche Gestalt annimmt; sie ist die einzige Erscheinung des Wahren; und das Wahre ist niemals schön. 8

Die Täuschungen kann nur verwünschen, verachten, verfolgen, wer selber getäuscht ward und wer da glaubt, diese Welt sei in Wirklichkeit etwas oder könne etwas sein, und gar etwas Schönes. Das ist die vornehmlichste Täuschung; und so bekämpft der halbfertige Philosoph die Täuschungen, eben weil er getäuscht ist, der wahre Philosoph aber liebt sie und lehrt sie, weil er nicht getäuscht ist. Daß jemand gegen die Täuschungen kämpft, ist ganz allgemein das sicherste Zeichen eines höchst unvollkommenen, ungenügenden Wissens und nachhaltiger Täuschung.   9

Wenn andere Beweise dafür fehlten, daß Wahrheit stets unglücklich ist, genügte es dann nicht, zu sehen, daß Menschen von tiefer Empfindung, Einbildungskraft und Charakter, welche die Dinge nicht oberflächlich auffassen können und über jeden Vorfall in ihrem Leben zu grübeln pflegen, immer und unwiderstehlich dahin gebracht werden, daß sie unglücklich sind? Daher kann ein empfindsamer junger Mensch, wie erfreulich seine Lebensumstände auch sein mögen, unzweifelhaft vorauswissen, daß er früher oder später unglücklich sein wird, oder erraten, daß er's schon ist.   10

Man sage, was man will. Niemand kann groß sein, ohne gegen die Vernunft zu denken und zu handeln, und man ist es allein in dem Maße, in welchem man gegen sie denkt und handelt und die Kraft hat, seiner eigenen Überlegung Gewalt anzutun oder zu sorgen, daß die Begeisterung sie überwinde; denn die Begeisterung findet in ihr allezeit und in jedem Falle ein Hindernis und erbitterten Widerstand, eine erkältende und ertötende Gegenkraft.   11

Alles ist närrisch auf dieser Welt, außer einem närrischen Leben. Alles ist lächerlich, außer dem Lachen über alles und jedes. Alles ist eitel, außer dem schönen Trug und genußreichen Nichtigkeiten.   12

Ich bin, man entschuldige den Vergleich, ein wandelndes Grab, denn ich trage einen toten Menschen in mir, ein Herz, das einst voller Gefühl war und nichts mehr empfindet usw.   13

Was ist das Leben? Die Wanderschaft eines Lahmen und Kranken, welcher mit einer schweren Last auf dem Rükken die steilsten Berge und unwegsamsten Gebiete bei Schnee und Eis, Regen und Wind, unter brennender Sonne bei Tag und Nacht überquert, ohne sich jemals Ruhe zu gönnen, und viele Tagereisen zurücklegt, um schließlich an einen Abgrund, an eine Schlucht zu gelangen und dort unweigerlich in die Tiefe zu stürzen.   14

Die Grenzen des eigenen Wissens verhehlt man den andern am besten, indem man sie nie überschreitet.   15

Die Natur hat uns nicht allein das Verlangen, sondern auch das Bedürfnis nach Glück gegeben, ein so dringendes Bedürfnis wie jenes nach Nahrung. Denn wer das Glück nicht besitzt, der ist ebenso unglücklich, wie derjenige hungrig ist, der nichts zu essen hat. Dieses Bedürfnis gab sie uns aber ohne die Möglichkeit, es zu stillen, ohne das Glück auch nur in die Welt eingelassen zu haben. Die Tiere haben uns nichts voraus, als daß sie weniger leiden; so auch die Wilden; das Glück aber niemand.   16

In der Gesellschaft äußerst selten: ein wirklich erträglicher Mensch.   *17*

Zwei Wahrheiten, welche die Menschen nie glauben werden: daß sie nichts wissen und daß sie nichts sind. Man füge eine dritte hinzu, die sehr von der zweiten abhängt: daß es nach dem Tod nichts zu hoffen gibt.   *18*

ERNST VON FEUCHTERSLEBEN

(1806–1849)

Wir glauben etwas zu begreifen, wenn wir uns gewöhnt haben, dem Unbegreiflichen gewisse Denkformen zu substituieren.   *1*

Daß Gründe wenig, Stimmungen alles vermögen, sieht man daraus, daß die Nichtigkeit des Lebens der gleiche Grundgedanke aller Heitern wie aller Traurigen ist.   *2*

Das Halbwahre ist verderblicher als das Falsche.   *3*

Je tiefer man in ein lebendig Ganzes, sei es nun Mensch, Kunstwerk oder Buch, einzugehen das Glück hat, desto tiefer fühlt man die Unzulänglichkeit des Redens. Die Worte geben nicht den Sinn, sie umgeben ihn nur.   *4*

Es kommt weniger darauf an, was als wie man weiß.

5

Ursache und Wirkung der Kunst geht über alle Begriffe.

6

Was ist Glück? Übereinstimmung eines Charakters mit seinem Schicksale. So kann es von der Natur gegeben, vom Geiste geschaffen werden.

7

»Aus unsern Begriffen – sagt ein fühlender Denker – entspringen unsere Wünsche.« – Wahr! Allein man kann sehr wahr, und, wenn ich nicht irre, tiefer sagen: aus unsern Wünschen entspringen unsere Begriffe. Denn die Neigung ist das Ursprüngliche im Menschen! Der Verstand kommt hinzu und schmeichelt oder gebietet ihr.

8

Wer sich nicht oft gern täuscht, der hat die rechte Weisheit noch nicht.

9

Unsere Zeit, rasch und weitaussehend, verschmäht die Übergänge; die Übergangspunkte aber sind die Lebenspunkte.

10

Aphorismen können nur, insoweit sie Resultate sind, auf Mitteilbarkeit Anspruch machen. Einfälle, als solche, mitzuteilen, setzt entweder große Anmaßung voraus, indem man sie für wichtig hält, oder Selbstgeringschätzung, indem man sich zur Belustigung des Augenblickes hergibt. Resultate aber nenne ich nicht nur das Abschließliche, sondern auch das aus der Betrachtung von Problemen sich ergebende Anregende.

11

Nur eine Ansicht ist unwahr, die, daß nur eine Ansicht wahr sei.					*12*

In gewissen, für systematisch geltenden Köpfen herrscht jene Ordnung, welche einer meiner Freunde seiner Frau vorwarf, die auf seinem Schreibtische aufräumte, ohne zu wissen, was zusammengehörte. Da ist – sagte er – alles hübsch zusammensepariert und auseinandergesammelt.					*13*

Jeder wahre Gedanke trägt das Universum in sich, und keiner spricht es aus.					*14*

Man muß gut unterscheiden: den Mißmut des Vernünftigen über die herrschende Schalheit, – und den des Narren über die wachsende Vernünftigkeit in der Welt.					*15*

Seine Zeit verstehen und ihr Bedürfnis erkennen, heißt nicht bloß mit dem Strome schwimmen, sondern auch: wissen, wo sie zu weit geht, wo es ihr gebricht. Der Lauf der Zeit beschreibt eine Spirale; es gibt immer einen Kern ernster, denkender Beobachter, und diese bilden die Achse, um welche sie sich bewegt. Auch die Achse ist eine fortschreitende Linie –, aber eine gerade.					*16*

Das Gleichnis von der Spirallinie im menschlichen Fortschreiten ist das befriedigendste, das ich kenne. Es gibt hier Rückbewegungen, die aber doch zugleich vorwärts führen. Man sieht auch, zwar nicht das Gewesene, aber doch die Sphäre seines Wesens wiederkehren; man kommt in dieselbe Gegend wieder zurück, wo man schon war, – nur auf einem höhern Standpunkte, von welchem aus man sie übersieht.					*17*

Wer sich nicht beherrschen kann – der will frei sein?
und wer es kann, – ist er es nicht?   18

Man kann nicht alles aphoristisch, nicht alles systema-
tisch sagen.   19

Die Theorie ist nicht die Wurzel, sondern die Blüte der
Praxis.   20

Es ist wahr, man kann sich keine andere Empfindung
geben; aber man kann sich durch einen kühnen Ent-
schluß in eine Situation bringen; da gibt sich dann das
Empfinden von selbst. Erst will man, dann muß man,
und dem wird die Palme, der müssen will.   21

Jeder lernt nur, was er im Tiefsten schon weiß; so daß
man, im unmutigen Momente, alles Schreiben für eitel
erklären möchte: Denn wer Dich versteht, braucht Dich
nicht, und wer Dich brauchte, versteht Dich nicht.   22

Der Glaube gibt durch sich selbst, was er verheißt.   23

Man fürchtet, was man nicht versteht.   24

Wo nichts mehr zu enträtseln bleibt, hört unser Anteil
auf.   25

Friedrich Hebbel

(1813–1863)

Sehr oft ist das Wiedersehen erst die rechte Trennung.
Wir sehen, daß der andere uns entbehren konnte, er betrachtet uns wie ein Buch, dessen letzte Kapitel er nicht
gelesen hat, er will uns studieren und wir haben ihn ausstudiert! *1*

Wenn man die Menschen am Abend ihr Butterbrot essen sieht, so kann die Bemühung, das Leben zu erklären,
sehr lächerlich erscheinen. Butter und Brot erklären alles. *2*

Humor ist Erkenntnis der Anomalien. *3*

Der Mensch *ist*, was er *denkt*. *4*

Furcht ist kein Gefühl, es ist der einzige Zustand, der
den Menschen aufhebt. *5*

Der Schmerz ist ein *Eigentum*, wie das Glück und die
Freude. *6*

Wir begehen manche Sünden bloß, um sie bereuen zu
können. *7*

Zwei Menschen sind immer zwei Extreme. *8*

Wir Menschen haben darum *so oft* recht, weil wir so selten *ganz* recht haben. *9*

Im größten Schmerz ist es noch Wonne, seiner *fähig* zu
sein! *10*

Die dümmsten Schafe sind immer zugleich die reißend-
sten Wölfe. *11*

Es gehört schon viel Zeit dazu, nur einzusehen, wo das
Rätselhafte in manchen Dingen denn eigentlich sitzt. *12*

Das Urteilen der meisten Menschen ist ein vergleichen-
des Anatomieren. *13*

Für uns Menschen muß überall der Punkt, bis zu dem
wir vordringen können, anstatt der Wahrheit gelten. *14*

Niemand spricht eine Wahrheit aus, die er nicht mit
einem Irrtum verzollen müßte. *15*

Du mußt bedenken, daß eine Lüge dich nicht bloß eine
Wahrheit kostet, sondern die Wahrheit überhaupt. *16*

Es gibt Menschen, die nur das anbeten, was sie vernichten können. *17*

Daß die Schmerzen miteinander abwechseln, macht das
Leben erträglich. *18*

Nichts kann bewiesen werden, als – was zu beweisen
sich nicht verlohnt. *19*

Wirb um das Leben, es ist dir ebensowenig geschenkt
wie ein anderes Gut. *20*

Das Leben borgt seinen höchsten Reiz vom Tode; es ist nur schön, weil es vergänglich ist. *21*

Der Gedanke tritt zwischen den Menschen und das Leben; er verbrennt die Früchte, die es bietet. *22*

Was soll die Schranke? Sie soll verhüten, daß ein Ding nicht sein Gegenteil werde. Wenn sie mehr will, so frevelt sie. *23*

Wahrheit ist der Punkt, wo Glaube und Wissen einander neutralisieren. *24*

Die Ausübung der Gerechtigkeit in ihrer jetzt schon seit Jahrtausenden bestehenden Gestalt ist die stete Anhäufung von Blutschuld auf unserm Geschlecht. *25*

In der Freude ist es ihre Grenze, die uns quält. *26*

»Der Wolf und das Lamm, wer ist besser?« Der Wolf fraß das Lamm und sprach: nun bin ich Wolf und Lamm zugleich! *27*

Wenn ein Mensch ganz Wunde ist, so heißt ihn heilen – ihn töten! *28*

Das übrig bleibende Gute im Schlechten ist der Punkt, an den die Strafe sich festhäkelt. *29*

Unser *Leben* ist der aufzuckende Schmerz einer Wunde.
30

Es gibt auch Spiegel, in denen man sehen kann, was einem fehlt.
31

Gerade das kann die Welt entbehren, um dessen willen sie allein zu existieren verdient.
32

Zerstoß dir im Finstern an einem Pfahl den Kopf und sieh zu, ob das Feuer, das dir aus den Augen fährt, hinreicht, ihn zu beleuchten.
33

Man soll über die Brücke gehen und baut sich ein Haus darauf.
34

Der unglücklichste Mensch: der nie Verlangen einflößt.
35

Wo sich zwei Menschen umarmen, da bilden sie einen Kreis.
36

Die Natur hat mit dem Menschen in die Lotterie gesetzt und wird ihren Einsatz verlieren.
37

Sich das Blut abzapfen, um sich rote Wangen zu malen.
38

Der Krieg ist die Freiheit gewisser Barbaren, darum ist es kein Wunder, daß sie ihn lieben.
39

Die Mücke, die dem zur Hinrichtung Geführten Blut entsaugt.
40

Am Regenbogen muß man nicht Wäsche aufhängen
wollen.   *41*

Die Natur ist dem Menschen dafür eine Entschädigung
schuldig, daß sie ihn mit dem Gedanken des Todes bela-
den hat.   *42*

Die Eitelkeit ist im höheren Menschen das erhaltende,
im niederen das zerstörende Prinzip.   *43*

Der wahre Schmerz ist schamhaft.   *44*

MULTATULI
Eduard Douwes Dekker

(1820–1887)

Es ist Schmerz im geistigen Schaffen. Hast du wohl einmal daran gedacht, Leser, daß ein Denker mit derselben
Sorgfalt gepflegt werden müßte wie eine Wöchnerin? *1*

Jeder Irrtum hat seinen Existenzgrund.   *2*

Arbeit ist der durchschlagendste Beweis von Moralität.

3

Es ist kein geringes Verbrechen, die Wahrheit langweilig
zu machen. Dies ist eine meiner vielen Klagen gegen
Christen und gegen die meisten Moralisten.   *4*

Prinzipien sind Dinge, die man braucht, um etwas Unangenehmes unterlassen zu können, niederträchtige Vorwände für Pflichtsäumige.   5

Meine »Ideen« sind die »Times« meiner Seele.   6

Die Ausdrucksweise ist ein Gradmesser der Moralität.

                                                       7

Der wahre Sieg scheint mir eine endlose Reihe schmerzhafter Niederlagen zu sein.   8

Wer zufrieden ist mit seiner Arbeit, hat Grund zur Unzufriedenheit mit seiner Zufriedenheit.   9

Es sieht wahrhaftig danach aus, daß wir dem Schönen – und was dafür gilt – zujauchzen als Preis für das Recht, das Häßliche zu tun.   10

Vielleicht ist nichts ganz wahr – und sogar das nicht.

                                                      11

Auf technischem Gebiet macht man täglich Fortschritte, das ist wahr. Aber daß diese Fortschritte günstig auf den menschlichen Fortschritt wirken, leugne ich.   12

MARIE VON EBNER-ESCHENBACH

(1830–1916)

Ein Aphorismus ist der letzte Ring einer langen Gedankenkette. *1*

Die glücklichen Pessimisten! Welche Freude empfinden sie, sooft sie bewiesen haben, daß es keine Freude gibt. *2*

Die größte Nachsicht mit einem Menschen entspringt aus der Verzweiflung an ihm. *3*

Wer an die Freiheit des menschlichen Willens glaubt, hat nie geliebt und nie gehaßt. *4*

Was du zu müssen glaubst, ist das, was du willst. *5*

Es gibt Fälle, in denen vernünftig sein feig sein heißt. *6*

Die Menschen, denen wir eine Stütze sind, die geben uns den Halt im Leben. *7*

Du kannst so rasch sinken, daß du zu fliegen meinst. *8*

Ein Gedanke kann nicht erwachen, ohne andere zu wecken. *9*

Ausnahmen sind nicht immer Bestätigung der alten Regel; sie können auch die Vorboten einer neuen Regel sein. *10*

So manche Wahrheit ging von einem Irrtum aus.   *11*

Das Tüttelchen Wahrheit, das in mancher Lüge enthalten ist, das macht sie furchtbar.   *12*

Wenn die Zeit kommt, in der man könnte, ist die vorüber, in der man kann.   *13*

Vieles erfahren haben, heißt noch nicht Erfahrung besitzen.   *14*

Nicht was wir erleben, sondern wie wir empfinden, was wir erleben, macht unser Schicksal aus.   *15*

Wenn mein Herz nicht spricht, dann schweigt auch mein Verstand, sagt die Frau.
   Schweige, Herz, damit der Verstand zu Worte komme, sagt der Mann.   *16*

Alberne Leute sagen Dummheiten, gescheite Leute machen sie.   *17*

Wir sind leicht bereit, uns selbst zu tadeln, unter der Bedingung – daß niemand einstimmt.   *18*

Es ist schwer, den, der uns bewundert, für einen Dummkopf zu halten.   *19*

Alle historischen Rechte veralten.   *20*

Die Summe unserer Erkenntnisse besteht aus dem, was wir gelernt, und aus dem, was wir vergessen haben.   *21*

Am Ziele deiner Wünsche wirst du jedenfalls eines vermissen: dein Wandern zum Ziel. 22

Lieber von einer Hand, die wir nicht drücken möchten, geschlagen, als von ihr gestreichelt werden. 23

In der Fähigkeit, einen edlen Wunsch intensiv und heiß zu nähren, liegt etwas wie Erfüllung. 24

Wir suchen die Wahrheit, finden wollen wir sie aber nur dort, wo es uns beliebt. 25

Wenn wir die ersehnte Ruhe endlich haben werden, werden wir nichts mehr von ihr haben. 26

Es schreibt keiner wie ein Gott, der nicht gelitten hat wie ein Hund. 27

Die Fehler, vor denen wir auf der Hut sind, sind unsere ärgsten nicht. 28

SAMUEL BUTLER

(1835–1902)

Das Leben ist nicht so sehr ein Rätsel, das gelöst werden muß, als ein Gordischer Knoten, der früher oder später durchschlagen wird. 1

Das Leben ist ein einziger langer Ermüdungsprozeß. 2

Das Leben besteht in der Kunst, zureichende Schlüsse aus unzureichenden Prämissen zu ziehen.

3

Es gibt zwei große Lebensregeln, eine allgemeine und eine besondere. Die erste besagt, daß jeder schließlich erreichen kann, was er will, wenn er es nur versucht. Das ist die allgemeine Regel. Die besondere Regel ist, daß jeder einzelne mehr oder weniger eine Ausnahme von der allgemeinen Regel ist.

4

Ist das Leben lebenswert? – Das ist eine Frage für einen Embryo, nicht für einen Menschen.

5

Wenn sich alles nach der Tugend richten würde, wäre sie so unerträglich, wie es herrschende Gruppen gewöhnlich sind. Die Aufgabe des Lasters ist es, die Tugend in vernünftigen Grenzen zu halten.

6

Man kann die Sünde ebenso wie einen Berg auf zwei Weisen betrachten, je nachdem, ob man ihn vor oder nach dem Aufstieg ansieht. Beide Ansichten entsprechen aber der Wirklichkeit.

7

Worte behindern oder töten sogar den vollkommenen Gedanken, oder sie werden von ihm getötet; aber sie sind, wie ein Gerüst, nützlich, wenn nicht gar unverzichtbar, um ein unvollkommenes Gedankengebäude zu errichten und zu seiner Vervollkommnung beizutragen.

8

Ideen. – Sie sind wie Schatten – gegenständlich genug, bis wir sie zu fassen versuchen.

9

Unsere Ideen. – Meist sind sie wie schlechte kleine Münzen, und wir bringen unser Leben damit zu, sie einander weiterzugeben.   *10*

Die Zeit ist das einzig wahre Fegefeuer.   *11*

Die Nichtigkeit der menschlichen Wünsche. – Nur eins ist noch nichtiger: keine Wünsche zu haben.   *12*

So wie die Liebe für junge Menschen bedeutet, zu erfahren, was Gewissen ist, so bedeuten Wahrheit und Genie für die Alten, zu erkennen, was eine Definition ist.   *13*

Eine Art des Scheiterns. – Von einem weltlichen Standpunkt aus ist kein Fehler so groß wie der, allezeit recht zu haben.   *14*

Leben ist wie lieben – alle Vernunft spricht dagegen, und aller gesunde Instinkt dafür.   *15*

Leiden im Leid. – Er war in Wirklichkeit verdammt froh; er sagte den Leuten, es tue ihm leid, daß er nicht *mehr* leide, und hier begann erst das wahre Leid, denn es tat ihm wirklich leid, daß ihm die Leute nicht glauben wollten, es tue ihm leid, daß er nicht *mehr* leide.   *16*

Es gibt keine sicherere Quelle des Irrtums als die Suche nach der absoluten Wahrheit.   *17*

Der Gebrauch der Wahrheit gleicht dem Gebrauch der Worte; beide, Wahrheit wie Worte, hängen stark von der Gewohnheit ab. *18*

Man kann mit Glauben wenig ausrichten, aber nichts ohne ihn. *19*

Mark Twain
Samuel Langhorne Clemens
(1835–1910)

Weine vor Freude und Trauer in derselben Lautstärke.

1

Man erreicht die schwindelerregende Höhe der Weisheit niemals, wenn man sich nicht mehr an der Nase herumführen läßt. *2*

Es gibt Leute, die können die besten und mutigsten Taten vollbringen außer der, sich damit zurückzuhalten, daß sie den Unglücklichen ihr Glück mitteilen. *3*

Etwas lang Erwartetes nimmt die Form des Unerwarteten an, wenn es schließlich eintrifft. *4*

O Tod wo ist dein Stachel! Er hat keinen. Das Leben wohl. *5*

Es bedeutet mehr Mühe, eine Maxime zu formulieren
als das Richtige zu tun.   6

Der Sinn für Moral befähigt den Menschen dazu, das
Moralische zu erkennen – und es zu vermeiden. Der
Sinn für Unmoral befähigt den Menschen dazu, das Un-
moralische zu erkennen und es zu genießen.   7

Wenn Christus heute hier wäre, eines wäre er gewiß
nicht – ein Christ.   8

Die Unmenschlichkeit Gottes gegenüber den Menschen
läßt unzählige Tausende trauern.   9

Die Wahrheit ist eher ein Fremder als die Fiktion.   10

Es gibt keine Abstufungen von Nichtigkeit, es gibt nur
Abstufungen in der Fähigkeit, sie zu verbergen.   11

Wenn wir uns vergegenwärtigen, daß wir alle verrückt
sind, verschwinden alle Geheimnisse und das Leben ist
vollkommen erklärt.   12

Die Erziehung besteht hauptsächlich aus dem, was wir
uns abgewöhnt haben.   13

Es ist leichter, draußen zu bleiben als hinauszugehen.

                                                      14

Weis jedem Ding seinen Platz zu und bewahre es an-
derswo auf. Das ist kein Rat, es ist bloß Gewohnheit.

                                                      15

Es gibt mehrere Arten, sich gegen Versuchungen zu schützen, aber die sicherste ist Feigheit. *16*

Wenn du den Berg des Glücks erklimmst, wirst du kaum einen Freund treffen. *17*

Die Verhältnisse machen den Menschen, nicht der Mensch die Verhältnisse. *18*

Es gibt keinen traurigeren Anblick als einen jungen Pessimisten, ausgenommen einen alten Optimisten. *19*

Wenn der Mensch den Menschen erschaffen hätte, würde er sich angesichts dieser Leistung schämen. *20*

Die Mehrheit hat immer unrecht.
Immer wenn du dich auf der Seite der Mehrheit findest, ist es Zeit, etwas zu ändern (oder innezuhalten und nachzudenken). *21*

AMBROSE BIERCE

(1842–1914[?])

Alter, das – Jene Periode, in der wir die Laster, die wir noch schätzen, damit gutmachen, daß wir jene verteufeln, die zu begehen wir nicht länger wagen. *1*

Aphorismus, der – Weisheit, vorverdaut und wiedergekäut. *2*

Arbeit, die – Eines der Verfahren, durch die A Eigentum
für B erwirbt.   3

Besorgt, adj. – In umgänglicher Weise der Meinung, die
Dinge sollten anders werden.   4

Bewunderung, die – Höfliche Anerkennung der Tatsache, daß ein anderer uns gleicht.   5

Dankbarkeit, die – Gefühl; auf halbem Weg zwischen
einer empfangenen und einer erwarteten Wohltat.   6

Emanzipation, die – Übergang eines Leibeigenen aus
fremder Tyrannei in eigene Despotie.   7

Falschheit, die – Wahrheit, der die Tatsachen nur unvoll-
kommen angepaßt sind.   8

Gefühl, das – Kränkelnder Halbbruder des Gedankens.
                                                          9

Hoffnung, die – Fusion von Gier und Erwartung.   10

Nachdenken, v. – Geistestätigkeit, durch die wir eine
klarere Sicht auf unser Verhältnis zu den gestrigen Dingen gewinnen und also befähigt werden, die Gefahren
zu vermeiden, die wir hinter uns haben.   11

Nutzen, der – Vater aller Tugenden.   12

Patriot, der – Einer, dem die Interessen eines Teils wichtiger sind als die des Ganzen. Narr des Politikers und
Werkzeug des Eroberers.   13

Selbstsüchtig, adj. – Ohne Rücksicht auf die Selbstsucht anderer. *14*

Verbannte(r), der – Einer, der seinem Lande dient, indem er im Ausland residiert, ohne jedoch Botschafter zu sein. *15*

Ziel, das – Die Aufgabe, der wir unsere Wünsche anpassen. *16*

FRIEDRICH NIETZSCHE

(1844–1900)

Das Über-Tier. – Die Bestie in uns will belogen werden; Moral ist Notlüge, damit wir von ihr nicht zerrissen werden. Ohne die Irrtümer, welche in den Annahmen der Moral liegen, wäre der Mensch Tier geblieben. So aber hat er sich als etwas Höheres genommen und sich strengere Gesetze auferlegt. Er hat deshalb einen Haß gegen die der Tierheit näher gebliebenen Stufen: woraus die ehemalige Mißachtung des Sklaven als eines Nicht-Menschen, als einer Sache, zu erklären ist. *1*

Alltags-Maßstab. – Man wird selten irren, wenn man extreme Handlungen auf Eitelkeit, mittelmäßige auf Gewöhnung und kleinliche auf Furcht zurückführt. *2*

Lukas 18,14 verbessert. – Wer sich selbst erniedrigt, will erhöhet werden.   3

Personenwechsel. – Sobald eine Religion herrscht, hat sie alle die zu ihren Gegnern, welche ihre ersten Jünger gewesen wären.   4

Abbruch der Kirchen. – Es ist nicht genug an Religion in der Welt, um die Religionen auch nur zu vernichten.   5

Verbotene Freigebigkeit. – Es ist nicht genug Liebe und Güte in der Welt, um noch davon an eingebildete Wesen wegschenken zu dürfen.   6

Paradoxien des Autors. – Die sogenannten Paradoxien des Autors, an welchen ein Leser Anstoß nimmt, stehen häufig gar nicht im Buche des Autors, sondern im Kopfe des Lesers.   7

Die Antithese. – Die Antithese ist die enge Pforte, durch welche sich am liebsten der Irrtum zur Wahrheit schleicht.   8

Der beste Autor. – Der beste Autor wird der sein, welcher sich schämt, Schriftsteller zu werden.   9

Dank. – Eine feine Seele bedrückt es, sich jemanden zum Dank verpflichtet zu wissen; eine grobe, sich jemandem.   10

Verrechnung in der Gesellschaft. – Dieser wünscht interessant zu sein durch seine Urteile, jener durch seine Nei-

gungen und Abneigungen, der dritte durch seine Be-
kanntschaften, ein vierter durch seine Vereinsamung –
und sie verrechnen sich alle. Denn der, vor dem das
Schauspiel aufgeführt wird, meint selber dabei das einzig
in Betracht kommende Schauspiel zu sein.   *11*

Die Natur korrigieren. – Wenn man keinen guten Vater
hat, so soll man sich einen anschaffen.   *12*

Maß. – Die volle Entschiedenheit des Denkens und
Forschens, also die Freigeisterei zur Eigenschaft des
Charakters geworden, macht im Handeln mäßig: denn
sie schwächt die Begehrlichkeit, zieht viel von der vor-
handenen Energie an sich, zur Förderung geistiger
Zwecke, und zeigt das Halbnützliche oder Unnütze und
Gefährliche aller plötzlichen Veränderungen.   *13*

Auferstehung des Geistes. – Auf dem politischen Kran-
kenbette verjüngt ein Volk gewöhnlich sich selbst und
findet seinen Geist wieder, den es im Suchen und Be-
haupten der Macht allmählich verlor. Die Kultur verdankt das allerhöchste den politisch geschwächten Zeiten.   *14*

Feinde der Wahrheit. – Überzeugungen sind gefähr-
lichere Feinde der Wahrheit als Lügen.   *15*

Verkehrte Welt. – Man kritisiert einen Denker schärfer,
wenn er einen uns unangenehmen Satz hinstellt; und
doch wäre es vernünftiger, dies zu tun, wenn sein Satz
uns angenehm ist.   *16*

Wahrheit. – Niemand stirbt jetzt an tödlichen Wahrheiten: es gibt zu viele Gegengifte. *17*

Menschenlos. – Wer tiefer denkt, weiß, daß er immer unrecht hat, er mag handeln und urteilen, wie er will. *18*

Gefahr unserer Kultur. – Wir gehören einer Zeit an, deren Kultur in Gefahr ist, an den Mitteln der Kultur zugrunde zu gehen. *19*

In Gefahr. – Man ist am meisten in Gefahr, überfahren zu werden, wenn man eben einem Wagen ausgewichen ist. *20*

Liebe und Haß. – Liebe und Haß sind nicht blind, aber geblendet vom Feuer, das sie selber mit sich tragen. *21*

Wahrheit will keine Götter neben sich. – Der Glaube an die Wahrheit beginnt mit dem Zweifel an allen bis dahin geglaubten Wahrheiten. *22*

Weshalb die Dummen so oft boshaft werden. – Auf Einwände des Gegners, gegen welche sich unser Kopf zu schwach fühlt, antwortet unser Herz durch Verdächtigung der Motive seiner Einwände. *23*

Das gute Gedächtnis. – Mancher wird nur deshalb kein Denker, weil sein Gedächtnis zu gut ist. *24*

Gegen die Kurzsichtigen. – Meint ihr denn, es müsse Stückwerk sein, weil man es euch in Stücken gibt (und geben muß)? *25*

Mittel und Zweck. – In der Kunst heiligt der Zweck die Mittel nicht: aber heilige Mittel können hier den Zweck heiligen. 26

Mund halten. – Der Autor hat den Mund zu halten, wenn sein Werk den Mund auftut. 27

Schärfste Kritik. – Man kritisiert einen Menschen, ein Buch am schärfsten, wenn man das Ideal desselben hinzeichnet. 28

Lob der Sentenz. – Eine gute Sentenz ist zu hart für den Zahn der Zeit und wird von allen Jahrtausenden nicht aufgezehrt, obwohl sie jeder Zeit zur Nahrung dient: dadurch ist sie das große Paradoxon in der Literatur, das Unvergängliche inmitten des Wechselnden, die Speise, welche immer geschätzt bleibt, wie das Salz, und niemals, wie selbst dieses, dumm wird. 29

Witz. – Der Witz ist das Epigramm auf den Tod eines Gefühls. 30

Im Scheiden. – Nicht darin, wie eine Seele sich der andern nähert, sondern wie sie sich von ihr entfernt, erkenne ich ihre Verwandtschaft und Zusammengehörigkeit mit der andern. 31

Tiefe und Trübe. – Das Publikum verwechselt leicht den, welcher im Trüben fischt, mit dem, welcher aus der Tiefe schöpft. 32

Wenn die Gefahr am größten ist. – Man bricht das Bein
selten, so lange man im Leben mühsam aufwärts steigt –
aber wenn man anfängt, es sich leicht zu machen und die
bequemen Wege zu wählen.   33

An einen Gelobten. – So lange man dich lobt, glaube nur
immer, daß du noch nicht auf deiner eignen Bahn, sondern auf der eines andern bist.   34

Die Gefahr in der Bewunderung. – Die Bewunderung
einer Eigenschaft oder Kunst kann so stark sein, daß sie
uns abhält, nach ihrem Besitz zu streben.   35

Was ist Genie? – Ein hohes Ziel *und* die Mittel dazu
wollen.   36

Nicht gewachsen. – Das Gute mißfällt uns, wenn wir
ihm nicht gewachsen sind.   37

Das Große und sein Betrachter. – Die beste Wirkung
des Großen ist, daß es dem Betrachter ein vergrößerndes
und abrundendes Auge einsetzt.   38

Der große Stil. – Der große Stil entsteht, wenn das
Schöne den Sieg über das Ungeheure davonträgt.   39

Seltene Feste. – Körnige Gedrängtheit, Ruhe und Reife
– wo du diese Eigenschaften bei einem Autor findest, da
mache Halt und feiere ein langes Fest mitten in der Wüste: es wird dir lange nicht wieder so wohl werden.   40

Gelöbnis. – Ich will keinen Autor mehr lesen, dem man anmerkt, er wollte ein Buch machen: sondern nur jene, deren Gedanken unversehens ein Buch wurden.　*41*

Den Gedanken verbessern. – Den Stil verbessern – das heißt den Gedanken verbessern, und gar nichts weiter! – Wer dies nicht sofort zugibt, ist auch nie davon zu überzeugen.　*42*

Die Worte liegen uns im Wege! – Überall, wo die Uralten ein Wort hinstellten, da glaubten sie eine Entdeckung gemacht zu haben. Wie anders stand es in Wahrheit! – sie hatten an ein Problem gerührt, und indem sie wähnten, es *gelöst* zu haben, hatten sie ein Hemmnis der Lösung geschaffen. – Jetzt muß man bei jeder Erkenntnis über steinharte verewigte Worte stolpern, und wird dabei eher ein Bein brechen als ein Wort.　*43*

»Erkenne dich selbst« ist die ganze Wissenschaft. – Erst am Ende der Erkenntnis aller Dinge wird der Mensch sich selber erkannt haben. Denn die Dinge sind nur die Grenzen des Menschen.　*44*

Worin wir alle unvernünftig sind. – Wir ziehen immer noch die Folgerungen von Urteilen, die wir für falsch halten, von Lehren, an die wir nicht mehr glauben, – durch unsere Gefühle.　*45*

Zur Beruhigung des Skeptikers. – »Ich weiß durchaus nicht, was ich *tue!* Ich weiß durchaus nicht, was ich *tun soll!«* – du hast recht, aber zweifle nicht daran; *du wirst getan!* In jedem Augenblicke! Die Menschheit hat zu allen Zeiten das Aktivum und das Passivum verwechselt, es ist ihr ewiger grammatikalischer Schnitzer.   46

Vernunft. – Wie die Vernunft in die Welt gekommen ist? Wie billig auf eine unvernünftige Weise, durch einen Zufall. Man wird ihn erraten müssen wie ein Rätsel.   47

Gewissensfrage. – »Und in *summa*: was wollt ihr eigentlich Neues?« – Wir wollen nicht mehr die Ursachen zu Sündern und die Folgen zu Henkern machen.   48

Die zwei Richtungen. – Versuchen wir den Spiegel an sich zu betrachten, so entdecken wir endlich nichts als Dinge auf ihm. Wollen wir die Dinge fassen, so kommen wir zuletzt wieder auf nichts als auf den Spiegel. – Dies ist die allgemeinste Geschichte der Erkenntnis.   49

Worte in uns gegenwärtig. – Wir drücken unsere Gedanken immer mit den Worten aus, die uns zur Hand sind. Oder um meinen ganzen Verdacht auszudrücken: wir haben in jedem Momente eben nur den Gedanken, für welchen uns die Worte zur Hand sind, die ihn ungefähr auszudrücken vermögen.   50

Wirkung des Glückes. – Die erste Wirkung des Glückes ist das *Gefühl der Macht*: diese will *sich äußern*, sei es gegen uns selber oder gegen andere Menschen oder gegen Vorstellungen oder gegen eingebildete Wesen. Die gewöhnlichsten Arten, sich zu äußern, sind: Beschenken, Verspotten, Vernichten – alle drei mit einem gemeinsamen Grundtriebe.   51

Inwiefern der Denker seinen Feind liebt. – Nie etwas zurückhalten oder dir verschweigen, was gegen deinen Gedanken gedacht werden kann! Gelobe es dir! Es gehört zur ersten Redlichkeit des Denkens. Du mußt jeden Tag auch deinen Feldzug gegen dich selber führen. Ein Sieg und eine eroberte Schanze sind nicht mehr deine Angelegenheit, sondern die der Wahrheit, – aber auch deine Niederlage ist nicht mehr deine Angelegenheit!

52

Mensch und Dinge. – Warum sieht der Mensch die Dinge nicht? Er steht selber im Wege: er verdeckt die Dinge.

53

Die Regel. – »Die Regel ist mir immer interessanter als die Ausnahme« – wer so empfindet, der ist in der Erkenntnis weit voraus und gehört zu den Eingeweihten.

54

Meister und Schüler. – Zur Humanität eines Meisters gehört, seine Schüler vor sich zu warnen.

55

Zur Liebe verführen. – Wer sich selber haßt, den haben wir zu fürchten, denn wir werden die Opfer seines Grolls und seiner Rache sein. Sehen wir also zu, wie wir ihn zur Liebe zu sich selber verführen!

56

Betrogen werden. – Sobald ihr handeln wollt, müßt ihr die Tür zum Zweifel verschließen, – sagte ein Handelnder. – Und du fürchtest dich nicht, auf diese Weise der *Betrogene* zu werden? – antwortete ein Beschaulicher.

57

Sich häuten. – Die Schlange, welche sich nicht häuten kann, geht zugrunde. Ebenso die Geister, welche man verhindert, ihre Meinungen zu wechseln; sie hören auf, Geist zu sein. *58*

Die geglaubten Motive. – So wichtig es sein mag, die Motive zu wissen, nach denen wirklich die Menschheit bisher gehandelt hat: vielleicht ist der *Glaube* an diese oder jene Motive, also das, was die Menschheit sich selber als die eigentlichen Hebel ihres Tuns bisher untergeschoben und eingebildet hat, etwas noch Wesentlicheres für den Erkennenden. Das innere Glück und Elend der Menschen ist ihnen nämlich je nach ihrem Glauben an diese oder jene Motive zuteil geworden – *nicht* aber durch das, was wirklich Motiv war! Alles dies letztere hat ein Interesse zweiten Ranges. *59*

Wo das Gute beginnt. – Wo die geringe Sehkraft des Auges den bösen Trieb wegen seiner Verfeinerung nicht mehr als solchen zu sehen vermag, da setzt der Mensch das Reich des Guten an, und die Empfindung, nunmehr ins Reich des Guten übergetreten zu sein, bringt alle die Triebe in Miterregung, welche durch den bösen Trieb bedroht und eingeschränkt waren, wie das Gefühl der Sicherheit, des Behagens, des Wohlwollens. Also: je stumpfer das Auge, desto weiter reicht das Gute! Daher die ewige Heiterkeit des Volkes und der Kinder! Daher die Düsterkeit und der dem schlechten Gewissen verwandte Gram der großen Denker! *60*

Neue Kämpfe. – Nachdem Buddha tot war, zeigte man noch jahrhundertelang seinen Schatten in einer Höhle –

einen ungeheuren schauerlichen Schatten. Gott ist tot: aber so wie die Art der Menschen ist, wird es vielleicht noch jahrtausendelang Höhlen geben, in denen man seinen Schatten zeigt. – Und wir – wir müssen auch noch seinen Schatten besiegen! 61

Das Leben kein Argument. – Wir haben uns eine Welt zurechtgemacht, in der wir leben können – mit der Annahme von Körpern, Linien, Flächen, Ursachen und Wirkungen, Bewegung und Ruhe, Gestalt und Inhalt: ohne diese Glaubensartikel hielte es jetzt keiner aus zu leben! Aber damit sind sie noch nichts Bewiesenes. Das Leben ist kein Argument; unter den Bedingungen des Lebens könnte der Irrtum sein. 62

Unbequeme Eigenschaft. – Alle Dinge tief finden – das ist eine unbequeme Eigenschaft: sie macht, daß man beständig seine Augen anstrengt und am Ende immer mehr findet, als man gewünscht hat. 63

Egoismus. – Egoismus ist das *perspektivische* Gesetz der Empfindung, nach dem das Nächste groß und schwer erscheint: während nach der Ferne zu alle Dinge an Größe und Gewicht abnehmen. 64

Tief sein und tief scheinen. – Wer sich tief weiß, bemüht sich um Klarheit; wer der Menge tief scheinen möchte, bemüht sich um Dunkelheit. Denn die Menge hält alles für tief, dessen Grund sie nicht sehen kann: sie ist so furchtsam und geht so ungern ins Wasser. 65

Gedanken. – Gedanken sind die Schatten unsrer Empfindungen – immer dunkler, leerer, einfacher als diese.

66

Der Denker. – Er ist ein Denker: das heißt, er versteht sich darauf, die Dinge einfacher zu nehmen, als sie sind.

67

Gegen manche Verteidigung. – Die perfideste Art, einer Sache zu schaden ist, sie absichtlich mit fehlerhaften Gründen verteidigen.

68

Grenze unsres Hörsinns. – Man hört nur die Fragen, auf welche man imstande ist, eine Antwort zu finden.

69

Bedürfnis. – Das Bedürfnis gilt als die Ursache der Entstehung: in Wahrheit ist es oft nur eine Wirkung des Entstandenen.

70

Ursache und Wirkung. – Vor der Wirkung glaubt man an andere Ursachen als nach der Wirkung.

71

Opfer. – Über Opfer und Aufopferung denken die Opfertiere anders als die Zuschauer: aber man hat sie von jeher nicht zu Worte kommen lassen.

72

Kritik der Tiere. – Ich fürchte, die Tiere betrachten den Menschen als ein Wesen ihresgleichen, das in höchst gefährlicher Weise den gesunden Tierverstand verloren hat, – als das wahnwitzige Tier, als das lachende Tier, als das weinende Tier, als das unglückselige Tier.

73

Trotz und Treue. – Er hält aus Trotz an einer Sache fest, die ihm durchsichtig geworden ist – er nennt es aber »Treue«. 74

Die Leugner des Zufalls. – Kein Sieger glaubt an den Zufall. 75

Einmaleins. – Einer hat immer Unrecht: aber mit zweien beginnt die Wahrheit. – Einer kann sich nicht beweisen: aber zweie kann man bereits nicht widerlegen. 76

Letzte Skepsis. – Was sind denn zuletzt die Wahrheiten des Menschen? – Es sind die *unwiderlegbaren* Irrtümer des Menschen. 77

Wo Grausamkeit nottut. – Wer Größe hat, ist grausam gegen seine Tugenden und Erwägungen zweiten Ranges. 78

Was macht heroisch? – Zugleich seinem höchsten Leide und seiner höchsten Hoffnung entgegengehn. 79

Woran glaubst du? – Daran: daß die Gewichte aller Dinge neu bestimmt werden müssen. 80

Was ist das Siegel der erreichten Freiheit? – Sich nicht mehr vor sich selber schämen. 81

Lust an der Blindheit. – »Meine Gedanken«, sagte der Wanderer zu seinem Schatten, »sollen mir anzeigen, wo ich stehe: aber sie sollen mir nicht verraten, *wohin ich gehe.* Ich liebe die Unwissenheit um die Zukunft und

will nicht an der Ungeduld und dem Vorwegkosten ver-
heißener Dinge zugrunde gehen.«　　　　　　　　82

Gleichnis. – Jene Denker, in denen alle Sterne sich in ky-
klischen Bahnen bewegen, sind nicht die tiefsten; wer in
sich wie in einen ungeheuren Weltraum hineinsieht und
Milchstraßen in sich trägt, der weiß auch, wie unregel-
mäßig alle Milchstraßen sind; sie führen bis ins Chaos
und Labyrinth des Daseins hinein.　　　　　　　83

»Die Erkenntnis um ihrer selbst willen« – das ist der
letzte Fallstrick, den die Moral legt: damit verwickelt
man sich noch einmal völlig in sie.　　　　　　84

Der Reiz der Erkenntnis wäre gering, wenn nicht auf
dem Wege zu ihr so viel Scham zu überwinden wäre.
　　　　　　　　　　　　　　　　　　　85

Wer sein Ideal erreicht, kommt eben damit über das-
selbe hinaus.　　　　　　　　　　　　86

Wer sich selbst verachtet, achtet sich doch immer noch
dabei als Verächter.　　　　　　　　　　87

Fürchterliche Erlebnisse geben zu raten, ob der, welcher
sie erlebt, nicht etwas Fürchterliches ist.　　　　88

Reife des Mannes: das heißt den Ernst wiedergefunden
haben, den man als Kind hatte, beim Spiel.　　　89

Wie? Ein großer Mann? Ich sehe immer nur den Schau-
spieler seines eignen Ideals.　　　　　　　　90

Es gibt gar keine moralischen Phänomene, sondern nur eine moralische Ausdeutung von Phänomenen ... *91*

Die großen Epochen unsres Lebens liegen dort, wo wir den Mut gewinnen, unser Böses als unser Bestes umzutaufen. *92*

Wenn wir über jemanden umlernen müssen, so rechnen wir ihm die Unbequemlichkeit hart an, die er uns damit macht. *93*

Je abstrakter die Wahrheit ist, die du lehren willst, um so mehr mußt du noch die Sinne zu ihr verführen. *94*

Was aus Liebe getan wird, geschieht immer jenseits von Gut und Böse. *95*

Über das, was »Wahrhaftigkeit« ist, war vielleicht noch niemand wahrhaftig genug. *96*

Jeder tiefe Denker fürchtet mehr das Verstandenwerden als das Mißverstanden-werden. Am letzteren leidet vielleicht seine Eitelkeit; am ersteren aber sein Herz, sein Mitgefühl, welches immer spricht: »ach, warum wollt *ihr* es auch so schwer haben wie ich?« *97*

Auch der Mutigste von uns hat nur selten den Mut zu dem, was er eigentlich *weiß* ... *98*

»Alle Wahrheit ist einfach.« – Ist das nicht zwiefach eine Lüge? – *99*

Aus der Kriegsschule des Lebens. – Was mich nicht umbringt, macht mich stärker.   *100*

Ich mißtraue allen Systematikern und gehe ihnen aus
dem Weg. Der Wille zum System ist ein Mangel an
Rechtschaffenheit.   *101*

Oscar Wilde

(1854–1900)

Kunst offenbaren und den Künstler verheimlichen ist
das Ziel der Kunst.   *1*

Wir können einem Menschen verzeihen, daß er etwas
Nützliches schafft, solange er es nicht bewundert. Die
einzige Entschuldigung dafür, etwas Nutzloses zu schaffen, besteht darin, daß man es über jedes Maß bewundert.   *2*

Wohlerzogene widersprechen anderen Leuten, Weise
widersprechen sich selbst.   *3*

Wenn man die Wahrheit sagt, kann man sicher sein, früher oder später ertappt zu werden.   *4*

Nur die Oberflächlichen kennen sich selbst.   *5*

Eine Wahrheit hört auf, wahr zu sein, wenn sie von mehr als einer Person geglaubt wird.   6

Die Alten glauben alles, die Menschen im mittleren Alter mißtrauen allem, die Jungen wissen alles.   7

Muße ist die Vorbedingung der Vollkommenheit. Das Ziel der Vollkommenheit ist die Jugend.   8

Es gelingt nur den großen Meistern des Stils, dunkel zu sein.   9

Bildung ist etwas Wunderbares. Doch sollte man sich von Zeit zu Zeit daran erinnern, daß wirklich Wissenswertes nicht gelehrt werden kann.   10

Eine Öffentliche Meinung gibt es nur dort, wo Ideen fehlen.   11

Die Kunst ist das einzig Ernsthafte auf der Welt. Und der Künstler ist der einzige Mensch, der nie ernsthaft ist.
12

Wen die Götter lieben, den lassen sie jung werden.   13

George Bernard Shaw

(1856–1950)

Widerstehe niemals der Versuchung: prüfe alles und behalte das Gute.

    1

Nichts kann bedingungslos sein: folglich kann nichts frei sein.

    2

Der einzige Weg, der zum Wissen führt, ist Tätigkeit.

    3

Der ängstlichste Mann in einem Gefängnis ist sein Direktor.

    4

Hüte dich vor dem Menschen, dessen Gott im Himmel ist.

    5

Wenn wir einen großen Mann begreifen könnten, dann würden wir ihn hängen.

    6

Je mehr man über seinen Bedarf besitzt, desto mehr Sorgen hat man.

    7

Der vernünftige Mensch paßt sich der Welt an; der unvernünftige besteht auf dem Versuch, die Welt sich anzupassen. Deshalb hängt aller Fortschritt vom unvernünftigen Menschen ab.

    8

Wer das Böse versteht, verzeiht es; wer es empfindet, zerstört es.

    9

Es ist gefährlich, aufrichtig zu sein, außer wenn man auch dumm ist.

    10

ARTHUR SCHNITZLER

(1862–1931)

Alle Spekulation, vielleicht alles Philosphieren ist nur
ein Denken in Spiralen; wir kommen wohl höher, aber
nicht eigentlich weiter. Und dem Zentrum der Welt bleiben wir immer gleich fern.   *1*

Wenn du vor den Altar der Wahrheit trittst, so wirst du
dort viele auf den Knieen finden. Doch auf dem Weg dahin wirst du immer allein gewesen sein.   *2*

Wem die Gabe der Gerechtigkeit verliehen ist, ohne die
übrigen göttlichen Eigenschaften, Allmacht und Allweis-
heit, der ist übler dran, als der Ungerechte; denn er ist
zur Selbstzerstörung bestimmt.   *3*

Bewahre uns der Himmel vor dem »Verstehen«. Es
nimmt unserm Zorn die Kraft, unserm Haß die Würde,
unserer Rache die Lust und noch unserer Erinnerung die
Seligkeit.   *4*

Daß man zuweilen *mehr*, zuweilen *weniger* tun muß als
seine Pflicht und eben durch dieses Mehr oder Weniger
sie erst zu erfüllen vermag: das ist das Problem, dem wir
in jeder schweren Lebenslage immer wieder gegenüber-
stehen.   *5*

Auch *das* ist Lüge und oft die kläglichste von allen: sich
anzustellen als wenn man einem Lügner seine Lüge
glaubte.   *6*

Wenn du dich in Gefahr glaubst, an einem Menschen zugrunde zu gehen, so rechne es ihm nicht gleich als Schuld an, sondern frage dich vorerst, wie lange du schon nach solch einem Menschen gesucht hast.   7

Es bedeutet zuweilen einen schlimmeren Betrug an der Geliebten, sie selbst, als eine andere in den Armen zu halten.   8

Was wir Illusion nennen, ist entweder Wahn, Irrtum oder Selbstbetrug, – wenn sie nicht eine höhere Wirklichkeit bedeutet, die als solche anzuerkennen wir zu bescheiden, zu skeptisch oder zu zaghaft sind.   9

Es gibt keine Art von politischer Überzeugung im parteimäßigen Sinne – auch nicht von der ehrlichsten – die nicht mindestens mit einer Wurzel in das durstige Erdreich der Beschränktheit hinabreichte.   10

Was soll mir das Geschwätz? Ich habe mich in meinem Leben nicht um Politik gekümmert!
    Was hilft's dir, mein Freund? Sie kümmert sich um dich in jedem Augenblick deines Lebens!   11

Ein neuer Gedanke – das ist meist eine uralte Banalität in dem Augenblick, da wir ihre Wahrheit an uns selbst erfahren.   12

Eine Illusion verlieren, heißt, um eine Wahrheit reicher werden. Doch wer den Verlust beklagt, ist auch des Gewinnes nicht wert gewesen.   13

Gibt es ein Ohr so fein, daß es die Seufzer der welken-
den Rose zu hören vermöchte?   *14*

Ich glaube deine Weisheit nur, wenn sie dir aus dem
Herzen, deine Güte nur, wenn sie dir aus dem Verstande
kommt.   *15*

Nur *Richtung* ist Realität, das *Ziel* ist immer eine Fiktion, auch das erreichte – und dieses oft ganz besonders.
                                                        16

Im Herzen jedes Aphorisma, so neu oder gar paradox es
sich gebärden möge, schlägt eine uralte Wahrheit.   *17*

Nur wer den Tod fürchtet, darf sich seines Mutes rüh-
men.   *18*

Zwischen zwei Wundern schwebt die Welt. Plötzlichkeit
und Allmählichkeit.   *19*

Wer einmal völlig begriffen hat, daß er sterblich ist, für
den hat eigentlich die Agonie schon begonnen.   *20*

Gibt es einen Gott, so ist die Art, in der ihr ihn verehrt,
Gotteslästerung.   *21*

Ist Gott der Traum der Menschheit? Er wäre zu schön.
Ist die Menschheit der Traum Gottes? Er wäre zu ab-
scheulich.   *22*

JULES RENARD

(1864–1910)

Wenn man auf nichts mehr zählen kann, muß man mit allem rechnen.   *1*

Der Gelehrte verallgemeinert, der Künstler unterscheidet.   *2*

Das Gehirn kennt keine Scham.   *3*

Wir müssen das Leben durch Sanftmut bezwingen.   *4*

Ein Buch mißfällt uns überall da, wo es uns gleicht.   *5*

Die Ironie ist das Schamgefühl der Menschheit.   *6*

Alles verstehen heißt nichts ausgleichen wollen.   *7*

Die Wahrheit spricht aus dem gezähnten Mund der weißen Margeriten.   *8*

Das Leben ernst nehmen wie eine Posse.   *9*

Es genügt nicht, selbst glücklich zu sein; die anderen müssen dazu noch unglücklich sein.   *10*

Unmöglich, auf dem Grund meines Herzens zu lesen; dort verlischt die Kerze mangels frischer Luft.   *11*

Wenn Sie das Leben kennen, geben Sie mir doch bitte seine Anschrift. *12*

Er läuft immer auf Zehenspitzen, so als fühle er sich von seinem Ideal selbst emporgetragen. *13*

Tu etwas Mond an das, was du schreibst. *14*

Der wahre Himmel ist der, den Ihr auf dem Grund des Wassers erblickt. *15*

Den Horizont betrachten heißt weit hinausschauen; es heißt aber auch, etwas Falsches sehen. *16*

Ich bin leidenschaftlich für die Wahrheit und für die Lügen, die sie gutheißt. *17*

Der Geist lebt auf Kosten des Körpers: Wenn du dich wohlfühlst, denkst du schlecht. *18*

Die Worte bilden so etwas wie ein Gewölbe über unseren unterirdischen Gedanken. *19*

Der Vogel im Käfig weiß nicht, daß er nicht fliegen kann. *20*

Gehirn. Der Mensch hat seine Wurzeln im Kopf. *21*

Ein Buch, dem es auf seinem Bücherbrett plötzlich schlecht wird und das herunterfällt. *22*

Die Ironie ist ein Element des Glücks. *23*

Nur die Irrtümer verleihen der Wahrheit ihren Wert.

24

Kommen Sie mir nicht zu nahe, damit ich Sie achten kann.

25

Es fällt schwer, gut zu sein, wenn man scharfsichtig ist.

26

Egoistisch wie ein Heiliger.

27

Von allen meinen Seelenzuständen ziehe ich den Schnee vor.

28

Einen Lichtbildervortrag über Gott halten.

29

Die traurigsten Augenblicke sind diejenigen, in denen man zuletzt glaubt, die Klugheit sei nur ein Schwindel.

30

Jedesmal wenn ich mich an die Arbeit setze, werde ich von der Literatur gestört.

31

Es gibt Augenblicke, in denen gelingt uns alles. Kein Grund zu erschrecken: Das geht vorüber.

32

Leben, indem man sich mit dem Tod amüsiert.

33

Paul Valéry

(1871–1945)

Die Hoffnung blickt in den Spiegel und sieht sich mit
Siegesflügeln.   1

Entwurf zu einem Vorwort
    Seht da, unsere Mythen, unsere Irrtümer, die wir mit
solcher Mühe gegen die frühern aufgerichtet haben! ...
                                                                 2

Was dir am besten gelingt, wird dir unweigerlich zur
Falle.   3

Originalität. – Es gibt Leute – ich habe solche gekannt –,
die ihre ›Originalität‹ bewahren wollen. Dadurch werden sie zu Nachahmern. Sie gehorchen denen, die ihnen
den Glauben an den Wert der ›Originalität‹ beigebracht
haben.   4

Die Regeln lehren uns *durch ihre Willkür*, daß die Gedanken, die aus unseren Bedürfnissen, Gefühlen, Erfah-
rungen stammen, nur einen geringen Teil der Gedanken
ausmachen, deren wir fähig sind.   5

Wie selten denkt man zu Ende ohne zu seufzen.
    Am äußersten Ende jedes Gedankens wartet ein
Seufzer.   6

Das Denken ist brutal, es kennt keine Schonungen. Was
ist brutaler als ein Gedanke?   7

Der Engel unterscheidet sich vom Teufel bloß durch
eine Überlegung, die ihm noch bevorsteht.   8

Gelungenes entsteht durch Verwandlung aus Verfehl-
tem.
     Verfehlt heißt demnach: zu früh aufgegeben.   9

Das Beste im *Neuen* entspricht einem *alten* Bedürfnis.
                                                            10

Ein kleines Denkmal jeder meiner Schwierigkeiten.
     Einen kleinen Tempel jeder Frage.
     Jedem *Rätsel* seine Stele.   11

Strenge der Phantasie ist mein Gesetz.   12

Seelenkraft, die nötig ist, um sich außerhalb aller Kategorien zu halten.   13

Das einzige Vergnügen besteht darin, am Ende einer
strengen Analyse zu unerwarteten Ergebnissen zu gelangen.   14

Ich sinke zu Boden unter der Last all dessen, was ich
nicht getan habe.   15

Meine Stärke ist es, mir meine Gedanken einzugeste-
hen.   16

Bemerkung. Ich nehme es genau mit den im allgemeinen
unbestimmten Dingen, und ich bin unbestimmt in den
Dingen, mit denen man es in der Regel genau nimmt.
                                                            17

Schreiben bindet. Bewahre deine Freiheit.   *18*

Man macht sich über dich lustig, weil du versucht hast, die *Synthese* der Dichtung zu erreichen. Man hat recht, aber du hast nicht unrecht.   *19*

Nie suche man die Vollkommenheit oder die Macht eines Geistes – in einem Ergebnis.   *20*

Der Mensch muß all das erst erlernen, wofür er geschaffen ist.   *21*

Das Ziel des Menschen ist die Synthese des Menschen – das Wiederfinden seiner selbst als der äußerste Punkt seiner Suche.   *22*

Denken zu können heißt, dem Zufall die Schätze entreißen zu können, die er in uns eingekapselt hat.   *23*

Die Sprache hat das Denken nie zu Gesicht bekommen.
          24

Die Suche, die endlose Suche gilt dem, wovon alles Gesprochene lediglich die Übersetzung ist.   *25*

Das wichtigste Problem ist dasjenige, welches gelöst werden kann.   *26*

Wir sind dazu geschaffen, nicht zu wissen, daß wir nicht frei sind.   *27*

Am schönsten wäre es, in einer selbsterfundenen Form zu denken.   *28*

Zwei Wörter.

Wahrheit bedeutet Übersetzung und Wert der Übersetzung

–

Wirklichkeit bedeutet das Unübersetzte – den Originaltext selbst.   29

Philosophie heißt der Ort der Probleme, die man nicht *ausdrücken* kann. Es geht gar nicht darum, sie zu lösen.
                                                        30

Philosophie – *unbegrenzte* Ausübung der Fragefunktionen des Geistes.   31

Nur wenige Geister kümmern sich darum, die Frage zu prüfen, bevor sie die Antwort liefern.   32

Das Schwierigste in philosophicis ist zu wissen, was man wissen will – und an welchen Zeichen man erkennen wird, ob dieses Wollen erfüllt ist.   33

Die Natur ist nur eine Praxis.

Wir aber können gar nicht anders, als darin eine Theorie sehen zu wollen.   34

Jedes System der Psychologie ist tausendmal zu einfach und hundertmal zu kompliziert.   35

Das Ziel der Psychologie ist es, uns von den Dingen, die wir am besten kennen, eine gänzlich andere Idee zu vermitteln.   36

Im Innern eines jeden sein unbekannter Kern, eine
dunkle Masse, die beides spielt: Ich und Gott –   37

Die Worte der Religionen vermitteln nichts Denkbares.
Schließlich beugt sich die Logik diesen Sätzen, die nichts
besagen.

Aber woher sollte man die angemessene Sprache nehmen?   38

Ich weiß nicht, ob eine Art Intelligenz diese Welt regiert. Eine Sensibilität ist es für mein Dafürhalten jedenfalls nicht.   39

Denkt, was zu denken unmöglich ist, und ihr werdet gerettet werden. Liebt auf Befehl. –   40

Jedes Wesen hat den *Gott*, der seiner Struktur entspricht. Der *Name* tut nichts zur *Sache*.   41

Nichts ist so menschlich wie das Göttliche.   42

Unwahrscheinliche Tricks, die der Mensch anwendet,
um das Wunderbare einzuführen, ohne das er stirbt.   43

Denken – das heißt sich adaptieren.   44

Bei seiner Arbeit geht der Geist von *seiner* Unordnung
zu seiner Ordnung. Es ist wichtig, daß er sich bis zum
Schluß Ressourcen der *Unordnung* bewahrt und daß die
Ordnung, die er sich allmählich gibt, ihn nicht vollständig bindet, ihm nicht eine solche Fessel ist, daß er sie
nicht abändern und seine anfängliche Freiheit wieder gebrauchen kann.   45

Dieser ewige und absurde große Versuch, zu sehen, was sieht, auszudrücken, was ausdrückt.   46

Selbst wenn er fragt, ist der Geist Antwort.   47

Der Schmerz ist stets Frage und die Lust Antwort.   48

Die Empfindungen ähneln nichts. Sie sind absolut.   49

Das Gedächtnis behält das zurück, was brauchbar ist. Das Lebewesen macht das brauchbar, was es zurückbehalten hat.   50

Das Maximum des Bewußtseins: Ende der Welt.   51

Das mir Unbekannte, das ich bei mir trage, das macht mich aus.   52

Ich glaubte, meine Welt sei die Welt. Doch sah ich etwas jenseits davon. Da ward sie zum Käfig.   53

Liebe ist nichts ohne Geist ... Hier beginnen die Schwierigkeiten.   54

Man liebt jemanden in großer Liebe, und das heißt, man macht ihn unerschöpflich.   55

Wir sind eine Spezies, die zum Angriff auf die Natur angetreten ist.   56

Eine wirkliche Wissenschaft ist nicht ein System von *Antworten*. Im Gegenteil, sie ist ein System von Problemen, die stets offen bleiben. Die Grundaxiome einer Wissenschaft sind Teilbestimmungen der Probleme.   57

Die kleinen ungeklärten Tatsachen bergen in sich, was die Erklärung der großen zu Fall bringen kann.   58

Wissenschaft nennt man die Gesamtheit der Rezepte, die stets gelingen, und alles übrige ist Literatur.   59

Eine Nation verfällt der Anarchie, wenn das Volk die Regierung für das hält, was sie ist.   60

Politik ist die Kunst, die Leute daran zu hindern, sich um das zu kümmern, was sie angeht.   61

Wie der Schatten dem Körper folgt, so folgt die Dummheit der Macht.   62

Schreiben – um sich zu erkennen – und nichts sonst.
63

Man muß sich zum Mittelpunkt machen – und in jedem Augenblick seine geheime Position verändern, damit sie stets zentral bleibt. Das ist Freiheit.   64

Seine Überlegenheit verdankt der Mensch seinen unnützen Gedanken –
65

Keine »Wahrheit« ohne Leidenschaft, ohne Irrtum. Das heißt: die Wahrheit kann nur leidenschaftlich errungen werden. 66

Die wichtigsten Gedanken sind diejenigen, die unseren Empfindungen widersprechen. 67

Es gibt Situationen und Ideen, die sich nicht *klären* lassen, ohne daß sie darüber zugrunde gehen oder ohne daß wir dabei zugrunde gingen. 68

Wir mögen den nicht, der uns zwingt, nicht wir selbst zu sein; und wir mögen auch den nicht, der uns zwingt, uns als uns selbst zu zeigen.
    Doch wir lieben den, der uns für das hält, was wir sein möchten. Dies ist der Grund für das Gefallen am Ruhm.
69

Verachtet euren Nächsten wie euch selbst. 70

Unsere Widersprüche sind die Substanz unserer geistigen Aktivität. 71

Die Schwierigkeit besteht darin, abzuweisen, was einen hindert, *man selbst* zu sein – ohne gleichzeitig das abzuweisen, was einen zwingt, es zu sein. 72

Wenn du sähest, was du bist, wenn du wüßtest ... Du wärest ganz und gar nicht, was du bist. 73

Denken? Denken! Das heißt den Faden verlieren. 74

Die Menschen unterscheiden sich voneinander durch das, was sie zeigen, und sie gleichen einander durch das, was sie verbergen.

75

Daß alle Systeme mit Lügen enden, darüber besteht kein Zweifel. Das Gegenteil wäre unmöglich und nicht natürlich.

Was ihre Anfänge betrifft, so läßt sich über die Aufrichtigkeit streiten.

76

Die Optimisten schreiben schlecht.

77

Der Mensch klammert sich an das, was er wert zu sein glaubt.

78

Das Bewußtsein herrscht, aber regiert nicht.

79

Das Glück ist die grausamste Waffe in den Händen der ZEIT.

80

Wenn wir das Ziel erreichen, so glauben wir, der Weg sei der richtige gewesen.

81

Was einfach ist, ist immer falsch. Was nicht einfach ist, ist unbrauchbar.

82

Politik des Lebens.

Die Wirklichkeit ist stets in der Opposition.

83

Unsere klarsten Ideen sind Kinder einer dunklen Arbeit.

84

Alles beginnt mit einer Unterbrechung. 85

Ein kompetenter Mensch ist, wer sich den Regeln gemäß irrt. 86

Die Schwäche der Kraft besteht darin, nur an die Kraft zu glauben. 87

KAROL IRZYKOWSKI

(1873–1944)

Wunderbar ist die Welt der Irrtümer. 1

Viele Opfer werden im nachhinein bereut. Ob das den Wert des Opfers verringert? 2

Mein Gott ist der Gott des Zweifels. 3

Es steckt im Menschen eine mystische Eroberungssucht, die »sehen« mit »haben« gleichsetzt. 4

Das größte Geheimnis für den Menschen, außer der Welt, ist der andere. 5

Die wahre, artgerechte Form geistigen Zusammenlebens ist die Poesie. 6

Vielleicht ist der Irrtum das Ergebnis eines gesetzmäßigen Mechanismus.

7

Als Preis für seine guten Taten bekam er nur die Kehrseiten der Medaillen verliehen.

8

Gedanke – ein weit fortgeschrittener Schmerz, wenn man davon ausgeht, daß der Schmerz nur eine Unordnung der Seele sei.

9

Was ist die eigentliche Wahrheit über die Wahrheit – natürlich nicht die mathematische, sondern die menschliche, die Lebenswahrheit? Daß die Wahrheit von den menschlichen Beziehungen nicht das Entweder-Oder preise, daß die eine Version ebenso gut sei wie die andere, sondern daß beide, scheinbar gegensätzlichen Versionen nebeneinander und miteinander leben können, sich gegenseitig durchdringen können, wie – um ein naheliegendes Beispiel zu nehmen – Liebe und Haß.

10

Man sollte keine Fragen stellen, aus denen (stillschweigend) wortlose Schlüsse gezogen werden können.

11

Was muß man alles opfern, um populär zu sein?

12

Der Mensch feiert gern Triumphe, selbst auf Kosten seines eigenen Anspruchs.

13

Vergossenes Blut kann ebenso ein Symbol der Ratlosigkeit sein wie eine eingeschlagene Fensterscheibe.

14

Noch hat sich der Mensch kein Ideal geschaffen, für das
es zu sterben lohnte, aber er mag es, für irgend etwas zu
sterben. Und das ist vorerst für ihn das beste.   *15*

Und dann flossen die Wahrheiten und Bekenntnisse wie
Eisschollen im Frühling dahin.   *16*

Ich brauche den Anblick tanzender Hirne.   *17*

Der Dichter schreibt die Rechnung, die Addition über-
läßt er dem Leser.   *18*

Früher galt als Ideal, die Pflicht zum Vergnügen zu machen, heute hält man das Vergnügen für Pflicht.   *19*

KARL KRAUS

(1874–1936)

Wie wenig Verlaß ist auf eine Frau, die sich auf einer
Treue ertappen läßt! Sie ist heute dir, morgen einem andern treu.   *1*

Zur Vollkommenheit fehlte ihr nur ein Mangel.   *2*

Der Skandal fängt an, wenn die Polizei ihm ein Ende
macht.   *3*

Der Übermensch ist ein verfrühtes Ideal, das den Menschen voraussetzt. 4

Die stärkste Kraft reicht nicht an die Energie heran, mit der manch einer seine Schwäche verteidigt. 5

Die Einsamkeit wäre ein idealer Zustand, wenn man sich die Menschen aussuchen könnte, die man meidet. 6

Wer Meinungen von sich gibt, darf sich auf Widersprüchen nicht ertappen lassen. Wer Gedanken hat, denkt auch zwischen den Widersprüchen. 7

Ein Aphorismus braucht nicht wahr zu sein, aber er soll die Wahrheit überflügeln. Er muß mit einem Satz über sie hinauskommen. 8

Eine neue Erkenntnis muß so gesagt sein, daß man glaubt, die Spatzen auf dem Dach hätten nur durch einen Zufall versäumt, sie zu pfeifen. 9

Einen Aphorismus zu schreiben, wenn man es kann, ist oft schwer. Viel leichter ist es, einen Aphorismus zu schreiben, wenn man es nicht kann. 10

In zweifelhaften Fällen entscheide man sich für das Richtige. 11

Man glaubt gar nicht, wie schwer es oft ist, eine Tat in einen Gedanken umzusetzen! 12

Ein Paradoxon entsteht, wenn eine frühreife Erkenntnis mit dem Unsinn ihrer Zeit zusammenprallt.   *13*

Eine Notlüge ist immer verzeihlich. Wer aber ohne Zwang die Wahrheit sagt, verdient keine Nachsicht.   *14*

Was könnte noch reizvoller sein als die Spannung, wie der Ort aussehen wird, den ich mir so oft vorgestellt habe? Die Spannung: wie ich meine Vorstellung wiederherstelle, nachdem ich ihn gesehen habe.   *15*

Aus Lebensüberdruß zum Denken greifen: ein Selbstmord, durch den man sich das Leben gibt.   *16*

Sich keine Illusionen machen: da beginnen sie erst.   *17*

Eher verzeiht dir einer die Gemeinheit, die er an dir begangen, als die Wohltat, die er von dir empfangen hat.   *18*

Der Übel größtes ist der Zwang, an die äußern Dinge des Lebens, die der inneren Kraft dienen sollen, eben diese zu verplempern.   *19*

Vielwisser dürften in dem Glauben leben, daß es bei der Tischlerarbeit auf die Gewinnung von Hobelspänen ankommt.   *20*

Die meisten Schreiber sind so unbescheiden, daß sie immer von der Sache sprechen, wenn sie von sich sprechen sollten.   *21*

Es gibt Vorahmer von Originalen. Wenn Zwei einen Gedanken haben, so gehört er nicht dem, der ihn früher hatte, sondern dem, der ihn besser hat. 22

Einer, der Aphorismen schreiben kann, sollte sich nicht in Aufsätzen zersplittern. 23

Es gibt eine Originalität aus Mangel, die nicht imstande ist, sich zur Banalität emporzuschwingen. 24

An einem wahren Porträt muß man erkennen, welchen Maler es vorstellt. 25

Ein Wolf im Wolfspelz. Ein Filou, unter dem Vorwand es zu sein. 26

Kunst bringt das Leben in Unordnung. Die Dichter der Menschheit stellen immer wieder das Chaos her. 27

Wenn nur einer da ist, der die Presse nicht totschweigt – das weitere wird sich finden. 28

Um einen Irrtum gutzumachen, genügt es nicht, ihn mit einer Wahrheit zu vertauschen. Sonst lügt man. 29

Je näher man ein Wort ansieht, desto ferner sieht es zurück. 30

Liebe und Kunst umarmen nicht was schön ist, sondern was eben dadurch schön wird. 31

Er zwang sie, ihr zu willen zu sein. 32

Zwischen den Zeilen kann höchstens ein Sinn verborgen sein. Zwischen den Worten ist Platz für mehr: für den Gedanken.   33

Ich beherrsche nur die Sprache der andern. Die meinige macht mit mir, was sie will.   34

Künstler ist nur einer, der aus der Lösung ein Rätsel machen kann.   35

Nicht die Gewalttätigkeit, nur die Schwäche macht mich fürchten.   36

Was ist denn das für ein mythologischer Wirrwarr? Seit wann ist denn Mars der Gott des Handels und Merkur der Gott des Krieges?   37

Die Quantität ist kein Gedanke. Aber daß sie ihn fraß, ist einer.   38

»Es handelt sich in diesem Krieg –« »Jawohl, es handelt sich in diesem Krieg!«   39

Das Übel gedeiht nie besser, als wenn ein Ideal davorsteht.   40

Der Zustand, in dem wir leben, ist der wahre Weltuntergang: der stabile.   41

Antonio Machado y Ruiz

(1875–1939)

Wie ich auch immer an die Sache herangehe – sagte Mairena – ich finde keine Art und Weise, Individuen zu summieren.   *1*

In der Politik, wie in der Kunst, steinigen die »Neuerer« die originalen Köpfe.   *2*

Die Menschen, welche in allen Dingen immer zu Hause sind, sind diejenigen, welche niemals irgendwohin gegangen sind. Denn das Gehen ist schon sehr viel; nach Hause gekommen ist niemand!   *3*

Der perfekte Stoffel ist derjenige, der niemals über etwas in Erstaunen geraten ist: nicht einmal über seine eigene Dummheit.   *4*

Bei jeder moralischen Katastrophe bleiben nur die zynischen Tugenden bestehen. Hündische Tugenden? Auf alle Fälle die des menschlichen Hundes, der sich selber treu bleibt.   *5*

»*Cogito, ergo sum*«, sagte Descartes. Ihr sollt sagen: »Ich existiere, also bin ich«, so witzig euch die Sentenz auch erscheinen mag. Und wenn ihr an eurem eigenen Existieren zweifelt, knipst das Licht aus und verschwindet!   *6*

Mein Lehrer pflegte zu sagen: denken heißt von einer Allee zu einer Straße, von einer Straße zu einer Gasse wandern, um schließlich in einer Sackgasse zu enden. In dieser Sackgasse meinen wir, der Witz müßte nun darin liegen, wieder herauszukommen. Und dann sucht man die Tür auf dem Acker.   7

Der Autor meiner Tage ... Da habt ihr eine wirklich geistreiche und bezaubernd barocke Metapher zweiten Grades. Meditiert über sie!   8

Max Jacob

(1876–1944)

Ihre weißen Arme wurden mein ganzer Horizont.   1

Eine Feuersbrunst ist eine Rose auf dem aufgeschlagenen Pfauenschweif.   2

Wenn du dein Ohr an das Ticktack deines Ohres hältst, wirst du etwas in dir hören, das nicht du selber bist, und das ein oder der Teufel ist.   3

Manchmal, wenn du schnarchst, weckt die materielle Welt die andere auf.   4

Ein fahlblauer Dornstrauch – es ist ein Kirchturm im Mondlicht.   5

Da ist nichts mehr als der Wipfel der Bäume, nichts mehr als der First eines Hausdachs, nichts mehr als ein krankes Hinterteil, das etwas Falsches behauptet, um die Wahrheit zu erfahren, und das recht hat.   6

Um sich an dem Schriftsteller zu rächen, der ihnen das Leben geschenkt hat, verstecken die Helden, die er erschaffen hat, ihm den Federhalter.   7

Das Rückgrat der Welt ist ein Krokodil, ihr königliches Stirnband eine Eisenbahnstrecke. Ihre Zähne sind Minarette, und ihr Taschentuch ist ein zwanzigmal ins Geviert gefaltetes Gewand der Thais.   8

Vor Tagesanbruch bellt ein Hund, die Engel beginnen zu flüstern.   9

Im Gegenlicht betrachtet oder auch anders, gibt es mich nicht, und doch bin ich ein Baum.   10

ADOLF NOWACZYŃSKI

(1876–1944)

Die Grundlage des Zusammenlebens von Zeitgenossen ist die Feigheit.   1

Alles beruht auf Gegenseitigkeit: an Gott glauben nur die Menschen; an den Menschen nur die Götter.   2

Der Reichtum hat es schwer, keine Autorität zu besitzen.   3

Die einzige angemessene Strafe für die sogenannten Nächsten, die Verleumdungen und Lügen über dich verbreiten, wäre – die Wahrheit über sie nicht zu verheimlichen.   4

Nicht der ist arm, dem sich kein Jugendtraum erfüllt hat, sondern der schon in der Jugend gar nichts träumte.

5

Gute Erziehung besteht in der einmaligen Warnung vor der Lüge schlechthin und in der jeweiligen Warnung vor einer jeden Wahrheit.   6

Der Aphorismus ist das vorletzte Glied in der Gedankenkette, dessen letztes das Paradoxon ist.   7

Zur Verständigung zweier Seiten genügt es, daß sie das Allerschlimmste voneinander annehmen.   8

Wo die Dummheit für einen Augenblick Platz macht, nimmt ihn sofort die Tradition ein.   9

Franz Kafka

(1883–1924)

Er hat das Gefühl, daß er sich dadurch, daß er lebt, den
Weg verstellt. Aus dieser Behinderung nimmt er dann
wieder den Beweis dafür, daß er lebt.   *1*

Sich kennt er, den andern glaubt er, dieser Widerspruch
zersägt ihm alles.   *2*

Er beweist nur sich selbst, sein einziger Beweis ist er
selbst, alle Gegner besiegen ihn sofort, aber nicht dadurch, daß sie ihn widerlegen, er ist unwiderlegbar, sondern dadurch, daß sie sich beweisen.   *3*

Meine Gefängniszelle – meine Festung.   *4*

Wer sucht, findet nicht, wer nicht sucht, wird gefunden.

5

Wären wir nicht aus dem Paradies vertrieben worden,
hätte das Paradies zerstört werden müssen.   *6*

Ein Käfig ging einen Vogel suchen.   *7*

Laß Dich vom Bösen nicht glauben machen, Du könntest vor ihm Geheimnisse haben.   *8*

Du bist die Aufgabe. Kein Schüler weit und breit.   *9*

Es gibt ein Ziel, aber keinen Weg; was wir Weg nennen,
ist Zögern.   *10*

Früher begriff ich nicht, warum ich auf meine Frage keine Antwort bekam, heute begreife ich nicht, wie ich glauben konnte, fragen zu können. Aber ich glaubte ja gar nicht, ich fragte nur.   11

Theoretisch gibt es eine vollkommene Glücksmöglichkeit: An das Unzerstörbare in sich glauben und nicht zu ihm streben.   12

Du kannst Dich zurückhalten von den Leiden der Welt, das ist Dir freigestellt und entspricht Deiner Natur, aber vielleicht ist gerade dieses Zurückhalten das einzige Leid, das Du vermeiden könntest.   13

Schreiben als Form des Gebetes   14

Nichts, nur Bild, nichts anderes, völlige Vergessenheit.

15

RAMÓN GÓMEZ DE LA SERNA

(1888–1963)

Fällt ein Stern, läuft eine Masche am Strumpf der Nacht.

1

Erinnerungen laufen ein wie Unterhemden.   2

Wären wir nicht sterblich, könnten wir nicht weinen.

3

Wasser hat kein Gedächtnis: deshalb ist es so rein.   *4*

Sich langweilen heißt den Tod küssen.   *5*

Auf dem Fluß ziehen alle Spiegel der Vergangenheit ertrunken an uns vorbei.   *6*

Fällt der Sonntag auf den Montag, hat das Leben den Kopf verloren.   *7*

Taschenkalender verkleinern das Jahr.   *8*

In der Einsamkeit der Felder liegt die Pfütze, die das ganze Geheimnis des Himmels offenbart.   *9*

Welche Tragödie! Die Hände sind gealtert, aber die Ringe daran nicht.   *10*

Der Mond ist eine verkrachte Bank für Metaphern.   *11*

Wir wären sehr erleichtert, wenn wir begriffen, daß Sterben die letzte Zerstreuung des Lebens ist.   *12*

Niemand hat behauptet, daß die Dinge leben: die Dinge träumen.   *13*

Der Traum ist ein Depot für verlegte Gegenstände.   *14*

Die Ewigkeit beneidet alles Sterbliche.   *15*

Der Marmor weiß auf seine Statue jahrhundertelang zu warten.   *16*

Das Glück besteht darin, ein Unglücklicher zu sein, der sich für glücklich hält. *17*

Er hatte ein so schlechtes Gedächtnis, daß er vergaß, daß er ein schlechtes Gedächtnis hatte, und anfing, sich an alles zu erinnern. *18*

Die Vernunft trägt immer Trauer. *19*

Julian Tuwim

(1894–1953)

Hierzu habe ich keine Meinung. Hätte ich eine, wüßte ich sie nicht zu formulieren. Wäre ich dazu in der Lage, würden Sie mich nicht verstehen. *1*

Die Wörter hängen wie Preisschilder an den Gegenständen. *2*

Seufzten die Menschen nicht, die Welt würde ersticken. *3*

Schwere Zeiten! Man muß manchmal ohne die Dinge auskommen, von denen unsere Väter nicht einmal geträumt haben. *4*

Ungerechtigkeit sollte allen gleich zugemessen sein. 5

Ein gelehrter Dummkopf ist dümmer als ein ungelehrter. 6

Ich bin zu alt, um alles zu wissen. 7

Vertriebene ihres Landes – ist noch halb so schlimm. Schlimmer dran sind die Vertriebenen ihrer Zeit. 8

Die Welt gehört den Enthusiasten, die kaltes Blut bewahren können. 9

Ein Mann bleibt gewöhnlich sehr lange unter dem Eindruck, den er auf eine Frau gemacht hat. 10

Ich kannte einen Menschen, der aufrecht starb: Er wurde gehenkt. 11

ERNST JÜNGER

(1895–1998)

»Was mich nicht umbringt, macht mich stärker«; und was mich umbringt, ungeheuer stark. 1

Die wahren Führer der Welt sind in den Gräbern zu Haus. 2

Von einer guten Prosa ist zu verlangen, daß sie die Todesfurcht verbannt. 3

Kannst Du die Wände zum Blühen bringen? Das ist die Frage. Besonders in Zeiten, in denen die Mauern täglich sich vermehren und jede eine Gefängnismauer ist. 4

Vor jedem neuen Zweige sende eine neue Wurzel aus. 5

Jene partielle Blindheit, die man als unser Sehvermögen zu bezeichnen pflegt. 6

Ein jeder hat die Höhe seiner Tiefe, es gibt keine Ausnahme. Daher der Andrang der Dämonen bei den Heiligen, daher die Schlange am Kreuzesfuß. Erst mit dem Leben erlischt auch diese Gültigkeit. Höhe und Tiefe werden eins. Uns wird verziehen. 7

Das Urbild ist Bild *und* Spiegelbild. 8

Wer zur Ordnung vordringen will, muß sich auf die Kunst des Vergessens verstehn. 9

Wer Begriffe züchtet, muß wissen, was apportiert werden soll. 10

Unter den Masken der Freiheit ist die Disziplin die undurchdringlichste. *11*

Wenn der Zweifel seine letzten Triumphe errungen hat, tritt der Schmerz in die Arena ein. *12*

Wer das Schloß zerbricht, zerstört auch das Verschlossene. *13*

Wenn es Unzerstörbares gibt, können alle denkbaren Zerstörungen nur Läuterungen sein. *14*

Wir halten unser Echo für die Antwort der Sphinx. Daran ist nicht nur etwas Verzeihliches, sondern auch etwas Richtiges. *15*

Jeder Schritt führt näher zum Ziel. Das gilt auch für Rückschritte. *16*

Auch die neuen Promethiden wird ein Gott an den Kaukasus ketten – mit ihrem eigenen Metall. *17*

Jeder von uns sollte sich zuweilen vom fragwürdigen Individuum, das er vor-stellt, ablösen. Das dient der Gesellschaft und ihm. *18*

Das Gebet bestätigt die Ordnung der Welt. Eingeschlossen in sie ist, daß es mir schlecht gehen kann. *19*

Die Kinder werden des Märchens, die Jünglinge des Mythos, die Männer der Geschichte, die Greise des Sterbens beraubt. Es wachsen Intellekt und Energie, dazu die tektonischen Hohlräume. *20*

Zum Umgang mit Großen Herren: »Und vergieb uns
Deine Schuld.«   21

Ein Symptom unserer Zeit: der Sterbende segnet nicht
mehr.   22

Ein Brückenbogen über dem Fluß. Sein Spiegelbild im
Wasser rundet ihn zum Kreis. Die reale Erscheinung
wird platonisch ergänzt.
    Zum Kunstwerk führt der umgekehrte Weg.   23

Die Erziehung zum Denken muß unter die Sprache auf
eine Schicht zurückgreifen, die sich wie Glut unter der
Asche erhält. Dort leben der Eros, die Spiele, das Gedicht. In dieser Hinsicht sind die Pausen wichtiger als
der Unterricht.   24

Dem Individuum ist es wichtig, daß sein Leben geglückt
ist – dem Künstler dagegen, ob es gelang.   25

Es wäre irrig, den Schatten als Folge des Lichtes zu betrachten, das Licht als Ursache. Eher ist eine Spaltung zu
vermuten, mit der ein Verlust verbunden ist. Doch war
das Licht noch mächtig über jede Vorstellung hinaus.
Nur selten überkommt uns eine Erinnerung daran. So,
wenn wir an den Tod denken.   26

Wo die Vision blendet, kann noch gehört werden. Das ist
der Trost der Blinden und daher der Vorrang der Musik.
                                                       27

Tödliche Geschwindigkeit gehört zu unserem Umgang,
sogar zu unserem Komfort. Zuweilen wird sie effizient.
                                                       28

Er entwickelt kein System, sondern geht durch Systeme hindurch bis ans versiegelte Tor.   29

Die Sprache ist nur ein Schatten der Welt. Er wird lichter in der Musik.   30

Wenn die Liebe vergöttlicht, werden die Grenzen erreicht: Anbetung oder Tod.   31

Erstaunlich, wie er vor lauter Händereiben noch zum Schreiben kam.   32

Sprache ohne Wurzel blüht, wie Schnittblumen in der Vase, eine Zeitlang weiter ohne Frucht.   33

Zwischen dem Amt des Autors und dem des Arztes besteht ein Unterschied wie jener von Grundlagenforschung und angewandter Wissenschaft.   34

Das Gedicht ist ein Opfer; oft bleibt das verborgen, doch wo es nicht als Opfer gebracht wird, verweht es wie Schall und Rauch.   35

Die Einsamkeit zählt nicht zu den Leiden des Autors, sondern zu seinem Kapital.   36

Der Autor durchdringt die Verflechtung bis auf die Wurzel, die Erscheinung bis auf den Kern. Er erkennt im Bettler den König, im König den Armen, im Wahnsinn die Vernunft, im Kinde das Genie, in der Verwesung die spermatische Kraft. Er hat etwas im Rücken, das Schatten wirft: als Philosoph den Weltgeist, als

Komponist das Schweigen, als Maler die Sonne, die alles heiligt, alles bescheint. Am Schatten wird sie erkannt.

Was ist die große Stunde der Schöpfung? Wenn Nichts erscheint. 37

Ist das Gebet vergeblich oder nicht? Diese Frage berührt nicht das Problem. 38

Das Unsagbare ist zu verschweigen – eine Klippe, an der schon viele gescheitert sind. 39

Es ist leichter, sich aus dem Kerker eines Tyrannen zu befreien als von den Fesseln einer Idee. 40

Der Weg durch das Labyrinth führt nicht zu neuen Wahrheiten – höchstens zu neuen Gleichnissen. Im dunklen Tal scheint nicht die Sonne, doch leuchtet zuweilen ein Morgenrot. Auch Götter sind Gleichnisse.

41

STEFAN NAPIERSKI

(1899–1940)

Gott: Summe aller unserer Entsagungen. 1

Man schreibt immer wie an jemanden, den es nicht gibt.

2

In der Kunst schafft erst das Übermaß an Realität ihre Fiktion. 3

Einsamkeit ist in jedem Schöpfungsakt organisch enthalten. Wer sich mitteilt – sondert sich ab. 4

Man muß sehr kompliziert sein, um sich nach Einfachheit zu sehnen. 5

Wir haben keinen anderen Beweis für die Existenz der Welt als den, daß wir ohne sie nicht existieren würden. 6

Man sollte begreifen, daß die Glasglocke für die Fische, die in ihr eingesperrt leben, das Weltall ist. 7

Man begreift in den anderen nur seine eigenen Möglichkeiten. 8

Es geht nicht darum, daß etwas gut geschrieben ist. Es geht darum, daß es ein für allemal geschrieben ist. 9

Noch einmal: Intelligenz und Zweifel sind eins. 10

Die größte Bremse beim Denken ist der Selbsterhaltungstrieb. 11

Forderung. Eine Werkgattung finden, in der man den Mechanismus des Denkens in aller Schamlosigkeit entblößen könnte. 12

Das Geschlecht vergiftet das Gehirn. 13

Möglich, daß den komplizierten Naturen das Glück
eine zu einfache Sache ist.   *14*

Einfachheit – höchste Anpassung an die Kompliziertheit
der Natur.   *15*

Je mehr wir wissen, desto ratloser sind wir.   *16*

ELIAS CANETTI

(1905–1994)

Die Ahnungen der Dichter sind die vergessenen Aben-
teuer Gottes.   *1*

Der Beweis ist das Erb-Unglück des Denkens.   *2*

Manche Sätze geben ihr Gift erst nach Jahren her.   *3*

Gottes Verlassenschaft ist vergiftet.   *4*

Zwischen Erleben und Urteilen ist ein Unterschied wie
zwischen Atmen und Beißen.   *5*

Die großen Aphoristiker lesen sich so, als ob sie alle einander gut gekannt hätten.   *6*

Nicht mehr sprechen, die Worte stumm nebeneinander
legen und ihnen zusehen.   *7*

Wenn du von der Zukunft mehr wüßtest, wäre die Vergangenheit noch schwerer.   8

Das Schwerste: immer wieder entdecken, was man ohnehin weiß.   9

Man müßte das System seiner Widersprüche finden, indem man ruhig wird. Wenn man die Gitterstäbe *sähe*, hätte man den Himmel dazwischen gewonnen.   10

Es gibt keinen starken Wunsch, für den man nicht zahlen muß. Doch sein höchster Preis ist, daß er in Erfüllung geht.   11

Es vergeht nicht, das täglich Gegessene, es singt wie die Männer im Feuer.   12

Gott als Vorbereitung zu etwas viel Unheimlicherem, das wir noch gar nicht kennen.   13

Feig, wirklich feig ist nur, wer sich vor seinen Erinnerungen fürchtet.   14

Es ist merkwürdig, wie man der Wahrheit nur in den Worten näher kommt, denen man nicht mehr ganz glaubt. – Die Wahrheit als eine Wiederbelebung sterbender Worte.   15

So sprechen, als wäre es der letzte Satz, der einem erlaubt wäre.   16

Alles Geschehene fürchtet sein Wort.   17

Die Bestandteile der Welt, die man liebt, und das Ganze, falsch Zusammengesetzte, das man verabscheut. *18*

Man braucht unendlich ferne Sätze, die man kaum versteht, als Halt über die Jahrtausende. *19*

Zehn Himmel übereinander, und in jedem die Engel *beredter.* *20*

Manches spricht man bloß aus, um es nicht mehr zu sehr zu glauben. *21*

Seine Erkenntnisse erscheinen ihm immer dann suspekt, wenn es ihm gelungen ist, sie vor jemand überzeugend zu verteidigen. *22*

Das Unbegreifliche, das jeder hinnimmt, als könne es eine heimliche Rechtfertigung enthalten. *23*

Die besten Gedanken, die einem kommen, sind erst fremd und unheimlich, und man muß sie erst vergessen, bevor man auch nur beginnt, sie zu begreifen. *24*

Die größte Anstrengung des Lebens ist, sich nicht an den Tod zu gewöhnen. *25*

Kann man durch Genauigkeit ruhig werden? Ist nicht eben Genauigkeit die höchste Unruhe? *26*

Das Hoffnungsvolle an jedem System: was von ihm ausgeschlossen bleibt. *27*

Die Wissenschaften beißen Stücke vom Leben ab und dieses verhüllt sich in Schmerz und Trauer.　28

Den Hunger in den Kopf verlegen.　29

Der Bittere muß sprühen, vertrocknet dient er zu nichts. Seine Funken müssen die Hoffnung enthalten, die er selbst nicht mehr duldet.　30

Es ist sehr wichtig, was einer zum Schluß noch vorhat. Es gibt das Maß des Unrechts seines Todes.　31

Den Schluß verschleiern oder verschärfen: einzige Wahl.
　32

Er erkannte die Wirkung seiner Worte und verlor darüber die Sprache.　33

Das Furchtbare sind nicht die Widersprüche, sondern ihre allmähliche Entkräftung.　34

Man ist nur frei, wenn man nichts will. Wozu will man frei sein?　35

Auf die Sprünge im Menschen kommt es an, wie weit er es *in sich* hat vom einen zum anderen.　36

Es lassen die Atemzüge sich nicht zu Schlüssen verdichten.　37

Der Gedankenheuchler: immer wenn eine Wahrheit droht, versteckt er sich hinter einem Gedanken.　38

Auf einem ganz bestimmten Vorsprung zwischen Gefahr und Gehobenheit läßt er sich nieder: da, nirgends anders, darf er schreiben. 39

Er zog sich zu Draht aus und flocht sich zum Käfig. 40

Seit er es alles vergißt, weiß er viel mehr. 41

Schreiben, bis man das eigene Unglück nicht mehr glaubt, im Glück des Schreibens. 42

Denk viel. Lies viel. Schreib viel. Äußere dich zu allem, aber *schweigend*. 43

Sie haben uns gesehen. Wir werden es nie erfahren. 44

Trauer, *obwohl* es vergeblich ist? Wäre das ihr Sinn? 45

Man braucht Zeit, um sich von falschen Überzeugungen zu befreien.

Geschieht es zu plötzlich, so *schwären* sie weiter. 46

Mehr, mehr, mehr, am wenigsten. 47

Die Schönheit des Vergessenen, bevor es sich offenbart. 48

Die Schlauheit des Vergessens: es soll etwas Besseres daraus werden. 49

Mit jedem neuen Geschöpf derselbe Versuch, als gäbe es keine Erbschaft. Der herrliche Wahnsinn des Menschen.

50

Es kommt nicht darauf an, wie neu ein Gedanke *ist*; es kommt darauf an, wie neu er *wird*.

51

In Dolchen schreiben oder in Atemzügen?

52

Er ertappt sich bei jedem Gefühl.

53

Inzwischen hatten sich die Götter heimlich umbenannt.

54

Unerträglich ein Leben, von dem man zuviel weiß.

55

Lesen, bis man keinen Satz mehr versteht, das erst ist Lesen.

56

Er legte die letzte Angst ab und starb.

57

Keine Schrift ist geheim genug, daß der Mensch sich wahrhaftig in ihr äußerte.

58

Es wird nie ein Denker aus ihm: er wiederholt sich zu selten.

59

Von Zeit zu Zeit wäscht er die Fetzen seines Lebens.

60

Es ist leicht, vernünftig zu sein, wenn man niemand, auch sich selber nicht, liebt.

61

In einzelnen Sätzen ahmt man am wenigsten nach. Schon zwei Sätze beisammen sind wie von jemand anderem.   62

Er bemüht sich, immer weniger zu wissen und muß dazu eine Menge lernen.   63

Die Klugen klagen sich glücklich.   64

Die Entwicklung eines Menschen besteht hauptsächlich aus den Worten, die er sich *abgewöhnt*.   65

Man haßt sich nie mehr, als wenn man fühlt, daß man vergeblich sein Bestes hergezeigt hat, und dann, nur dann will man wirklich sterben.   66

Von Nebel zu Nebel größere Klarheit, bis er im Nebel der höchsten Klarheit ganz aufgeht und verschwindet.
                                                                67

Der Glückliche, dessen Bedenken sich *betrinken*.   68

Hätte er die Zeit genützt, es wäre nichts aus ihm geworden.   69

Prophezeiungen, die eingetroffen sind, mißtraut er am meisten.   70

Finde die Schmerzen, die du *bereitet* hast, die erlittenen bewahren sich, ohne daß du dich einmischst.   71

Das Zaumzeug der Worte. Es soll sie leicht schmerzen, aber so, daß sie dafür noch dankbar sind.   72

Das Schlimme ist nicht, etwas zu *sein*, sondern immer dafür zu gelten. 73

Wie lächerlich, daß man geliebt sein will und *sich kennt*. 74

Wenn diese Intelligenz, die der Mensch nun einmal hat, überhaupt etwas bedeutet, dann sicher, daß sie alles, was sie ansieht, anficht. 75

Es bleibt wenig übrig von dem, was man sich jung erträumt. Aber das Gewicht dieses Wenigen! 76

Am meisten sehnt er sich nach den Menschen, die er am schwersten ertrug. 77

Die meisten Menschen, sagte er, seien Sklaven eines alten, ihnen nicht bekannten Unglücks. 78

Ich kann gar nicht sagen, wie gleichgültig es mir wird, ob ich *bestehe*. Ich will finden, was ich ahne, das ist alles. 79

Die Gestalt eines Menschen ohne jede Hoffnung ist undenkbar. Was ist Hoffnung? Hoffnung ist das Wissen um kommende Atemzüge, solange sie nicht gezählt sind. 80

Was er verlieren könnte, wirft er weit von sich, damit es ihm erhalten bleibe. 81

Manchmal rücken die Dinge so nahe zusammen, daß sie sich aneinander entzünden. Diese Erleuchtung der Nähe ist es, für die man lebt. 82

Das Furchtbarste so sagen, daß es nicht mehr furchtbar ist, daß es Hoffnung gibt, weil es gesagt ist.   *83*

Die Meisten sagen »Gott«, um sich vor sich selber zu verbergen.   *84*

Wieviel man denkt, das man nie begreifen wird!   *85*

Es hilft einem gar nicht zu wissen, daß es keine Lösung gibt, wenn es um das einzige Problem geht.   *86*

Klarheit, aber nicht auf Kosten des Lebens, das unklar endet. Es wäre nämlich auch nicht besser, wenn man wüßte, daß es in etwas mündet.   *87*

Ein Schlaf, so lang, daß man nur noch zu einem Traum erwacht. Aber in diesem Traum dann ein volles Leben.
    88

Es soll nichts zu Erkenntnis werden, was einen nicht erbarmungslos gequält hat. Alle anderen Einsichten haben mathematischen oder technischen Charakter. Ihre Folgen ereilen uns, weil wir sie nicht erlitten haben.   *89*

Ein unausführbarer Befehl, der für ein ganzes Leben ausreicht.   *90*

Alle vergeblichen Worte wiederfinden und vor Scham in ihnen ertrinken.   *91*

Wie oft müßte man jede Figur wiedererfinden, selbst solche der Erinnerung, um der Wahrheit nahezukommen?   *92*

Verloren, wer nicht liebt, was er am wenigsten ist.   93

Aphorismen aus geschmolzenem Schweigen.   94

Wie wenig er weiß! Wieviel er *weggedacht* hat!   95

Man spielt mit Gedanken, damit sie sich *nicht* ineinanderfügen.   96

Muß man ein Wort mißbrauchen, um es zu entdecken?
97

Die Unangepaßten sind das Salz der Erde, sind die Farbe des Lebens, sind *ihr* Unglück, aber unser Glück.   98

Die Last der verschwendeten Ideale, Waggonladungen voll, gefährlich wie Waffen.   99

Wer zu viel sagt, von dem vergißt sich noch das Wenige, das bleiben könnte.   100

René Char

(1907–1988)

Der Dichter ist der Mann einseitiger Stabilität. *1*

Das Gedicht ist die verwirklichte Liebe der Sehnsucht, die Sehnsucht blieb. *2*

Auf jeden Zusammenbruch der Beweise antwortet der Dichter mit einer Salve Zukunft. *3*

Verweile dich nicht in der Wagenspur des Erreichten.

4

Bildhaft gesehene Zeit ist aus den Augen verlorene Zeit. Sein und Zeit sind zweierlei. Das Bild, wenn es über Sein und Zeit hinaus ist, strahlt und ist ewig. *5*

Wir werden hin- und hergerissen zwischen dem Drang zu erkennen und der Verzweiflung, erkannt zu haben. Der Stachel bleibt bei seinem Brennen, wir bleiben bei unserem Hoffen. *6*

Der Mensch, würde er von Zeit zu Zeit nicht *souverän* die Augen schließen, er sähe zu guter Letzt nicht mehr, was angeblickt zu werden verdient. *7*

Unserer Erbschaft ist keinerlei Testament vorausgegangen. *8*

Gut schlägt man sich nur für die Sache, der man selbst Gestalt gegeben hat und an der man sich, in eins sich mit ihr setzend, verbrennt.   9

Nur noch die Augen sind fähig, einen Schrei auszustoßen.   10

Klarsicht ist die sonnennächste Wunde.   11

Sind wir dazu bestimmt, bloß Anfänge der Wahrheit zu sein?   12

Was zur Welt kommt, um nichts in Aufruhr zu bringen, verdient weder Rücksicht noch Geduld.   13

Bewohnen wir einen Blitz, so ist er das Herz der Ewigkeit.   14

Kein Vogel, der singen möchte in einem Gebüsch von Fragen.   15

Den Menschen, der, dem Obstbaum im April gleich, ungewiß ist über sein Wohin und Wozu: ich liebe ihn.   16

Geht auf das Wesentliche: braucht ihr nicht junge Bäume, um euren Wald aufzuforsten?   17

Der Schwarm, der Blitz, der Fluch, drei Hänge desselben Gipfels.   18

Vielgestaltig baut man nur auf dem Irrtum. Das erlaubt, uns in jedem Lenz glücklich zu wähnen.   19

Man wird mit den Menschen geboren, ungetröstet stirbt
man unter den Göttern.   20

Wie es scheint, hat stets der Himmel das letzte Wort.
Aber so leise spricht er es aus, daß keiner es jemals hört.
                                                          21

Wenn man sich nicht mehr zurechtfindet, o du, die mich
ansprach, dann ist man an Ort und Stelle. Vergiß es
nicht.   22

Wir sind nicht mehr im Gekrümmten. Was uns vom
Gewohnten abbringen wird, ist schon auf dem Wege.
Dann werden wir Erde werden, Durst werden.   23

Wenn wahrhaftig Schluß ist mit der Klasse, die wir noch
immer, unerachtet unseres Alters, besuchen, ist es Nacht
über einem. Wozu hell werden, reich an Tränen?   24

STANISŁAW JERZY LEC

(1909–1966)

Das schwächste Glied einer Kette ist ihr stärkstes. An
ihm reißt die Kette.   1

Schrecklich sind die Schwächen der Gewalt.   2

Wie übt man das Gedächtnis, um vergessen zu lernen?
                                                          3

Ohne die Kenntnis der fremden Sprache wirst du niemals das Schweigen des Ausländers verstehen können.

4

Daß er starb, ist noch kein Beweis dafür, daß er gelebt hat.

5

Auch zum Zögern muß man sich entschließen.   6

Manchmal muß man verstummen, um erhört zu werden.

7

Der Mensch wächst mit dem Preis, den er zahlt.   8

Liebet eure Feinde, vielleicht schadet das ihrem Ruf.   9

Die Geschichte eines Gedankens ist in ihm selbst enthalten.

10

Imitieren wir den Schein durch die Wirklichkeit.   11

Niemals kann die Welt jenen vergeben, die nichts verschuldet haben.

12

Der Mensch sucht die Wahrheit, um sie noch tiefer zu verbergen.

13

Ich hätte viele Dinge begriffen, hätte man sie mir nicht erklärt.

14

Der Gedanke ist unsterblich, vorausgesetzt, daß er stets neu geboren wird.

15

Ein Wort genügt – der Rest ist Geschwätz.   16

Selbst wenn der Mund sich schließt, bleibt die Frage offen.   17

Was unvorstellbar ist, kann immerhin käuflich sein.   18

Das Begreifen mancher Werke gleicht ihrem Erschaffen.   19

Feile an deinem Gedanken; vielleicht ist das eine Art zu entkommen.   20

Ich kenne Folgen, die sich jedes Jahr eine neue Ursache erfinden.   21

Hütet euch vor Themen, von denen ihr nicht loskommt.   22

Die Welt zu Ende denken?   23

Zögere nicht: warte!   24

Wenn alle Wörter verbraucht sind, beginnen Mensch und Mensch sich zu verstehen.   25

Man bringt keine Götter um, an die man nicht glaubt.   26

Die Angst eines Seiltänzers: in wessen Netz er fallen könnte.   27

Es ist nicht gut, an den Menschen zu glauben; es ist besser, sich seiner sicher zu sein. 28

Unterlassene Handlungen ziehen oft einen katastrophalen Mangel an Folgen nach sich. 29

Die Kunst mußte, um realistisch zu werden, den Menschen zunächst entstellen. 30

Er war unnachgiebig. Er zwang sich zum Kompromiß. 31

Die meisten Formen hat die Abstraktion. 32

Die Welt entfernt sich von uns in immer reizvolleren Metaphern. 33

Auch das Gute hat zwei Seiten. Eine gute und eine böse. 34

Auch die Technik wird sich ihre Mythologie zu erfinden wissen. 35

Ob sich ein Mensch ohne Phantasie die Wirklichkeit vorstellen kann? 36

Und doch hat die Feigheit den Mut zu existieren! 37

Rette das Ziel, triff daneben! 38

Ich höre die Zwischenrufe zwischen der einen Stille und der andern. 39

Jede präzise Definition der Welt muß ein Paradox sein.

40

Das Echo des Schweigens ist unüberhörbar.   41

Professionelle Betrüger verkaufen die Wahrheit als Lüge.

42

Auch Massen können der Einsamkeit verfallen.   43

Es ist nicht ausgeschlossen, zwischen dem einen Gedanken und dem anderen – glücklich zu sein.   44

Was man nicht einfach sagen darf, darf man auch nicht einfach verschweigen.   45

Wie viele Wörter es doch gibt, aus denen die Menschen vertrieben wurden!   46

Was keinem Zweifel unterliegt, besiegt diesen nie.   47

E. M. Cioran

(1911–1995)

Du bist gezwungen, über alles – und vor allem über die Einsamkeit – bejahend und verneinend *zugleich* zu denken.   1

Wer sich sein Lebenlang in Hellsicht übt, wird zum *Klassiker* der Verzweiflung.   2

Unglück ist der poetische Zustand schlechthin.   3

Gott ist der allerletzte Versuch, unser Verlangen nach
Schlaf zu stillen ... Sooft unserer Erschöpfung Flügel
wachsen, wird er zum Nest.   4

Der Tod ist das Erhabene, das jedem zu Gebote steht.
                                                        5

Nur indem du dein Unglück durch Gedanken und Tat
mehrst, kannst du Lust und Geist darin aufspüren.   6

Die Erkenntnis tötet den Lebensirrtum der Liebe, und
die Vernunft errichtet das Leben auf den Trümmern des
Herzens.   7

Wenn alle Gedanken im Blut ertrinken, wird der Philosoph zum Anwalt des Herzens.   8

Irrsinn ist Einführung der *Hoffnung* in die Logik.   9

Nachdem du die Täuschungen des Lebens ausgekostet
hast, dehnen sich die Enttäuschungen sanft wie Öl aus,
und das Wesen legt die Pracht der Vergänglichkeit an.
    Dann bedauerst du, nicht mehreren Illusionen verfal-
len zu sein, um dich in der Betrübnis ihrer Abwesenheit
zu wiegen.   10

Grauen ist Zukunftsgedächtnis.   11

Die Nähe zur Ekstase ist das einzige Kriterium für eine
Hierarchie der Werte.   12

Wer irgendeine sichere Meinung über irgendein beliebiges Ding hat, beweist damit, daß er keinem der Geheimnisse des Seins nähergerückt ist.

Der Geist ist wesentlich für-wider das Sein.   *13*

Ein Gedanke muß befremdlich sein wie die Ruine eines Lächelns.   *14*

Den Aphorismus kultivieren nur diejenigen, die das Bangen *inmitten* der Worte kennengelernt haben, jenes Bangen, mit *allen Worten* zusammen einzustürzen.   *15*

Für den, der den Tod *eingeatmet* hat, wie fade die Gerüche des Wortes!   *16*

Mit List und Tücke streiche ich um die Tiefen herum, klaue ihnen einige Schwindelgefühle und verdufte, Gauner des Abgrunds.   *17*

Wir alle sind Possenreißer: wir *überleben* unsere Probleme.   *18*

Der Hauptmangel der Philosophie liegt darin, daß sie zu *erträglich* ist.   *19*

Einzig das Grauen, diese schwarze Utopie, liefert uns eine genaue Vorhersage der Zukunft.   *20*

Zwischen Überdruß und Überschwang entrollt sich unsere ganze Erfahrung der Zeit.   *21*

Die Skepsis, die nicht zur Zerrüttung unserer Gesundheit beiträgt, ist nur ein intellektuelles Exerzitium.   *22*

Die Schöpfung war der erste Sabotageakt. 23

Der Augenblick, wo wir glauben, alles verstanden zu haben, gibt uns das Aussehen eines Mörders. 24

Unsere Schreckbilder abschwächen, sie in *Zweifel* verkehren, – eine List, die uns die Feigheit eingibt, diese Skepsis für den Hausgebrauch. 25

Wenn man begriffen hat, daß nichts ist, daß die Dinge nicht einmal den Status des Anscheins verdienen, so hat man nicht mehr nötig, gerettet zu werden, man ist *auf alle Zeit* gerettet und unglücklich. 26

Die Obsession des Selbstmordes ist charakteristisch für den, der weder leben noch sterben kann, und dessen Aufmerksamkeit sich niemals von dieser doppelten Unmöglichkeit entfernt. 27

Hin- und hergezerrt in jedem Augenblick zwischen der Sehnsucht nach Sintflut und dem Rausch der Routine. 28

Man verlangt von uns Taten, Beweise, Werke, und alles was wir vorweisen können, ist verwandeltes Weinen. 29

Jeder Beginn einer Idee entspringt einer unmerklichen Verletzung des Geistes. 30

Leiden heißt Erkenntnis *produzieren*. 31

Ob man das Individuum oder die Menscheit insgesamt
betrachtet, man darf Weitergehen nicht mit Fortschreiten verwechseln, es sei denn, ein Weitergehen dem Tod
entgegen sei ein *Fortschritt*.   32

Jede fruchtbare Idee gerinnt zur Pseudo-Idee, ver-
kommt in Glauben. Nur eine sterile Idee bewahrt ihren
Rang als Idee.   33

Ein erfülltes Leben ist bestenfalls ein Gleichgewicht
zwischen Unzuträglichkeiten.   34

Manchmal denkt man, daß es besser ist, sich zu verwirk-
lichen, als sich gehenzulassen, manchmal denkt man das
Gegenteil. Und in beiden Fällen hat man vollständig
recht.   35

Die Skepsis ist der *Glaube* der schwankenden Geister.
                                                             36

Es gibt nur ein Zeichen, das bestätigt, daß man alles verstanden hat: *grundlos* weinen.   37

Wir sind am Grund einer Hölle, von der jeder Augenblick ein Wunder ist.   38

Ich möchte frei sein, aufs Äußerste frei. Frei wie ein Tot-
geborener.   39

Klarsicht ist das einzige Laster, das frei macht – frei *in
einer Wüste*.   40

Das sicherste Mittel, sich nicht zu täuschen: eine Gewißheit nach der andern zu unterminieren.

Dennoch bleibt, daß alles, was zählt, *außerhalb* des Zweifels getan wurde.

41

Je mehr sich die Menschen von Gott entfernen, desto mehr schreiten sie in der Kenntnis der Religionen fort.

42

Je mehr man von der Zeit verletzt ist, desto mehr möchte man ihr entrinnen. Eine fehlerlose Seite schreiben, auch nur einen fehlerlosen Satz, das erhebt einen über das Werden und den Zerfall. Man transzendiert den Tod, indem man das Unzerstörbare vermittels des Wortes, dieses eigentlichen Symbols der Hinfälligkeit, sucht.

43

Gegenüber jedwelchem Erlebnis tritt der Geist als Spielverderber auf.

44

Eine unablässig durch das Scheitern verklärte Existenz.

45

Nur das dauert, was in der Einsamkeit konzipiert wurde, im *Angesicht Gottes*, ob man glaubt oder nicht.

46

Nicht die Angst, etwas zu unternehmen, die Angst, es zu erreichen, erklärt manch ein Scheitern.

47

Ein Buch ist ein aufgeschobener Selbstmord.

48

Der *Fortschritt* ist nichts anderes als die Ungerechtigkeit, die sich jede Generation gegen die ihr vorangegan-
genen zuschulden kommen läßt.   49

Überzeugungen hat nur, wer nichts vertieft hat.   50

Das ideale Wesen? Ein vom Humor verwüsteter Engel.
                                                          51

Die Schrecken der Wahrheit über uns selbst gehen über
das hinaus, was man ertragen kann. Wer sich nicht selber
belügt – vorausgesetzt, es gäbe ein solches Wesen –, wie
ist der zu beklagen!   52

Der letzte Schritt auf dem Weg zur Gleichgültigkeit ist
die Zerstörung der Idee der Gleichgültigkeit selber.   53

Alles durchschaut haben und dennoch am Leben bleiben – es gibt keinen unmöglicheren Zustand.   54

Der Schrecken vor der Zukunft pfropft sich immer auf
den *Wunsch*, diesen Schrecken zu erleben.   55

Existieren ist ein Plagiat.   56

Diese mißlungenen Alpträume, diese Alpträume, die
sich mangels neuer Katastrophen hinziehen, ausdehnen.
Aus Interesselosigkeit aus dem Schlaf auffahren!   57

Nur noch Dinge ersinnen, über die man gern im Grab
nachgrübeln würde.   58

Die Grundlage der Gesellschaft, jeder Gesellschaft, ist ein gewisser *Stolz, zu gehorchen*. Wenn dieser Stolz nicht mehr vorhanden ist, bricht die Gesellschaft zusammen. 59

Man ist und bleibt so lange ein Sklave, bis man vom Hoffnungswahn geheilt ist. 60

Wir befinden uns alle im Irrtum, ausgenommen die Humoristen. Sie allein haben gleichsam spielerisch die Nichtigkeit all dessen, was ernst ist, und sogar all dessen, was frivol ist, durchschaut. 61

Mit Recht vermeint jede Epoche, dem Schwinden der letzten Spuren des irdischen Paradieses beizuwohnen. 62

Je weiter der Mensch fortschreitet, um so weniger Dinge wird er finden, zu denen er sich bekehren kann. 63

Die Tyrannei bricht oder stärkt das Individuum; die Freiheit verweichlicht es und macht es zum Hampelmann. Die Hölle ist für den Menschen heilsamer als das Paradies. 64

Die Religionen wie die Ideologien, die deren Laster geerbt haben, laufen auf Kreuzzüge gegen den Humor hinaus. 65

Jedesmal, wenn mir die Zukunft lebbar vorkommt, habe ich das Gefühl, die *Gnade* hätte mich heimgesucht. 66

Eine Empfindung muß schon sehr tief gefallen sein, damit sie geruht, sich in eine Idee umzuwandeln. 67

Die Aufgabe eines jeden ist, die Lüge, die er verkörpert, ganz durchzuführen, es dahin zu bringen, nur noch eine erschöpfte Illusion zu sein. 68

Die Entsagung ist die einzige Form von Bestätigung, die nicht erniedrigend ist. 69

Die Tatsache, daß das Leben keinen Sinn hat, ist ein Grund, um zu leben. Übrigens der einzige. 70

Die Erlösung kennt kein größeres Hindernis als das Lechzen nach Scheitern. 71

Durch das Sterben wird man zum Herrn der Welt. 72

Von allem, was uns leiden macht, verleiht nichts so sehr das Gefühl, endlich das Wahre zu berühren, wie die Desillusion. 73

Nicht durch Genialität, durch das Leiden und allein dadurch hört man auf, eine Marionette zu sein. 74

Die Existenz ließe sich rechtfertigen, wenn jeder sich so benehmen würde, als sei er der letzte der Lebenden.

75

Alles, was sich klassifizieren läßt, ist vergänglich. Überdauern kann nur das, was mehrere Deutungen duldet.

76

Nicht wissen, in welche Richtung man gehen soll, und also das diskontinuierliche Denken bevorzugen, Spiegelbild einer in Scherben zersprungenen Zeit.

77

Nicolás Gómez Dávila

(1913–1994)

Unsere letzte Hoffnung gilt der Ungerechtigkeit Gottes.

1

Die ethische Norm verbietet uns, die Menschen als Mittel und den Menschen als Zweck zu betrachten.

2

Die Echtheit des Gefühls hängt von der Klarheit der Idee ab.

3

Die Vergebung ist die sublime Form der Verachtung.

4

Was nicht kompliziert ist, ist falsch.

5

Die Realität des 20. Jahrhunderts ist weniger erschreckend als die Ideale, mit denen es sie zu berichtigen hofft.

6

Man braucht am Atheisten nicht zu verzweifeln, solange er nicht den Menschen vergöttert.   7

Die einzige Garantie für unsere Freiheit besteht in den Barrikaden, die die anarchische Seite der Welt gegen den Imperialismus der Vernunft errichtet.   8

Die moderne Tragödie ist nicht die der besiegten, sondern die der triumphierenden Vernunft.   9

Die Mehrheit der Menschen hat kein Recht, ihre Meinung zu äußern, sondern zuzuhören.   10

Nach Jahrtausenden der Literatur müßten wir wissen, daß die Wahrheit weniger wichtig ist als das Talent, mit dem ein Schriftsteller sich irrt.   11

Die Freiheit des Demokraten besteht nicht darin, alles sagen zu können, was er denkt, sondern nicht alles denken zu müssen, was er sagt.   12

Wer sich zu Meinungen bekennt, die unsere Zeitgenossen nicht geringschätzen, muß sich schämen.   13

Die Menschen sind weniger gleich als sie sagen und mehr als sie denken.   14

Der moderne Mensch fürchtet das destruktive Potential der Technik, wo es doch ihr konstruktives Potential ist, das ihn bedroht.   15

Die wirklichen Probleme haben keine Lösung, sondern Geschichte.   *16*

Unser Elend rührt weniger von unseren Problemen her als von den Lösungen, die sich für sie eignen.   *17*

Der gebildete Mensch hat die Pflicht, intolerant zu sein.   *18*

Alles, was den Menschen fühlen läßt, daß das Geheimnis ihn umhüllt, macht ihn intelligenter.   *19*

Das Volk verheiratet sich nur mit prostituierten Ideen.   *20*

Wer ein Individuum mit sich selbst versöhnt, erniedrigt es.   *21*

Für den, der nicht seine eigene Syntax mitbringt, ist das Universum ein nutzloses Wörterbuch.   *22*

Nichts ist wichtiger als die Methode. Wir müssen sie ab und zu wechseln.   *23*

Das alarmierendste Symptom der Dekadenz ist der Niedergang der Heuchelei.   *24*

Die Wahrheit mag den Ausschlag geben.
    Aber nur der Stil rettet.   *25*

Wir glauben an die vielen Dinge, an die wir nicht zu glauben glauben.   *26*

Die Generationen unterscheiden sich weniger durch die Lösungen, die sie finden, als durch die, die sie suchen.

27

Wer alles verzeiht, weil er alles versteht, hat bloß nichts verstanden.

28

Philosophieren heißt nicht Probleme lösen, sondern sie auf einem bestimmten Niveau leben.

29

Jedes Kunstwerk antwortet auf eine Frage, die ihm nicht vorangeht.

30

Das genuine Denken erkennt seine Prinzipien erst am Ende.

31

Unerträglich wie ein erfahrenes Paradox.

32

Die Paläste werden auf den Trümmern der Träume errichtet.

33

Wenn die Worte auch nichts ersetzen, so können doch sie allein alles vollenden.

34

Für das Wichtige gibt es keine Beweise, nur Zeugnisse.

35

Wirklich ist nicht, was das Denken erklärt, sondern was es nicht versteht.

36

Die Erkenntnis gründet auf klugen Ahnungen, nicht auf unumstößlichen Gewißheiten.

37

Unzählige Probleme rühren von der Methode her, mit der wir sie zu lösen versuchen. *38*

Es gibt keine Gedanken, die den Verstand erweitern, aber es gibt welche, die ihn verkürzen. *39*

Ohne den doppelten Arm des Paradoxes ist der Verstand nicht fähig, erlesene Wahrheiten an der Wurzel zu packen. *40*

Die Ideen verwittern in aseptischen Gesinnungen. *41*

Sobald in Vergessenheit gerät, was die Zeitgenossen lasen, bleibt die Literatur der Epoche übrig. *42*

Die Tradition ist kein Text, sondern dessen Lesart. *43*

Die Idee spiegelt den Geist, der sie ansieht. *44*

Hüten wir uns davor, uns in die bloße Umkehrung unserer Gegner zu verwandeln. *45*

Nichts ist gefährlicher, als die Vorurteile desjenigen zu verletzen, der behauptet, er habe keine. *46*

Die klügsten Gedanken entspringen einem einmaligen und kurzen Erlebnis. *47*

Die Synthese sollten wir Gott überlassen. *48*

Vertrauen wir nicht auf den Geschmack desjenigen, der nicht zu verachten versteht. *49*

Die Unmöglichkeit, Lösungen zu finden, lehrt uns, daß wir uns der Aufgabe widmen müssen, die Probleme zu veredeln. 50

Die Lösung verleiht dem Problem eine komplexe Struktur. 51

Der Mythos korrigiert die Präzision des Begriffs. 52

Um Verwirrung zu stiften, ist die Vieldeutigkeit nicht nötig, es genügt die Klarheit. 53

Niemand gleicht den anderen mehr, als wer sich für anders hält. 54

Perfektionieren wir die Vermessenheit unserer Ideen.
55

Niemand ist lächerlich, wenn er das ist, was er ist, so lächerlich das, was er ist, auch sein mag. 56

Die Lösung, die nicht bereit wäre, über sich selbst zu lachen, läßt den Menschen verrohen oder um den Verstand kommen. 57

Die Menschheit sieht mit Schrecken, wie der Fortschritt dabei ist, unheilbar zu werden. 58

Der Preis für einen allzu scharfen Intellekt ist gewöhnlich eine übermäßig stumpfe Seele. 59

Der Mensch ist heute frei wie ein verirrter Reisender in der Wüste. 60

Die wahrhaften Belohnungen besitzen das Privileg, nur von einer verschwindend geringen Minderheit begehrt zu werden.   61

Die Botschaft der Kunst liegt nicht in dem, was sie sagt, sondern in dem, was sie ist.   62

Die Hölle ist der Ort, an dem der Mensch all seine Vorhaben verwirklicht findet.   63

WIESŁAW BRUDZIŃSKI

(geb. 1920)

Auf den Knien kommt man unter Umständen sehr weit.

    1

Am schwersten findet man den Weg zu den Wegweisern.   2

Verstand sieht jeden Unsinn, Vernunft rät, manchen davon zu übersehen.   3

Es gibt zwei Arten von Deserteuren; solche, die gehen, wenn man hätte bleiben müssen, und solche, die bleiben, wenn man hätte gehen sollen.   4

Flüchte nicht vor der Wirklichkeit – du wirst sowieso an der Grenze der Vorstellungskraft festgenommen.   5

Was nützt es, daß du die Schlacht gewinnst, wenn du am Vortage den Geschichtsschreiber beleidigt hast?   6

Nachricht: »Ich warne vor Scylla. Charybdis.«   7

Ich kapituliere – aus Furcht vor dem Sieg.   8

Er ist seinen Prinzipien treu – bis zu ihrem Tode.   9

Wählt stets das kleinere Übel, hebt euch das größere auf für den Notfall.   10

Sei nicht so mißtrauisch – wittere nicht überall einen Sinn!   11

Manchmal hängt alles davon ab, ob du eloquent genug bist, die anderen glauben zu machen, daß du schweigen kannst.   12

Er beichtete nur solche Sünden, von denen er wußte, daß sie zu Tugenden avancieren würden.   13

Aus dem Kampf um die Niederlage, die andere ihm streitig machen wollten, kam er siegreich hervor.   14

Er brauchte seine Ansichten nicht zu ändern – die Ansichten änderten ihn.   15

Zwei Arten von Wohltätern: solche, die die Gefallenen aufheben und solche, die ihnen lieber Gesellschaft leisten.   16

Warum sträubst du dich, für fremde Schuld zu leiden?
Vielleicht ist sie kleiner als die deine?   *17*

Wie wird man seine unvergeßlichen Erlebnisse los?   *18*

Die Untersuchung ergab keinen Erfolg: die Opfer bekannten sich nicht zum Unrecht, das ihnen geschah.
                                                             19

Begehe Fehler, die Zukunft haben!   *20*

Befolge nur den Rat wirklich Weiser. Wie man sie erkennt? Ganz einfach: sie geben keine Ratschläge.   *21*

Sei tolerant zu fremden Ansichten, selbst wenn sie früher einmal deine waren.   *22*

Prekäre Fragen muß man beantworten, bevor sie gestellt
werden.   *23*

GUIDO CERONETTI

(geb. 1927)

O Skeptiker, o Septiker.   *1*

Das Leben sehnt sich im Geheimen (aber manchmal
schreit es das auch hinaus), nicht mehr zu sein.   *2*

Diese elenden Löcher und Hütten, die wir sind, bewohnt ein okkultes Gesicht, das keine Ähnlichkeit mit
uns hat.   *3*

Die Unmenschlichkeit der Zukunft erlaubt es, ihre Unmöglichkeit vorauszusehen. Von einem bestimmten Grad der Unmenschlichkeit an, dem wir recht nahe sind, kann nichts mehr geschehen, was den Menschen beträfe, denn es wird kein Mensch mehr da sein. Den Nicht-Menschen, der – vielleicht – diesen Exzessen des Unmenschlichen standhalten könnte, interessiert der Mensch, der wir noch sind, nicht.   4

Entweihen ist ein leichtes Geschäft; darum muß es uns anwidern.   5

Unser armseliges Leben als Zeugen des Endes. Was kann man tun? Standfestigkeit im Schweigen, Selbstmord oder Unterwerfung.   6

Mit der Kunst ist es vorbei, seit die Künstler keine Geschlechtskrankheiten mehr haben.   7

Der Mensch ist ein gefallener Dämon.   8

Es gibt ein Aufbauen, das sehr viel schädlicher als jegliches Zerstören ist.   9

Das Heilige macht Angst. Aber auch seine Abwesenheit, auch die entheiligte Welt ohne Regeln, ohne Verbote. Frei können wir nicht existieren. Man muß wählen, was einem mehr Trost spendet.   10

Eine Sophia, die vorübergeht, ein Licht, das leidet: mit diesem Geheimnis leben.   11

Die innere Wahl des Menschen wird immer für eine leidenschaftliche Hölle anstele eines faden Paradieses ausfallen.

12

Wenn wir den Liebesgefühlen das Morbide nehmen, das wie ein Schmiermittel wirkt, werden sie nicht *gesund*, sondern steril, atrophisch, bewegt vom trockenen Wind der Grausamkeit.

13

Der Zustand des Friedens zwischen den Nationen schließt den generellen Krieg des Menschen gegen alles nicht aus – ein perfekter Kreis, der natürlich auch den Menschen mit einschließt; darum leben wir in einem Frieden, der ein uferloses Gewimmel von Krieg ist, der nichts verschont, der alle mitreißt.

14

Der Krieg heilt uns von den Wunden des Friedens, läßt aber seine Patienten in Massen sterben.

15

Vollkommen am Menschen zu verzweifeln ist weder eine spontane noch eine leichte Sache; es erfordert Lebenskraft und Anstrengung, langjährige Übung und einen festen Willen; nur wenigen gelingt es. Hat man den steilen Gipfel des reinen Verzweifelns erst einmal erreicht, muß man sich vor den übriggebliebenen Hoffnungen in acht nehmen, die durch den natürlichen Hang einer *weniger starken* Verzweiflung zum Diabolischen wieder aufflackern können.

16

Die Körper vereint die Lust, die Seelen die Pein.

17

Wer die Andeutung nicht versteht, der braucht auch keine Erklärung.   *18*

Von derselben Raserei, die blind macht und die Bäume niedermäht, ist der Geist durchdrungen; zur Hälfte ist das menschliche Denken schon Ödland geworden.   *19*

Der Aggressor spürt die Reserven der Angst auf, die wir nicht unter der Decke halten können.   *20*

Das Geheimnis des Sprechens gehört nicht nur den Lebendigen, sondern schließt die Toten mit ein.   *21*

Durchdrungen, wie wir es inzwischen sind, von der menschlichen Lüge, wie können wir da den Sternen vertrauen?   *22*

Wenn man wie ein Verlierer leben könnte, wäre man es etwas weniger.   *23*

Die Wissenschaft läßt die Herzen länger schlagen – aber sie hat sie gedemütigt. Bezahlen wir sie, ohne ihr zu danken.   *24*

Was die Kinder auf keinen Fall wissen dürfen, ist, daß man sie auf die Welt kommen ließ.   *25*

Michail Genin

(geb. 1927)

Das Chamäleon: Damit ich bleibe, was ich bin, muß ich dauernd meine Farbe wechseln.   *1*

Ob auch in Zukunft die Eifersucht ein Relikt aus der Vergangenheit bleiben wird?   *2*

Ich hätte mich schon längst von meinen Mängeln losgesagt, wenn sie nicht die Kehrseite meiner Vorzüge wären.

3

Fällt deine Bescheidenheit allen auf, ist etwas faul an ihr.

4

In den Text zwischen den Zeilen haben sich Fehler eingeschlichen.   *5*

Bildung geht verloren, die Bildungslücken bleiben.   *6*

Braucht ein Mensch nichts, dann fehlt ihm etwas.   *7*

Seit der Erfindung des Mikroskops gibt es auf der Welt Bakterien.   *8*

Isoliere dich nicht vom Kollektiv: Lache nicht als letzter!   *9*

Man lernt Menschen kennen, mit denen man alles teilen möchte, was sie besitzen.   *10*

Hast du deinen Platz im Leben gefunden? Dann warte, bis er frei wird.   *11*

Žarko Petan

(geb. 1929)

Auf Kosten einer besseren Zukunft haben sich manche glänzend in der Gegenwart eingerichtet. *1*

In leeren Köpfen finden Phrasen stärkeren Widerhall.

2

Unsere Gesellschaft ist so fortschrittlich, daß manche ihr gar nicht mehr folgen können. *3*

Auch ehrenhafte Leute sind käuflich, allerdings für einen ehrenhaften Preis. *4*

Manche Zwecke verderben die heiligen Mittel. *5*

Der Tod ist der Preis der Unsterblichkeit. *6*

Auch diesen Mißerfolg haben wir mit Erfolg überstanden. *7*

Manchmal müssen wir Unanständiges tun, um anständig zu leben. *8*

Der Aphorismus ist ein Vernunftmuster ohne Wert. *9*

In manchen Ländern ist das Volk in der Minderheit.

10

Im Leben siegt, wer als letzter ans Ziel kommt. *11*

Wo sollen wir die Regel finden, die durch unsere Ausnahmen bestätigt wird? *12*

Die Welt ist das Plagiat der Hölle. *13*

Die Zensur verfeinert den Stil. *14*

Der lauteste Protest kommt aus geschlossenem Mund. *15*

Vernunft ist nur aus Pflichtgefühl logisch. *16*

Der Mensch ist ein Untermieter in der eigenen Haut. *17*

Ich kannte einen, der hat seine subjektiven Fehler erfolgreich in objektive Schwierigkeiten verwandelt. *18*

Von guten alten Zeiten ist in guten alten Zeitungen nichts zu lesen. *19*

Wer fragt, wird verantwortlich gemacht. *20*

Am leichtesten läßt sich die Wahrheit dementieren. *21*

Mit einer Diktatur kann man die Demokratie am wirksamsten durchsetzen. *22*

Die Schuldigen muß man bei den Denkmälern suchen. *23*

In der Politik hat das Schweigen manchmal ein Echo. *24*

Seien Sie unrealistisch: Verlangen Sie das Mögliche!   25

Wir brauchen neue Fragen für alte Antworten.   26

Ausnahmen sind Regeln ohne Ausnahme.   27

Sie zieht sich nach der letzten Mode aus.   28

Ich habe ein schlechtes Gewissen: Ich habe zu wenig ge-
sündigt.   29

Es ist gefährlich, sich in die Privatangelegenheiten des
Staates zu mischen.   30

BRANA CRNČEVIĆ

(geb. 1933)

Im Recht ist immer nur derjenige, der das nicht beweisen muß.   1

Die Revolution frißt ihre Kinder nicht, aber die Erwachsenen sollten aufpassen.   2

Wenn es einmal keine Opfer mehr gibt, werden sich die
Henker gegenseitig umbringen.   3

Ich kenne Musiker, die spielen, wie die andern tanzen.

4

Der Tod müßte kürzer sein. Es zahlt sich nicht aus, für immer zu sterben. 5

Ja, ja, ich weiß, viele würden mein Leben für ihre Überzeugungen geben. 6

Wenn ich die Wahrheit hören will, stopf ich mir die Ohren zu. 7

Niemand erwartet, daß auf der Jagd alle schießen. Ein paar müssen auch bellen. 8

Das Leben ist unzufrieden mit den Menschen. 9

Auch ein Schritt zurück kann Fortschritt sein. 10

ELAZAR BENYOËTZ

(geb. 1937)

Die Vernunft reicht nicht aus, sie genügt aber. 1

Wer sich für einen Weg entschieden hat, ist schon ein Stück von ihm. Er geht in sich. 2

Die Sprache ist das ferne Echo des Schweigens. 3

Die Welt ändert sich nicht, es ändern sich nur die Wünsche, sie zu verändern. 4

Wir sind nur ein Widerschein der Dinge, die wir lieben.

5

Sobald dir deine Freiheit zum Maßstab wird, bist du gefangen.

6

Je größer die Hoffnung, um so fruchtbarer die Enttäuschung.

7

Was man in Liebe begreift, kann man aus Liebe nicht verstehen.

8

Bringe ich keinen Gedanken mehr gegen mich auf, ist meine Sache verloren.

9

Sinn hat nur das Zwecklose.

10

Man denkt darüber und versteht darunter.

11

Wo der Wille nicht geschieht, gehen Wünsche in Erfüllung.

12

Wie kann etwas wirklich sein, das kein Traum gewesen ist.

13

Der Dichter schützt den Sinn der Worte vor ihren Bedeutungen.

14

Mit der Erfüllung beginnt die Vergänglichkeit.

15

Die Aufgabe des Denkens – denkbar machen.

16

Man bleibt nicht, der man ist; man ist, der man bleibt.

17

Ein Wort läßt sich deuten, nicht aber eindeuten.   18

Nicht nur das Wort, auch der Sinn hat einen Klang.

19

Noch ehe wir den Mund zum Sprechen öffnen, öffnet die Sprache uns die Augen.   20

Im Satz hält die Sprache ihr Wort zurück.   21

Wen Gott versuchen will, über den bringt er den Glauben.   22

Vollendet leben – sich seiner Endlichkeit ganz hingeben.

23

Eindeutiges Denken kann nur gutheißen, nicht wahrnehmen.   24

Behauptungen bedürfen des Geistes, Beweise nur des Scharfsinns.   25

Ein Gedanke, der sich in einem Satz erschöpft, ist beschränkt; ein Gedanke, der sich auf einen Satz beschränkt, ist unerschöpflich.   26

Gedanken sind heilsam, sofern sie verwunden.   27

Mein Ziel, dem ich ausgesetzt bin.   28

Was dich berührt, wirst du nicht begreifen.   29

Der Tod treibt durch uns seine Blüten.   30

Gehörig – mit Schweigen bedacht.   31

Man sieht nur die Folgen seines Tuns, nicht die Erfolge
seines Lassens.   32

Mein Ziel – mein Ausweg.   33

Verscherze dir nicht die Gunst deiner Schwächen.   34

Wo bleibt die Rechnung, wenn sie aufgegangen ist.   35

Setzt sich die Bedeutung, erhebt sich der Sinn.   36

Was nicht zählt, wiegt.   37

Erreicht – verarmt.   38

Ein Wort zuviel – schon ist die Sache der Sprache verloren.   39

Es schweigt sich leichter, als es sich sagen läßt.   40

Was sein will, darf nicht bleiben wollen.   41

Die großen Fragen sind nur ohne Antwort groß.   42

Nicht der Glaube, der Zweifel macht uns hoffen.   43

Verantwortlichkeit schließt alles Erdenkliche in sich ein,
Verantwortung nur das Denkbare   *44*

Ohne Humor läßt sich weder glauben noch zweifeln

45

Senke deinen Blick und behalte deine Welt im Auge

46

Das Wissen von Gott ist grenzenlos beschränkt   *47*

Ist Gott tot, dann ist die Welt sein Grab und ich bin
seine Inschrift   *48*

Ich wünschte, meine Blindheit sehen zu können   *49*

Was im Feuer verbrennt, geht in den Flammen wieder
auf   *50*

So viel Böses man in sich erobert und bezwingt, so gut
ist man   *51*

Ohne Sprache gäbe es alles und weiter nichts   *52*

Die Worte umspähen die Dinge nur   *53*

Mit jeder Enttäuschung rücken wir unsrer Hoffnung
näher   *54*

Zwei Gedanken, die einander ausschließen – zwei Sätze,
die einander ergänzen   *55*

Man muß auch alle möglichen Fehler machen, um sein
möglichstes getan zu haben   56

Nur das Fruchtbare hat die Vergänglichkeit in sich   57

Man sucht, bis man findet, und verliert sich am Gefun-
denen   58

PETER HANDKE

(geb. 1942)

Mein Selbstbewußtsein ist erfüllt, wenn es mir gelingt,
lakonisch zu sein   1

Ich bin meistens zu bewußt zum Traurigsein   2

Als hätte der Schmerz keine Vergangenheit   3

Wenn ich mich anschaue, dann denke ich, ich dürfte
wohl noch Angst haben, aber nicht mehr davon reden

                                                                4

Sich einen *anderen* Schmerz zufügen als Rettung   5

Die Kraft der Zärtlichkeit, die plötzlich den Widerstand
auflöste, aus dem mein Ich bestand   6

Käme zur Verzweiflung ein kleiner Schimmer hinzu, so
wäre es die Verklärung   42

Das Geschriebene müßte so wahr sein, daß man weint
                                                         43

Gerade im Schmutzigsten, in der Sprache, ist, außerhalb
der Kindheit, die Reinheit immer neu möglich, eingeschlossen die Reinigung   44

Wogegen die Phantasie sich sträubt, das kann nicht
wahr sein, und wenn es noch so logisch ist   45

Aus der genauesten Reflexion dessen, was einmal war,
wird erfunden, was immer ist   46

Kunst ist, was in der Seele weh *und* gut tut   47

Ihr habt die Welt immer nur interpretiert und verändert;
aber es kommt darauf an, sie zu *beschreiben*   48

Trauer ist mir eine Denkweise: erlöstes Denken im Bewußtsein von Unlösbarem   49

Das Schreiben muß sich ereignen am Rand der Verzweiflung *und* am Rand der Seligkeit (aber immer nur
am Rand); und die Worte dann müssen ans Wunderbare
grenzen   50

Warum nicht für das Reden vom Menschen die Gestalt
einer Blume zum Maßstab nehmen?   51

Die Form erwartet mich (und euch); und sie geht durch und durch 52

Bleistift, Brücke nach Hause! 53

Eine schriftstellerische Unternehmung müßte etwas von einem Handstreich haben; in jedem Sinn 54

Künstlerische Intelligenz: Verstehen *und* Begriffsstutzigkeit 55

Inbild und Andacht sind das gleiche 56

Einen Augenblick lang verstand ich den Baum, der »ohne weiteres« in der Zeit stand, und war dieses Stehen
57

Die Seele ist entweder ein furchtbares Ganzes, etwas für sich (Schwermut); oder ein wunderbares Nichts 58

»Ich weiß jetzt, wie ich es sage«: das ist Schreiben 59

Manchmal gelingt es, zu ruhen im Augenblick; dann entsteht, gleichwo, ein Raum 60

Die Leere offenhalten: das wäre die höchste Kunst 61

Die Gutes tun, wissen nicht, was ein Mensch ist, wohl aber die, die etwas Gutes machen 62

Nimm jeden Moment ganz ernst und halte dich bei nichts auf 63

Ein Erlebnis erscheint immer als Metapher (die Schrift braucht nicht gesucht zu werden)   64

Ich bin sicher, daß es keinen anderen Weg gibt als den meinen; aber manchmal weiß ich nicht, ob ich auf einem Weg bin   65

»Endlich wirklich!« – so müßte der Ausruf vor einem Kunstwerk sein   66

Warum suche ich auf den Schwellen immer die Schrift oder das Bild? Die Schwelle selbst ist ja schon Schrift und Bild   67

Beute deine paar Lebensträume schonend aus: dazu sind sie ja da   68

Du mußt dich hinabbeugen zu den Dingen; zu hochgewachsen bist du für die Schöpfung, Menschenaffe   69

Es ist seltsam: Wer mir eine Wunde schlägt, schließt mir zugleich eine Wunde   70

Man kann lernen von jedem, der begeistert ist   71

Die Liebe ist schmerzhaft und führt zu nichts, und das ist ihre Herrlichkeit   72

An den Säulen des Tempels rüttelnd die Säulen erst entstehen lassen: Schreiben   73

Das Erd-Reich der Natur – das Welt-Reich der Schrift: Erdreich und Weltreich versöhnen   74

Nichts, außer der Trauer, trägt ganz die Welt in sich; nur
die Trauer ...   75

Nur das Bild, nicht der Gedanke, erfüllt das Gehirn

76

Alles, was gegen die Zeit gemacht ist und Form gewinnt, ist unvergänglich   77

BOTHO STRAUSS

(geb. 1944)

Es schafft ein tiefes Zuhaus und ein tiefes Exil, da in der
Sprache zu sein.   1

Nichts, nichts sein als die einfache Geste, die der Hö-
rende erfüllt. Die hohle Geste.   2

Das Begehren rüttelt an den Grundfesten des Lebens:
dem Trübsinn und der Sammlung.   3

... dies alles wissen und dies Wissen auf sich beruhen
lassen, war eins.   4

Man spricht nur, um die Eisig-Stille zu erloten. Wie der
Wal singt, um im Echo Grenze und Widerstand seines
Raums zu erfahren.   5

Und wären auch alle Geheimnisse erschlossen, so bliebe
uns noch immer die unergründliche Trauer.   6

Wissen ist konvertibel in Geheimnis. Wie alles Erfah-
rene wieder einschmelzbar zu Wunsch.
   Allein die Poesie hält die Verknüpfung, welche selbst
der ›komplexen Vernetzung‹ an Dichte überlegen ist.
Die poetische Vernunft ist die Führerin des Wissens, das
sich selbst erforschen will.   7

Was wollt ihr wissen? Plausibilitäten zerschnüren den
Verstand. Wißt Scherben ...!   8

Welch ein anderes könnte dem Weltnetz denn begegnen
als nur der Blitz, der es zerreißt?   9

Was wir sehen, ist durch Nähe versengt. Um jeden Preis
muß man wieder entfernen, erhöhen, verschleiern. Was
kann ich mir unerreichbar machen an meinem Nächsten?
Was kann ich mir unerreichbar machen inmitten der
Bedrängnis der zuhandenen Dinge, Redeweisen, Pro-
gramme und Prognosen?   10

Das Leben hängt von großen Worten ab und wird meist
unter Wert verhandelt. Es kann nur Übertreibungsversuche und gescheiterte Übertreibungsversuche geben.

                                                            11

Jedes Tabu ist besser als ein zerstörtes.   12

Die Zukunft gehört denen, die von allem befreit sind,
was uns beschwerte. Man macht sich ja keine Vorstellun-

gen, wie gut alles gehen wird, sobald wir vom Guten
nichts mehr wissen.   13

Ein Arkadien der Arbeit wird man uns versprechen.

14

Es ist besser, nichts von der Welt zu wissen, als zuviel
von ihr, das man nicht selbst erfuhr.   15

Je tiefer es einen nach Schönheit verlangt, um so uner-
träglicher erscheint alles Geschmackvolle.   16

So viel Vorgeschmack auf die Hölle.
   So wenig Nachgeschmack vom Paradies.   17

Der Arme in einem armen Land trägt das Antlitz der
Armut. Der Arme der Konsumbrüderschaft ist meist
nur die unterste breithüftigste Charge ihres unförmigen
Reichtums.   18

Zur verdammten deutschen Vergangenheit gehört das
Unvergängliche der Verdammnis.   19

Die Einsamkeit ist erst erreicht, wenn das Herz in freier
Luft ohne Kopf und ohne Rippe schlägt.   20

In dem Moment, wo nur noch der Anstand zählt zwischen Mann und Frau, wird er zwangsläufig verletzt.

21

Einen Menschen, den anderen, begreift man in der Sekunde oder nie.   22

Man wird noch eine Weile brauchen, bis man zum poetischen Kern unserer Kognition vorstößt.   23

Gegen zuviel Geschichte kommt nur Erscheinung an!

                                                                24

Anhang

Themen

Zur Ergänzung des chronologisch nach Geburtsjahren der Autoren geordneten Textteils findet der Leser im folgenden eine thematische Gruppierung der Aphorismen. Auf den Autor wird mit einer halbfetten Seitenzahl verwiesen, die normalen Ziffern geben die Numerierung der einzelnen Texte an.

Menschliche Selbst-Bestimmung

Pascal **23** 9; Lichtenberg **44** 7, 22, 42; Jean Paul **70** 28, 45, 66; Novalis **79** 3, 11; Hazlitt **81** 9, 18; Ebner-Eschenbach **102** 15; Mark Twain **107** 18, 20; Nietzsche **111** 1, 73; Renard **132** 21, 22; Valéry **135** 37, 52, 56, 65; Kraus **146** 4; Machado **151** 6; Jacob **152** 10; Kafka **155** 2, 3, 4, 9; Napierski **164** 6; Char **176** 16; Cioran **182** 12, 23, 38, 45, 56; Ceronetti **199** 3, 8, 16; Genin **203** 11; Petan **204** 17; Benyoëtz **207** 5, 17, 49; Handke **212** 17, 29, 65

Leben und Tod

Pascal **23** 12; La Bruyère **26** 29; Vauvenargues **34** 12, 13, 14; Chamfort **37** 14; Lichtenberg **44** 43, 58; Joubert **62** 40; Jean Paul **70** 44, 58, 67; Novalis **79** 12; Hazlitt **81** 23, 27; Leopardi **88** 4, 6, 12, 14, 18; Hebbel **96** 20, 21, 22, 30, 34, 42; Ebner-Eschenbach **102** 26; Butler (II) **104** 1, 2, 3, 15; Mark Twain **107** 5; Nietzsche **111** 62, 100; Schnitzler **129** 18, 20; Renard **132** 9, 12, 33; Valéry **135** 83; Irzykowski **144** 13, 14, 15; Kraus **146** 19; Kafka **155** 1; Gómez de la Serna **156** 3, 5, 12, 15; Jünger **159** 1, 14, 26; Canetti **166** 25, 31, 32, 57, 60, 66, 82, 87, 90; Char **176** 24; Cioran **182** 5, 16, 18, 27, 34, 70, 72; Ceronetti **199** 2, 6, 23; Petan **204** 6; Crnčević **206** 5, 9; Benyoëtz **207** 23, 30; Handke **212** 7, 19, 63; Strauß **219** 11

Religion

Guicciardini **7** 14; Pascal **23** 11; La Bruyère **26** 31; Lichtenberg **44** 84, 85; Joubert **62** 22, 23, 24, 25; Jean Paul **70** 55, 64; Schlegel **77** 15; Novalis **79** 1; Hebbel **96** 17; Mark Twain **107** 8, 9; Nietzsche **111** 4, 5, 6, 61; Shaw **128** 5; Schnitzler **129** 21, 22; Renard **132** 29; Valéry **135** 22, 38, 39, 41, 42; Irzykowski **144** 3; Jacob **152** 4; Nowaczyński **153** 2; Kafka **155** 6, 14; Gómez de la Serna **156** 9; Jünger **159** 15, 19, 38, 39; Napierski **164** 1; Canetti **166** 4, 13, 20, 23, 54, 84; Lec **178** 26; Cioran **182** 4, 42, 65, 70, 71; Gómez Dávila **191** 1, 7, 48; Brudziński **197** 11; Ceronetti **199** 5, 10, 22; Benyoëtz **207** 2, 10, 28, 33, 47, 48; Handke **212** 56, 58; Strauß **219** 12

Glaube und Zweifel

Pascal **23** 2; Vauvenargues **34** 26; Lichtenberg **44** 28, 31, 52, 55, 93, 97, 104, 105, 108; Feuchtersleben **92** 23; Butler (II) **104** 19; Nietzsche **111** 6, 22, 57, 80; Irzykowski **144** 3; Kraus **146** 11; Jünger **159** 12; Napierski **164** 10; Lec **178** 28, 47; Cioran **182** 22, 25, 36, 41; Gómez Dávila **191** 26; Ceronetti **199** 1; Benyoëtz **207** 22, 42, 43, 45; Handke **212** 42

Wunsch und Erfüllung – Hoffnung und Enttäuschung

Gracián **12** 13; La Rochefoucauld **20** 21; La Bruyère **26** 3, 4, 15, 16; Vauvenargues **34** 19; Jean Paul **70** 23; Novalis **79** 7; Schopenhauer **85** 3, 4; Feuchtersleben **92** 8; Hebbel **96** 31, 41; Ebner-Eschenbach **102** 22, 24; Butler (II) **104** 12; Mark Twain **107** 4; Bierce **109** 10, 16; Nietzsche **111** 79, 86; Schnitzler **129** 16; Renard **132** 13; Valéry **135** 1, 81; Kraus **146** 15; Nowaczyński **153** 5; Gómez de la Serna **156** 14; Canetti **166** 11, 30, 76, 80, 99; Cioran **182** 9, 60, 73; Gómez Dávila **191** 33, 61; Benyoëtz **207** 7, 12, 13, 15, 38, 54; Handke **212** 68; Strauß **219** 3

Glück und Unglück – Freude und Trauer – Schmerz

Guicciardini **7** 5, 6, 7; Butler (I) **19** 1; La Rochefoucauld **20** 1, 22; Pascal **23** 5; La Bruyère **26** 5, 18, 20; Chamfort **37** 18, 22, 36; Lichtenberg **44** 12, 80; Goethe **58** 27; Joubert **62** 37, 49; Jean Paul **70** 19, 29; Hazlitt **81** 23, 27; Schopenhauer **85** 2; Leopardi **88** 1, 10, 16; Feuchtersleben **92** 7; Hebbel **96** 6, 10, 18, 26, 30, 38, 44; Multatuli **100** 1; Ebner-Eschenbach **102** 2; Butler (II) **104** 16; Mark Twain **107** 1, 3, 17; Nietzsche **111** 51, 79; Renard **132** 10, 23; Valéry **135** 6, 48; Irzykowski **144** 9; Kafka **155** 12, 13; Gómez de la Serna **156** 17, 19; Tuwim **158** 3; Jünger **159** 12; Napierski **164** 14; Canetti **166** 42, 45, 64, 68, 71, 78; Char **176** 10; Lec **178** 44; Cioran **182** 2, 3, 6, 29, 31, 37, 74; Brudziński **197** 17; Ceronetti **199** 17; Handke **212** 2, 3, 5, 49; Strauß **219** 3, 6

Lebensambivalenz

La Rochefoucauld **20** 12, 14, 26; Pascal **23** 1, 2, 8, 9, 10; La Bruyère **26** 3, 12; Vauvenargues **34** 5; Chamfort **37** 24; Lichtenberg **44** 41, 69; Goethe **58** 1; Joubert **62** 58; Jean Paul **70** 2; Novalis **79** 18; Hazlitt **81** 18, 19; Hebbel **96** 1, 10, 11, 23, 26, 27, 28, 32; Multatuli **100** 8, 9, 11; Ebner-Eschenbach **102** 6, 7, 8, 10; Butler (II) **104** 14; Mark Twain **107** 1, 15; Nietzsche **111** 20, 33, 35, 68, 70, 87; Wilde **126** 3; Shaw **128** 4; Renard **132** 16; Valéry **135** 3, 4, 35, 71, 72, 87; Irzykowski **144** 10; Kraus **146** 2, 5, 24, 36, 40; Jünger **159** 7, 8, 13; Napierski **164** 5, 16; Canetti **166** 27, 34, 47, 69, 70, 81; Lec **178** 1, 2, 6, 14, 24, 31, 35, 37, 38; Cioran **182** 1, 13, 28, 35, 55, 76; Gómez Dávila **191** 4, 38, 46, 53; Brudziński **197** 8, 13, 14; Ceronetti **199** 9, 23; Genin **203** 3, 7, 8; Petan **204** 5, 7, 8, 11, 18, 25, 29; Benyoëtz **207** 34, 58; Handke **212** 33, 70

Vernunft und Gefühl – Kopf und Herz – Rationalität und Sexualität

Bacon **9** 4; Butler (I) **19** 6; La Rochefoucauld **20** 3, 6, 16, 21; Pascal **23** 12; Vauvenargues **34** 9, 10, 11, 15, 27, 29, 33, 36; Chamfort **37** 6, 26; Lichtenberg **44** 5, 6, 11, 13; Joubert **62** 20, 61; Jean Paul **70** 6, 10, 38; Hazlitt **81** 5, 14; Schopenhauer **85** 6; Leopardi **88** 11; Feuchtersleben **92** 2, 8; Hebbel **96** 33; Ebner-Eschenbach **102** 16; Bierce **109** 9; Nietzsche **111** 23, 45, 66, 94; Shaw **128** 9; Schnitzler **129** 4, 15; Renard **132** 3, 18; Valéry **135** 5, 12, 13, 54, 67; Napierski **164** 13; Canetti **166** 5, 61, 89; Cioran **182** 8, 44, 67; Gómez Dávila **191** 3, 8, 19, 28, 37, 47, 59; Petan **204** 16; Handke **212** 8, 14, 38, 45

Liebe und Haß

Guicciardini **7** 13; La Rochefoucauld **20** 2, 9, 18; La Bruyère **26** 1, 2, 6, 21; Swift **32** 2; Vauvenargues **34** 2, 3; Chamfort **37** 27; Lichtenberg **44** 64; Goethe **58** 3; Novalis **79**5; Hebbel **96** 35, 36, 43; Ebner-Eschenbach **102** 4; Bierce **109** 14; Nietzsche **111** 3, 6, 21, 31, 56, 64, 95; Schnitzler **129** 8; Renard **132** 27; Valéry **135** 54, 55; Irzykowski **144** 10; Kraus **146** 31; Jacob **152** 1; Tuwim **158** 10; Jünger **159** 31; Canetti **166** 18, 61, 93; Ceronetti **199** 13; Benyoëtz **207** 8; Handke **212** 6, 39; Strauß **219** 21

Sein und Schein

Gracián **12** 7; La Rochefoucauld **20** 8, 10; Chamfort **37** 2, 7; Lichtenberg **44** 14, 35; Jean Paul **70** 12; Mark Twain **107** 11; Nietzsche **111** 65, 90; Valéry **135** 78; Lec **178** 11; Cioran **182** 26, 41

Gut und Böse

Swift **32** 11; Chamfort **37** 13; Jean Paul **70** 28, 46, 54; Hazlitt **81** 13, 25, 32; Hebbel **96** 7, 29; Butler (II) **104** 6; Multatuli **100** 3; Mark Twain **107** 7; Bierce **109** 12; Nietzsche **111** 37, 60, 78, 91, 95; Shaw **128** 1, 9; Renard **132** 26; Valéry **135** 8; Machado **151** 5;

Kafka 155 8; Lec 178 12, 34; Gómez Dávila 191 2; Brudziński 197 13; Ceronetti 199 12; Petan 204 13; Benyoëtz 207 51; Handke 212 36

Freiheit und Bindung

Lichtenberg 44 75, 88, 107; Jean Paul 70 50; Feuchtersleben 92 18; Ebner-Eschenbach 102 4, 5; Bierce 109 7; Nietzsche 111 46, 81; Shaw 128 2; Renard 132 20; Valéry 135 18, 27, 53, 64; Kafka 155 7; Jünger 159 11; Napierski 164 7; Canetti 166 35, 40; Cioran 182 39; Gómez Dávila 191 8, 60; Benyoëtz 207 6

Tun und Lassen

Guicciardini 7 3; Gracián 12 15; La Rochefoucauld 20 19; Chamfort 37 25; Lichtenberg 44 15, 19, 54, 62, 101; Goethe 58 9, 14; Schopenhauer 85 5; Multatuli 100 3, 5; Nietzsche 111 2, 57, 59; Shaw 128 3; Schnitzler 129 5; Valéry 135 9, 15; Char 176 4, 9; Lec 178 29; Benyoëtz 207 32, 56

Klugheit und Dummheit

Guicciardini 7 4; Gracián 12 2; Butler (I) 19 2, 7; La Rochefoucauld 20 10, 13, 26; La Bruyère 26 6, 17, 24; Vauvenargues 34 35; Chamfort 37 9, 11; Lichtenberg 44 33, 41; Jean Paul 70 56; Schopenhauer 85 8; Feuchtersleben 92 15; Ebner-Eschenbach 102 17, 19; Nietzsche 111 23; Shaw 128 10; Renard 132 30; Valéry 135 62; Machado 151 4; Nowaczyński 153 9; Tuwim 158 6

Denken

Gracián 12 1; Butler (I) 19 12; Pascal 23 6; Vauvenargues 34 1, 24, 28, 30; Chamfort 37 3, 4; Lichtenberg 44 4, 11, 20, 26, 65, 71, 74, 78, 89, 95; Goethe 58 5, 6, 20; Joubert 62 6, 48, 55, 57, 59, 67; Jean Paul 70 49, 59, 61; Schlegel 77 9, 13; Novalis 79 4, 9, 13, 15; Hazlitt 81 5; Leopardi 88 7, 15; Feuchtersleben 92 13, 14, 20; Hebbel 96 4, 19, 22, 24; Multatuli 100 1; Ebner-Eschenbach 102 9;

Selbsterkenntnis und Selbsttäuschung

Erkenntnis und Irrtum

Wahrheit und Täuschung

Gracián **12** 11; Butler (I) **19** 5, 8; La Rochefoucauld **20** 15, 17; Pascal **23** 1; La Bruyère **26** 13; Vauvenargues **34** 21, 30; Lichtenberg **44** 33, 50, 63, 77; Goethe **58** 17; Joubert **62** 27, 28, 29, 30, 34, 66; Jean Paul **70** 7, 16, 20, 58; Hazlitt **81** 5, 20; Schopenhauer **85** 7; Leopardi **88** 8, 9, 10; Feuchtersleben **92** 3, 12; Hebbel **96** 14, 16; Multatuli **100** 4, 11; Ebner-Eschenbach **102** 11, 12, 25; Butler (II) **104** 13, 17, 18; Mark Twain **107** 10; Bierce **109** 8; Nietzsche **111** 8, 15, 17, 22, 76, 77, 94, 96, 99; Wilde **126** 4, 6; Shaw **128** 10; Schnitzler **129** 2, 6; Renard **132** 8, 17, 24; Valéry **135** 29, 66; Irzykowski **144** 10, 16; Kraus **146** 14, 29; Jacob **152** 6; Nowaczyński **153** 6; Canetti **166** 15, 38, 92; Char **176** 12; Lec **178** 13, 42; Gómez Dávila **191** 11, 25; Petan **204** 21; Crnčević **206** 7

Rätsel und Lösung – Frage und Antwort – Lernen und Lehren

Bacon **9** 5, 6; La Bruyère **26** 9; Lichtenberg **44** 90, 91, 109; Goethe **58** 16, 25; Joubert **62** 14, 18, 41; Feuchtersleben **92** 25; Hebbel **96** 12; Mark Twain **107** 13; Nietzsche **111** 69; Wilde **126** 10; Valéry **135** 11, 14, 26, 30, 31, 47, 48, 57, 59; Irzykowski **144** 11; Kafka **155** 5, 11; Canetti **166** 28, 86; Char **176** 3, 15; Gómez Dávila **191** 16, 17, 29, 35, 50, 51, 57; Brudziński **197** 2, 23; Ceronetti **199** 24; Petan **204** 20, 26; Benyoëtz **207** 25, 35, 42

Wort und Sprache

Lichtenberg **44** 16, 18, 21; Goethe **58** 1; Joubert **62** 1, 2, 7, 65; Novalis **79** 17; Butler (II) **104** 8; Nietzsche **111** 43, 50; Renard **132** 19; Valéry **135** 24; Kraus **146** 30, 33, 34; Tuwim **158** 2; Jünger **159** 10, 30, 33; Canetti **166** 3, 15, 17, 33, 58, 62, 72, 91, 97; Lec **178** 16, 25; Gómez Dávila **191** 34, 52; Benyoëtz **207** 3, 18, 19, 21, 26, 39, 52, 55; Handke **212** 33, 37, 44; Strauß **219** 1

Sprechen und Schweigen – Reden und Hören

Gracián **12** 4, 10; La Rochefoucauld **20** 25; La Bruyère **26** 7, 24, 25; Swift **32** 14; Lichtenberg **44** 76; Joubert **62** 19; Jean Paul **70** 4, 25; Hazlitt **81** 7; Feuchtersleben **92**4; Valéry **135** 25; Jünger **159** 39; Canetti **166** 7, 16, 21, 43, 83, 100; Lec **178** 7, 17, 39, 41, 46; Brudziński **197** 12; Ceronetti **199** 18, 21; Benyoëtz **207** 20, 31, 40; Strauß **219** 2, 5

Schreiben und Lesen

Swift **32** 7; Chamfort **37** 28; Lichtenberg **44** 23, 37, 47, 48, 56, 57, 68; Goethe **58** 13, 15; Joubert **62** 9, 13, 54, 67; Jean Paul **70** 5, 17, 32, 33, 34, 35, 36, 43; Schlegel **77** 3, 10; Feuchtersleben **92** 22; Ebner-Eschenbach **102** 27; Nietzsche **111** 7, 28, 41; Valéry **135** 18, 63; Kafka **155** 14; Jünger **159** 32; Napierski **164** 2, 9; Canetti **166** 39, 42, 43, 52, 56; Lec **178** 19; Cioran **182** 43; Genin **203** 5; Handke **212** 43, 48, 53, 54

Sprechweisen (Paradox, Metapher, Ironie, Witz, Humor)

Lichtenberg **44** 40; Goethe **58** 12, 23, 24; Joubert **62** 5, 10, 66; Jean Paul **70** 40; Schlegel **77** 2, 4, 7, 17; Novalis **79** 14; Hebbel **96** 3; Multatuli **100** 7; Nietzsche **111** 30, 39, 42; Wilde **126** 9; Renard **132** 6, 23; Kraus **146** 13; Lec **178** 33; Gómez Dávila **191** 32; Petan **204** 14; Handke **212** 1, 35, 64

Kunst und Künstler

Chamfort **37** 30; Goethe **58** 4, 10, 22; Joubert **62** 15, 21; Schlegel **77** 14, 19; Feuchtersleben **92** 6; Nietzsche **111** 26, 36; Wilde **126** 1, 2, 12; Renard **132** 2; Kraus **146** 27, 31, 35; Jünger **159** 23; Napierski **164** 3, 4; Lec **178** 30; Gómez Dávila **191** 30, 62; Ceronetti **199** 7; Handke **212** 32, 47, 52, 55, 61, 66

Literatur und Autor

Pascal **23** 14; Chamfort **37** 29; Lichtenberg **44** 30, 44, 53; Joubert **62** 4, 8, 16, 53, 56; Jean Paul **70** 39, 63; Schlegel **77** 1, 5, 15, 16; Novalis **79** 8; Nietzsche **111** 9, 27, 40; Renard **132** 5, 22, 31; Valéry **135** 19; Irzykowski **144** 6, 18; Kraus **146** 21; Machado **151** 8; Kafka **155** 15; Jünger **159** 3, 25, 34, 35, 36, 37; Canetti **166** 1, 19; Cioran **182** 48; Gómez Dávila **191** 11, 42; Benyoëtz **207** 14, 36; Handke **212** 13, 43, 67; Strauß **219** 7, 23

Selbstreferenz: die eigene Gattung

Guicciardini **7** 1; Butler (I) **19** 3; La Bruyère **26** 32; Vauvenargues **34** 8, 32, 37; Chamfort **37** 1, 17; Lichtenberg **44** 1; Joubert **62** 26, 63, 65; Jean Paul **70** 15, 24; Schlegel **77** 6, 8, 11; Feuchtersleben **92** 11, 19; Multatuli **100** 6; Ebner-Eschenbach **102** 1; Mark Twain **107** 6; Bierce **109** 2; Nietzsche **111** 25, 29, 101; Schnitzler **129** 17; Kraus **146** 8, 10, 23; Nowaczyński **153** 7; Canetti **166** 6, 51, 94; Cioran **182** 15; Petan **204** 9

Musik und bildende Kunst

Joubert **62** 8; Kraus **146** 25; Gómez de la Serna **156** 16; Jünger **159** 27, 30; Crnčević **206** 4

Natur

Bacon **9** 1; Pascal **23** 4, 10, 12; Vauvenargues **34** 22, 36; Chamfort **37** 10, 34; Lichtenberg **44** 7, 85; Goethe **58** 22; Hazlitt **81** 5; Leopardi **88** 16; Hebbel **96** 37; Nietzsche **111** 12; Schnitzler **129** 14; Renard **132** 14, 15, 28; Valéry **135** 34, 56; Jacob **152** 5; Gómez de la Serna **156** 1, 11; Napierski **164** 15; Handke **212** 51, 57, 69

Staat und Gesellschaft

Gracián 12 9; La Bruyère 26 14; Chamfort 37 10; Lichtenberg
44 102; Jean Paul 70 3, 27, 30; Hazlitt 81 11; Bierce 109 13;
Nietzsche 111 14; Wilde 126 11; Schnitzler 129 10, 11; Machado
151 2; Jünger 159 18; Napierski 164 8; Gómez Dávila 191 10;
Petan 204 24; Crnčević 206 3; Benyoëtz 207 41

Individualität und Gemeinschaft

Gracián 12 8; La Bruyère 26 10, 19, 30; Swift 32 9; Chamfort 37
20, 21, 23; Lichtenberg 44 10, 32, 96; Goethe 58 19; Joubert 62
46; Jean Paul 70 9; Hazlitt 81 9, 19; Leopardi 88 3, 17; Feuchtersleben 92 16; Hebbel 96 8; Mark Twain 107 14, 21; Nietzsche
111 11; Shaw 128 8; Renard 132 25; Valéry 135 70, 75; Irzykowski 144 5; Kraus 146 6; Machado 151 1; Nowaczyński 153 1, 4,
8; Jünger 159 36; Napierski 164 4; Canetti 166 77, 98; Lec 178
43; Cioran 182 46; Gómez Dávila 191 20, 54; Brudziński 197 4;
Genin 203 9; Handke 212 9, 20, 25; Strauß 219 20, 22

Herrschen und Beherrschtsein – Oben und Unten

Guicciardini 7 10, 11; Gracián 12 3, 5; La Bruyère 26 11, 12, 22;
Vauvenargues 34 18, 31; Chamfort 37 8, 31, 32, 33; Lichtenberg
44 49, 61, 81, 98, 99, 100, 106; Goethe 58 21; Joubert 62 45; Jean
Paul 70 1, 21, 37, 48, 52; Hazlitt 81 22; Hebbel 96 39; Ebner-
Eschenbach 102 23; Nietzsche 111 72, 75; Schnitzler 129 7; Valéry 135 60; Irzykowski 144 12; Kraus 146 32, 36; Tuwim 158
11; Jünger 159 2, 21; Char 176 13; Lec 178 8, 27; Cioran 182 59,
64; Gómez Dávila 191 12, 14; Brudziński 197 1; Ceronetti 199
14, 15, 20; Petan 204 10, 15, 22, 23, 30; Crnčević 206 2, 4, 8

Reichtum und Armut

Guicciardini 7 12; La Bruyère 26 11; Chamfort 37 19; Lichtenberg 44 79; Jean Paul 70 26, 65; Hebbel 96 2; Bierce 109 3; Shaw
128 7; Irzykowski 144 4; Nowaczyński 153 3; Lec 178 18; Genin 203 10; Benyoëtz 207 38; Strauß 219 18

Jugend und Alter

Gracián 12 13; La Rochefoucauld 20 5, 11; La Bruyère 26 15, 20, 27; Swift 32 3, 5, 6; Vauvenargues 34 16; Chamfort 37 35; Joubert 62 38, 39, 51; Jean Paul 70 10, 14; Leopardi 88 5; Ebner-Eschenbach 102 13, 14; Mark Twain 107 19; Bierce 109 1; Nietzsche 111 55, 89; Wilde 126 7, 8, 13; Gómez de la Serna 156 10; Jünger 159 20; Canetti 166 65; Gómez Dávila 191 27; Ceronetti 199 25

Zeitgenossenschaft

Lichtenberg 44 27, 94, 103; Goethe 58 11; Joubert 62 50, 52; Feuchtersleben 92 10, 16, 17; Multatuli 100 12; Nietzsche 111 19; Valéry 135 10; Irzykowski 144 19; Kraus 146 37, 39, 41; Nowaczyński 153 9; Tuwim 158 4, 8; Jünger 159 4, 16, 17, 22, 28; Canetti 166 50; Cioran 182 32, 49, 62, 63; Gómez Dávila 191 6, 9, 13, 15, 24, 42, 43, 58, 63; Brudziński 197 15; Petan 204 3; Crnčević 206 10; Benyoëtz 207 4; Strauß 219 17

Autoren, Kurzbiographien,
Druckvorlagen

Verzeichnet sind hier, sofern sie nicht Textgrundlage sind, die Aphorismen(bände) der Autoren in Erstdrucken und/oder Werkausgaben (**A**) bzw. bei ausländischen Autoren gegebenenfalls auch die deutschen Ausgaben. Es folgen die Quellen, die als Druckvorlage (**D**) der vorliegenden Auswahl dienten. Die Aphorismen sind, gegebenenfalls unter Angabe des Bandes, mit der Seitenzahl und der Nummer bzw. der Position auf der Seite dieser Druckvorlage zugeordnet. Druckfehler in den Vorlagen wurden stillschweigend korrigiert, Orthographie und Interpunktion in einigen Fällen behutsam vereinheitlicht und modernisiert.

Die kurzen Literaturhinweise (**L**) enthalten nur, falls vorhanden, neuere Spezialliteratur; auf diese oder auf die ausführliche Bibliographie bezieht sich die abgekürzt zitierte Forschungsliteratur in den biographischen Einführungstexten zu jedem Autor.

FRANCIS BACON (1561–1626)

Englischer Staatsmann und Philosoph. Verbindet mit einem auf Beobachtung und Experiment gegründeten neuen – empirischen – Wissenschaftsbegriff eine neue Darstellungsform: im Gegensatz zur *traditio methodica* die *traditio per aphorismos*, die unsystematisch vereinzelte, mit konkreter Erfahrung angereicherte Erkenntnis. Sieht in der essentiellen Reduktion und der besonderen Rezeptionsfähigkeit die Vorzüge der aphoristischen Methode. Sein ›wissenschaftlicher Aphorismus‹ stellt einen der Ausgangspunkte auch für die literarische Gattung dar, ohne ihr selbst schon anzugehören. Die hier ausgewählten Aphorismen illustrieren Nähe wie Differenz zu ihr um so besser, da sie nicht, wie es immer wieder geschieht, aus Bacons Essays isoliert sind.

A Novum Organum. London 1620.
Aphorisms Concerning the Interpretation of Nature and the Kingdom of Man: In: F. B.: Collected Works. Hrsg. von J. Spedding, R. L. Ellis und D. D. Heath. Bd. 4. London 1859–64. S. 47–248.

D Aphorismen, von der Auslegung der Natur und der Herrschaft des Menschen. Erstes Buch. – Aphorismen, von der Auslegung der Natur oder von der Herrschaft des Menschen. Zweites Buch. In: F. B.: Neues Organ der Wissenschaften (Novum Organum). Übers. und hrsg. von A. Th. Brück. Darmstadt 1990. [Reprogr. Nachdr. der Ausg. Leipzig 1830.]
1 = 1. Buch, Nr. 1; 2 = 1. Buch, Nr. 6; 3 = 1. Buch, Nr. 19; 4 = 1. Buch, Nr. 47; 5 = 1. Buch, Nr. 86; 6 = 1. Buch, Nr. 95.

L J. Stephens: Francis Bacon and the Style of Science. Chicago/London 1975.
B. Vickers: Francis Bacon: Zwei Studien. Aus dem Englischen von R. Kaiser. Berlin 1988.

ELAZAR BENYOËTZ (geb. 1937)

In Wiener Neustadt geboren. Bald darauf mit den Eltern nach Israel emigriert. Lyriker, Rabbiner. Gründet 1964 die »Bibliographia Judaica« in Berlin, wo er bis 1968 lebt; seitdem in Jerusalem. Veröffentlichung von Aphorismus-Bänden in deutscher Sprache ab 1969. Knüpft an die deutschsprachige Aphoristik wie an die hebräische Spruchdichtung an. Wo Sprache und Glaube einander berühren, liegt die Wurzel seines Werkes, das Wortgläubigkeit bezeugt und mit einem starken ethisch-religiösen Impuls äußerste Verknappung bis zum Neologismus und vielfältige Selbstreferenz verbindet. Nach Canettis Tod der wohl bedeutendste lebende deutschsprachige Aphoristiker im engeren Sinne.

A Querschluß. Herrlingen 1995.
Variationen über ein verlorenes Thema. München/Wien 1997.

D Einsprüche. München 1973. – © 1973 Carl Hanser Verlag GmbH & Co., München und Wien.
1 = 11,5; 2 = 14,4; 3 = 19,1; 4 = 23,3; 5 = 30,3; 6 = 33,5; 7 = 45,1.
Einsätze. München 1975. – © 1975 Carl Hanser Verlag GmbH & Co., München und Wien.
8 = 8,2; 9 = 9,3; 10 = 10,5; 11 = 12,2; 12 = 17,2; 13 = 20,2; 14 = 28,5; 15 = 45,4.
Worthaltung. Sätze und Gegensätze. München 1977. – © 1977 Carl Hanser Verlag GmbH & Co., München und Wien.
16 = 7,4; 17 = 26,5; 18 = 46,2; 19 = 46,4; 20 = 49,4; 21 = 52,5; 22 = 67,4; 23 = 78,5.
Eingeholt. Neue Einsätze. München/Wien 1979. – © 1979 Carl Hanser Verlag GmbH & Co., München und Wien.
24 = 15,1; 25 = 30,1; 26 = 37,5; 27 = 46,1; 28 = 54,3; 29 = 74,2; 30 = 80,1.
Vielleicht – vielschwer. Aphorismen. München/Wien 1981. – © 1981 Carl Hanser Verlag GmbH & Co., München und Wien.
31 = 20,6; 32 = 23,4; 33 = 25,1; 34 = 28,5; 35 = 38,1; 36 = 40,1; 37 = 40,4; 38 = 57,4; 39 = 80,2; 40 = 88,1; 41 = 91,3; 42 = 96,4; 43 = 99,2.
Treffpunkt Scheideweg. München/Wien 1990. – © 1991 Carl Hanser Verlag GmbH & Co., München und Wien.
44 = 21,2; 45 = 27,5; 46 = 53,4; 47 = 60,7; 48 = 61,4; 49 = 73,9; 50 = 82,2; 51 = 85,4; 52 = 93,4; 53 = 94,7; 54 = 180,8.
Filigranit. Ein Buch aus Büchern. Göttingen 1992. – © 1992 Steidl Verlag, Göttingen.
55 = 12,3; 56 = 14,6; 57 = 21,2; 58 = 43,2.

L C. Grubitz: Der israelische Aphoristiker Elazar Benyoëtz. Tübingen 1994.
W. Mieder: »Des Spruches letzter Spruch ist der Widerspruch«. Zu den redensartlichen Aphorismen von Elazar Bonyoëtz. In: Modern Austrian Literature 31 (1998) S. 104–134.

AMBROSE BIERCE (1842–1914 [?])

Amerikanischer Erzähler; Wegbereiter der modernen Kurz-
geschichte. Seine Definitionen erscheinen ab 1881 in einer
Wochenzeitung. 1911 nimmt er sie unter dem endgültigen
Titel *The Devil's Dictionary* (dt. *Des Teufels Wörterbuch*) in
seine »Gesammelten Werke« auf. Das äußerst erfolgreiche
und vielfach übersetzte Werk, das überdies für viele spätere
Wörterbücher Modell steht, ist immer wieder als satirisch-
aufklärerisch, misanthropisch, zynisch verstanden worden.
Sein Ziel ist pointierte Entlarvung. Da der Aphorismus ety-
mologisch auf griech. *aphorismós* ›Abgrenzung‹ und lat. *definitio* zurückführt, stellt Bierces *Wörterbuch* eine Sonderform
der Gattung dar, in die es sich mit seinem Grundthema von
Sein und Schein auch thematisch eingliedert.

A The Cynic's Word Book. London / New York 1906. – Wiederabgedr. u. d. T.: The Devil's Dictionary. In: A. B.: Collected Works.
Bd. 7. New York 1911.

D Des Teufels Wörterbuch. Neu übers. von G. Haefs. Zürich 1986.
1 = 10; 2 = 11; 3 = 11; 4 = 17; 5 = 18; 6 = 23; 7 = 31; 8 = 37; 9 = 44;
10 = 55; 11 = 76; 12 = 77; 13 = 80; 14 = 101; 15 = 117; 16 = 128.

WIESŁAW BRUDZIŃSKI (geb. 1920)

Polnischer Satiriker, der sich der Dialektik dialektisch brillant
bedient und damit zu höchst ›unpassenden‹ Denkergebnissen
kommt. Nach 1945 Mitarbeiter und seit 1956 Redakteur der
satirischen Zeitschrift *Szpilki* (»Nadelstiche«). Dort erscheinen ab 1948 seine Aphorismen. Für Dedecius ist er nach Lec'
Tod 1966 der fruchtbarste Vertreter der Gattung in Polen.

A Humoreski i fraszki (Humoresken und Epigramme). Warschau
1955.

Miniatury (Miniaturen). Warschau 1958.
Zmyślenia (Erdachtes). Warschau 1964.
Nowe zmyślenia (Neu Erdachtes). Warschau 1967.
Zmyślenia III (Erdachtes III). Warschau 1970.

D Katzenjammer. Aphorismen. Hrsg. und aus dem Polnischen
übers. von K. Dedecius. Frankfurt a. M. 1966. – © 1966 Suhrkamp
Verlag, Frankfurt am Main.
1 = 11,5; 2 = 12,2; 3 = 19,3; 4 = 24,4; 5 = 27,7; 6 = 30,2; 7 = 34,1; 8 =
37,4; 9 = 41,4; 10 = 45,4.
Die rote Katz. Auf deutsch aus dem Sack gelassen von K. Dedecius.
Frankfurt a. M. 1970. – © 1970 Suhrkamp Verlag, Frankfurt am Main.
11 = 25,1; 12 = 28,1; 13 = 29,5; 14 = 29,6; 15 = 33,5; 16 = 37,2;
17 = 42,1; 18 = 47,6; 19 = 57,5; 20 = 66,6; 21 = 68,4; 22 = 114,3;
23 = 127,6.

L P. Krupka: Der polnische Aphorismus. München 1976. S. 35 f.

Samuel Butler (1612–1680)

Englischer Satiriker. Ist vor allem mit seiner Verssatire *Hudi-
bras* noch im literarischen Bewußtsein. Kommt von Bacons
wissenschaftlichem Aphorismus einerseits, von seinen eigenen satirischen Charakterskizzen andererseits zum literarischen Aphorismus, wie er sich – Lichtenberg vergleichbar – in
den Einträgen seines *Note-Book* im Nachlaß findet. Gilt damit als Pionier der Gattung in England (Horstmann, 1983,
S. 46).

A Characters and Passages from Note-Books. Hrsg. von A. R. Wal-
ler. Cambridge 1908.

D Prose Observations. Hrsg. mit einer Einf. und Komm. von H. de
Quehen. Oxford 1979.
1 = 1,6; 2 = 4,3; 3 = 10,7; 4 = 11,8; 5 = 21,3; 6 = 130,3; 7 = 150,3;
8 = 151,5; 9 = 153,8; 10 = 232,3; 11 = 232,6; 12 = 259,8.
Übers. von Petra Madelung und Friedemann Spicker.

SAMUEL BUTLER (1835–1902)

Englischer Essayist, Verfasser des satirisch-utopischen Romans *Erewhon* (Nowhere), Autobiograph. Seine provokant-streitbaren *Note-Books* hat er wohlweislich in den Nachlaß verwiesen. Gilt für Ulrich Horstmann, einen der Kenner des englischen Gattungszweiges, neben Wilde als der wohl bedeutendste englische Aphoristiker des späten 19. Jahrhunderts (Horstmann, 1983, S. 54).

A The Note-Books. Bd. 1: 1874–1883. Hrsg. von H.-P. Breuer. New York / London 1984 ff.

D The Note-Books. Hrsg. von H. F. Jones. London 1912. Nachdr. London 1985.
1 = 10,3; 2 = 11,7; 3 = 11,9; 4 = 11,14; 5 = 17,1; 6 = 28,5; 7 = 29,2; 8 = 94,6; 9 = 95,5; 10 = 216,5; 11 = 219,4; 12 = 219,6; 13 = 221,5; 14 = 224,6; 15 = 227,6; 16 = 228,4; 17 = 298,3; 18 = 301,2; 19 = 336,2.
Übers. von Petra Madelung und Friedemann Spicker.

ELIAS CANETTI (1905–1994)

Geboren in Rustschuk, Bulgarien. Lebt von 1913 bis 1939 – mit größeren Unterbrechungen – in Wien, ab 1939 in London. Begegnungen u. a. mit Kraus, Broch und Musil. Romanschriftsteller (*Die Blendung*, 1935), Dramatiker, Autobiograph. Nobelpreis 1981. Zwanzig Jahre Arbeit an einer Studie über *Masse und Macht* (1960). Daneben seit 1942 nahezu tägliche Niederschrift von »Aufzeichnungen«, die er bis zu seinem Tode weiterführt: ein bildlich-denkerischer Kosmos von Porträt und phantastischer Skizze, Literaturreflexion und Sprachbild, Rätselnotiz und denkerischem Umkreisen von Zentralmotiven (z. B. Mythos, Todeshaß, Tier, Macht, Erinnerung, Wortmagie), der ihn zu einem der bedeutendsten Aphoristiker des 20. Jahrhunderts macht.

A Gesammelte Werke. Bd. 4: Aufzeichnungen 1942–1985. München/Wien 1990.

D Die Provinz des Menschen. Aufzeichnungen 1942–1972. München 1973. – © 1973 Carl Hanser Verlag GmbH & Co., München und Wien.
1 = 12,3; 2 = 13,4; 3 = 29,6; 4 = 32,5; 5 = 48,2; 6 = 49,7; 7 = 71,4; 8 = 74,7; 9 = 80,7; 10 = 115,4; 11 = 133,5; 12 = 149,6; 13 = 180,2; 14 = 190,2; 15 = 200,2; 16 = 215,4; 17 = 226,2; 18 = 233,7; 19 = 239,4; 20 = 250,3; 21 = 268,5; 22 = 271,4; 23 = 291,6; 24 = 292,4; 25 = 298,8; 26 = 308,6; 27 = 310,5; 28 = 314,1; 29 = 321,6; 30 = 352,4; 31 = 355,5.
Das Geheimherz der Uhr. Aufzeichnungen 1973–1985. München 1987. – © 1987 Carl Hanser Verlag GmbH & Co., München und Wien.
32 = 11,9; 33 = 12,1; 34 = 15,4; 35 = 24,5; 36 = 30,7; 37 = 31,3; 38 = 33,6; 39 = 65,6; 40 = 66,2; 41 = 73,4; 42 = 76,5; 43 = 88,4; 44 = 93,2; 45 = 100,6; 46 = 108,5; 47 = 112,2; 48 = 119,1; 49 = 127,2; 50 = 129,4; 51 = 133,6; 52 = 148,8; 53 = 156,6; 54 = 185,7; 55 = 188,2; 56 = 188,9; 57 = 207,4.
Die Fliegenpein. Aufzeichnungen. München 1992. – © 1992 Carl Hanser Verlag GmbH & Co., München und Wien.
58 = 8,3; 59 = 12,1; 60 = 14,9; 61 = 16,9; 62 = 29,4; 63 = 33,1; 64 = 38,6; 65 = 39,5; 66 = 45,6; 67 = 58,1; 68 = 68,4; 69 = 80,7; 70 = 82,1; 71 = 115,2; 72 = 116,5; 73 = 125,2; 74 = 131,3; 75 = 134,6; 76 = 140,2.
Nachträge aus Hampstead. Aus den Aufzeichnungen 1954–1971. München 1994. – © 1994 Carl Hanser Verlag GmbH & Co., München und Wien.
77 = 9,7; 78 = 15,5; 79 = 19,1; 80 = 37,3; 81 = 49,4; 82 = 50,4; 83 = 72,4; 84 = 84,2; 85 = 102,9; 86 = 111,3; 87 = 111,5; 88 = 136,2; 89 = 167,1; 90 = 194,3; 91 = 201,5.
Aufzeichnungen 1992–1993. München/Wien 1996. – © 1996 Carl Hanser Verlag GmbH & Co., München und Wien.
92 = 14,3; 93 = 15,12; 94 = 16,6; 95 = 39,8; 96 = 40,8; 97 = 70,9; 98 = 72,3; 99 = 79,4; 100 = 90,3.

L S. Engelmann: Babel – Bibel – Bibliothek. Canettis Aphorismen zur Sprache. Würzburg 1997.
Th. Lappe: Elias Canettis Aufzeichnungen 1942–1985. Modell und Dialog als Konstituenten einer pragmatischen Utopie. Aachen 1989.
P. von Matt: Der phantastische Aphorismus bei Elias Canetti. In: Merkur 44 (1996) S. 398–405. Wiederabgedr. in: P. v. M.: Das Schicksal der Phantasie. Studien zur deutschen Literatur. München/Wien 1994. S. 321–328.

G. Stieg: Canetti und Nietzsche. In: Von Franzos zu Canetti. Jüdische Autoren aus Österreich. Neue Studien. Hrsg. von M. H. Gelber, H. O. Horch und S. P. Scheichl. Tübingen 1997. S. 345–355.

GUIDO CERONETTI (geb. 1927)

Geboren in Turin. Historiker, Essayist, Übersetzer. Seine *Materialien und Gedanken zu einem Studium der Medizin* belegen die von der Tradition des Hippokrates her zu verstehende, ungebrochene Verbindung des Aphorismus zur Medizin. Sie berühren auf der Grundlage breitester Belesenheit (u. a. die gesamte aphoristische Tradition umfassend) und in formaler Vielfalt (Zitat, Lektürenotiz, Wortspiel, Maxime, Ausruf, Definition, Traumnotiz, Aphorismus, visionäre Szene) alle Aspekte des Körperlichen. In seinem abgrundtiefen Kulturpessimismus bisweilen Cioran vergleichbar. Die *Teegedanken* reflektieren eine Endzeit ökologischer Vergiftung und umfassender Gewalt.

A Il silenzio del corpe. Mailand 1979.
Pensieri del Tè. Mailand 1987.

D Das Schweigen des Körpers. Materialien und Gedanken zu einem Studium der Medizin. Aus dem Italienischen von C. Galliani. Frankfurt a. M. 1983. – © 1983 Suhrkamp Verlag, Frankfurt am Main.
1 = 26,2; 2 = 42,2; 3 = 44,4; 4 = 63,3; 5 = 64,5; 6 = 80,3; 7 = 87,6; 8 = 93,4; 9 = 95,2; 10 = 99,2; 11 = 100,1; 12 = 132,2; 13 = 142,2; 14 = 188,3; 15 = 200,2.
Teegedanken. Aus dem Italienischen von V. von Schirach. Frankfurt a. M. 1993. – © 1993 Suhrkamp Verlag, Frankfurt am Main.
16 = 14,3; 17 = 17,2; 18 = 19,2; 19 = 40,1; 20 = 52,3; 21 = 56,3; 22 = 59,2; 23 = 82,3; 24 = 85,3; 25 = 102,2.

NICOLAS-SÉBASTIEN ROCH CHAMFORT
(1741–1794)

Französischer Moralist. Auch Lyriker und Dramatiker. Mitglied der Académie Française. Anhänger und Opfer der Französischen Revolution. Gesellschaftsanatom auf der Grenze von Aphorismus und Anekdote, der statt vermeintlich zeitloser Wahrheiten das historisch Wandelbare mit Witz, Ironie und Sarkasmus reflektiert und dabei vom Vorrang der Affekte gegenüber der Vernunft ausgeht. Indem er das subjektive Element betont und die ironisch-witzige Erkenntnis in der Person des Aphoristikers beglaubigt sieht, steht er am Ende der moralistischen Maxime und schafft gleichzeitig die Voraussetzung für das Entstehen der modernen Aphoristik (Helmich, 1991). Wirkung u. a. auf die Brüder Schlegel, Schopenhauer und Nietzsche.

A   Maximes et Pensées, Caractères et Anecdotes. Paris 1795.
Maximes et Pensées, Caractères et Anecdotes. Hrsg. von P. Grosclaude. Paris 1953.
Maximes et Pensées, Caractères et Anecdotes. Hrsg. von C. Roy. Paris 1963.
Die französischen Moralisten. Hrsg. und übers. von F. Schalk. Bd. 1. München 1973. S. 259–474.

D   Ein Wald voller Diebe. Maximen, Charaktere, Anekdoten. Übers. von F. Schalk. Nördlingen 1987. – © 1987 Sammlung Dieterich Verlagsgesellschaft mbH, Leipzig.
1 = 10; 2 = 13,5; 3 = 18,3; 4 = 21,3; 5 = 23,2; 6 = 23,3; 7 = 24,4; 8 = 25,2; 9 = 25,6; 10 = 26,5; 11 = 28,3; 12 = 35,5; 13 = 36,5; 14 = 37,2; 15 = 40,6; 16 = 40,7; 17 = 43,5; 18 = 43,7; 19 = 64,3; 20 = 76,4; 21 = 80,4; 22 = 91,2; 23 = 91,5; 24 = 92,3; 25 = 93,5; 26 = 101,4; 27 = 106,3; 28 = 113,2; 29 = 115,4; 30 = 120,4; 31 = 127,5; 32 = 132,2; 33 = 132,3; 34 = 282,2; 35 = 296,3; 36 = 315,5.

L   W. Helmich: Der moderne französische Aphorismus. Tübingen 1991.
R. List-Marzolff: Sébastien-Roch Nicolas Chamfort. Ein Moralist im 18. Jahrhundert. München 1966.

D. Steland: [Exkurs:] Chamfort in der Schule des »Essay on Man«, oder Über die allmähliche Verfertigung der Aphorismen beim Lesen. In: W. Floeck / D. Steland / H. Turk: Formen innerliterarischer Rezeption. Wiesbaden 1987. S. 53–58.

RENÉ CHAR (1907–1988)

Französischer Lyriker. Anfänglich Anhänger des Surrealismus, an dessen Prinzipien er festhält. Erste Aphorismensammlung 1936. Der Ausgangspunkt: die aphorismusartige Landschaft der Provence, wie er sie nennt. Aktives Mitglied der Résistance; Verbindung von politischer Aktion und poetischer Erkenntnis in den *Aufzeichnungen aus dem Maquis.* Freundschaft mit Camus. Ins Deutsche zuerst von Paul Celan übersetzt. Sein bedeutendes Werk ist auf der Grenze zwischen dem Gnomischen und dem Lyrischen angesiedelt; sein Bildaphorismus changiert zwischen poème en prose und rätselhaft-erkenntnisorientiertem Aphorismus. Auf seinem Grabstein heißt es: »Wenn wir einen Blitz bewohnen, ist er das Herz der Ewigkeit«. Nähe auch zur deutschen Frühromantik.

A Œuvres complètes. Hrsg. von J. Roudaut. Paris 1983. (Pléiade. 308.)

D Poésies / Dichtungen. Bd. 1. Hrsg. von J.-P. Wilhelm unter Mitarb. von C. Schwerin. Frankfurt a. M. 1959. – © 1959 S. Fischer Verlag GmbH, Frankfurt am Main.
1 = 105 (XXVIII); 2 = 105 (XXX); 3 = 111 (XLIX); 4 = 119 (Nr. 2); 5 = 123 (Nr. 13); 6 = 133 (Nr. 39); 7 = 139 (Nr. 59); 8 = 139 (Nr. 62); 9 = 139 (Nr. 63); 10 = 153 (Nr. 104); 11 = 177 (Nr. 169); 12 = 181 (Nr. 186); 13 = 241 (VII); 14 = 245 (XXIV); 15 = 271,1; 16 = 285,7.
Poésies / Dichtungen. Bd. 2. Hrsg. von J. Hübner. Frankfurt a. M. 1968. – © 1968 S. Fischer Verlag GmbH, Frankfurt am Main.
17 = 69 (VI); 18 = 71 (XVII); 19 = 73 (XXIII); 20 = 121,2; 21 = 179,2.
Einen Blitz bewohnen. Ausgewählte Gedichte. Hrsg. von H. Wernicke. Frankfurt a. M. 1995. – Übers. von Lothar Klünner. – Die

Rechte an den Texten von R. Ch. liegen bei der Fischer Taschenbuch Verlag GmbH, Frankfurt am Main. – Copyright © für die Übers. 1984 Verlag Heiderhoff, Waldbrunn (22, 23); 1988 Suhrkamp Verlag, Frankfurt am Main (24).
22 = 83,4; 23 = 85,5; 24 = 101,5.

L W. Helmich: Der moderne französische Aphorismus. Tübingen 1991. S. 146–150.
U. Schneider: Der poetische Aphorismus bei Edmond Jabès, Henri Michaux und René Char. Zu Grundfragen einer Poetik. Stuttgart 1998. S. 242–321.

E. M. Cioran (1911–1995)

Geboren in Siebenbürgen (heute Rumänien). Publiziert bis 1939 in rumänischer Sprache, nach zehnjährigem Aufenthalt in Paris ab 1949 auf französisch Essays und Aphorismen, die, begriffsbestimmt und »entpoetisiert«, in allumfassender Negativität noch das Prinzip Leben bezweifeln, Leiden und Tod, Weltekel, Scheitern und Überdruß, Trauer und tiefsten Pessimismus, Depression und Schlaflosigkeit thematisieren und daraus in der Spannung zwischen dem Willen zum Ausdruck und dem Schweigen äußerst konzise (paradoxe) Erkenntnisse gewinnen. Vielfältige Verbindungen zur Mystik, zur Stoa, zum Buddhismus. Ständiger Bezug auf Pascal, die Moralisten und Nietzsche. Gilt heute als ›Klassiker‹ der modernen französischen Prosa von großer internationaler Wirkung.

A Amurgul gândurilor. Sibiu 1940.
Syllogismes de l'Amertume. Paris 1952.
Le mauvais démiurge. Paris 1969.
De l'inconvénient d'être né. Paris 1973.
Ecartèlement. Paris 1979.
Aveux et Anathèmes. Paris 1987.

D Gedankendämmerung. Aus dem Rumänischen von F. Leopold. Frankfurt a. M. 1993. – © 1993 Suhrkamp Verlag, Frankfurt am Main.

1 = 30,2; 2 = 35,2; 3 = 39,2; 4 = 66,5; 5 = 93,1; 6 = 108,6; 7 = 131,3; 8 = 132,2;
9 = 158,4; 10 = 171,2; 11 = 194,2; 12 = 215,7; 13 = 220,6; 14 = 235,2.
Syllogismen der Bitterkeit. Übers. von K. Leonhard. Frankfurt a. M.
1969. – © 1969 Suhrkamp Verlag, Frankfurt am Main.
15 = 10,2; 16 = 15,3; 17 = 18,2; 18 = 19,6; 19 = 22,1; 20 = 30,5; 21 =
34,5; 22 = 43,3; 23 = 60,2; 24 = 84,8; 25 = 88,6.
Die verfehlte Schöpfung. Übers. von F. Bondy. Wien 1973. – © 1973
Suhrkamp Verlag, Frankfurt am Main.
26 = 61,4; 27 = 62,2; 28 = 90,3; 29 = 91,9; 30 = 99,2; 31 = 100,6;
32 = 108,2; 33 = 109,5; 34 = 112,6; 35 = 114,1; 36 = 118,3; 37 = 119,2;
38 = 126,2.
Vom Nachteil, geboren zu sein. Übers. von F. Bondy. Wien/München/
Zürich 1977. – © 1977 Suhrkamp Verlag, Frankfurt am Main.
39 = 10,6; 40 = 13,5; 41 = 16,2; 42 = 25,4; 43 = 31,2; 44 = 40,2;
45 = 41,6; 46 = 48,2; 47 = 64,1; 48 = 82,1; 49 = 102,7; 50 = 108,3;
51 = 137,7; 52 = 141,1; 53 = 145,2; 54 = 155,1; 55 = 165,6.
Geviertelt. Aus dem Französischen von B. Mattheus. Frankfurt a. M.
1982. – © 1982 Suhrkamp Verlag, Frankfurt am Main.
56 = 73,6; 57 = 76,1; 58 = 92,2; 59 = 97,4; 60 = 98,2; 61 = 127,3.
Der zersplitterte Fluch. Aus dem Französischen von V. von der Hey-
den-Rynsch. Frankfurt a. M. 1987. – © 1987 Suhrkamp Verlag, Frankfurt am Main.
62 = 9,3; 63 = 12,1; 64 = 16,4; 65 = 20,1; 66 = 25,2; 67 = 26,5; 68 = 38,3;
69 = 42,5; 70 = 46,2; 71 = 59,4; 72 = 61,1; 73 = 70,2; 74 = 77,1; 75 =
126,1; 76 = 127,2; 77 = 135,5.

L   W. Helmich: Der moderne französische Aphorismus. Tübingen
1991. S. 299–316.
Ph. Moret: Tradition et modernité de l'aphorisme. Cioran, Reverdy,
Scutenaire, Jourdan, Chazal. Genf 1997.
Th. Stölzel: Ein Säulenheiliger ohne Säule. Begegnungen mit E. M.
Cioran. Graz/Wien 1998.

BRANA CRNČEVIĆ (geb. 1933)

Serbischer Satiriker, verfaßt auch Drehbücher für Fernseh-
spiele und Kurzgeschichten. Redakteur einer satirischen Wochenzeitung in Belgrad. Sieht sich selbst in der Tradition von

Swift und Lichtenberg. Seine Aphoristik, die von Umkehrung, Weiterführung einer Redewendung, Aufdeckung der Phrase lebt, ist aus konkreter politischer Kritik heraus entwickelt.

D Staatsexamen. Aphorismen. Ausgew. und aus dem Serbischen übers. von P. Urban. Frankfurt a. M. 1966. – © 1966 Suhrkamp Verlag, Frankfurt am Main.

1 = 9,1; 2 = 18,4; 3 = 18,7; 4 = 19,1; 5 = 20,4; 6 = 26,6; 7 = 28,1; 8 = 32,6; 9 = 33,1; 10 = 44,3.

Marie von Ebner-Eschenbach (1830–1916)

Herkunft aus mährischem Uradel. Dramatikerin, vor allem aber Erzählerin. Bedeutendste deutsche Aphoristikerin. Mit ihren überaus erfolgreichen *Aphorismen* von 1880 ist die Gattung unter diesem Begriff in Deutschland endgültig etabliert. Es folgen weitere vermehrte Ausgaben. Ihr Aphorismus ist ethisch bestimmt; er will nicht brillieren, ist aber sehr bewußt geformt und bringt sich mit allen rhetorischen Mitteln zur Geltung. Wenn die Gattung in ihr »ihre ideale Mitte« findet (Fricke, 1984, S. 119), dann allenfalls dort, wo die Autorin das mitunter allzu harmonistisch und optimistisch Gütige skeptisch-dialektisch auszubalancieren versteht.

A Aphorismen. Berlin 1880.
Gesammelte Schriften. Bd. 1. Berlin 1893.
Sämtliche Werke. Bd. 1. Berlin 1905.
Meine Erinnerungen an Grillparzer. Aus einem zeitlosen Tagebuch. Berlin 1916.
Das Gemeindekind. Novellen. Aphorismen. Hrsg. von J. Klein. München 1956.
Erzählungen. Autobiographische Schriften. Hrsg. von J. Klein. München 1958. [Darin auf S. 701–746: Aus einem zeitlosen Tagebuch.]
Aphorismen. Leipzig 1982.

D Aphorismen. Stuttgart 1988.
1 = 3,1; 2 = 3,8; 3 = 4,2; 4 = 5,10; 5 = 7,10; 6 = 9,11; 7 = 10,9; 8 = 11,7;
9 = 16,5; 10 = 18,6; 11 = 19,3; 12 = 20,3; 13 = 21,7; 14 = 24,2; 15 = 24,7;
16 = 24,9; 17 = 38,8; 18 = 39,12; 19 = 40,6; 20 = 41,8;
21 = 42,8; 22 = 46,1; 23 = 46,8; 24 = 47,9; 25 = 48,11; 26 = 50,5;
27 = 51,8; 28 = 55,11.

L G. Marahrens: Über den Werte-Kosmos der Aphorismen von Ma-
rie von Ebner-Eschenbach. In: Des Mitleids tiefe Liebesfähigkeit.
Zum Werk von Marie von Ebner-Eschenbach. Hrsg. von J. P. Strelka.
Bern 1997. S. 183–217.
W. Mieder: »Ausnahmen können auch die Vorboten einer neuen Re-
gel sein«. Marie von Ebner-Eschenbach's Proverbial Aphorisms. In:
Modern Austrian Literature 26 (1993) H. 1. S. 105–114.
J. C. Pettey: The First Women Aphorists in German: Marie von Eb-
ner-Eschenbach and Phia Rilke. Their Significance for the Genre and
their Aphoristic Frauenbild. In: Modern Austrian Literature 28 (1995)
S. 1–30.
G. Rovagnati: Detti e motti al femminile. Gli *Aforismi* di Marie von
Ebner-Eschenbach. In: Studia austriaca. Hrsg. von F. Cercignani.
Bd. 2. Mailand 1993. S. 149–170.

Ernst von Feuchtersleben (1806–1849)

Arzt, Psychiater, Ministerialbeamter in Wien. Popularphilo-
soph, Lyriker und Essayist. Seine überaus erfolgreiche Schrift
Diätetik der Seele beschreibt die Wechselbeziehung zwischen
Geist und Körper. Ablehnung der deutschen Romantik und
Orientierung am Leitbild Goethes. Grundgedanken sind: das
Ideal geistiger Entwicklung, Selbstdenken, die Pflicht, rechtes
Handeln als praktischer Idealismus. Seine Aphorismen zu
Kunst, Leben, Wissenschaft, deren erste kritische Ausgabe im
Entstehen begriffen ist, gibt Hebbel postum gesammelt her-
aus. Feuchtersleben bezeichnet eine wichtige frühe und noch
immer – etwa im Vergleich zu Schopenhauer – unterschätzte
Stufe in der Entwicklung des deutschen Aphorismus. Der
ärztliche Lehrer in der Tradition des Hippokrates, der Le-

bensphilosoph des 18. Jahrhunderts und der literarische Aphoristiker einer neuen Prägung vereinigen sich in seiner Person.

A Sämtliche Werke und Briefe. Kritische Ausgabe. Hrsg. von H. Seidler und H. Heger. Wien 1987 ff.

D Blätter aus dem Tagebuch eines Einsamen. In: E. Fr. v. F.: Sämmtliche Werke. Hrsg. von F. Hebbel. Bd. 3. Wien 1851. S. 181–237. [Zuerst in: Lebensblätter. 1841.]
1 = 185,1; 2 = 192,4; 3 = 194,1; 4 = 195,5; 5 = 195,6; 6 = 203,4; 7 = 204,1; 8 = 208,2; 9 = 211,2; 10 = 220,4.
Confessionen. In: E. Fr. v. F.: Sämmtliche Werke. Hrsg. von F. Hebbel. Bd. 4. Wien 1851.
11 = 27,1; 12 = 28,2; 13 = 84,3; 14 = 85,4; 15 = 113,3; 16 = 150,2; 17 = 170,3; 18 = 184,3.
Aphorismen. In: E. Fr. v. F.: Sämmtliche Werke. Hrsg. von F. Hebbel. Bd. 5. Wien 1852. S. 281–322. [Zuerst in: Beiträge zur Literatur, Kunst- und Lebenstheorie. 1837.]
19 = 294,3; 20 = 298,3; 21 = 308,5; 22 = 310,3; 23 = 312,5; 24 = 313,6; 25 = 317,6.

L P. Gorceix: Ernst von Feuchtersleben. Moraliste et Pédagogue (1806–1849). Paris 1976.
H. Seidler: Ernst Freiherr von Feuchtersleben. Seine geistes- und literaturgeschichtliche Stellung in der österreichischen Restaurationszeit. In: E. Fr. v. F.: Sämtliche Werke und Briefe. Kritische Ausgabe. Hrsg. von H. Seidler und H. Heger. Band I,2. Wien 1987. S. 887–901.

MICHAIL GENIN (geb. 1927)

In Moskau geboren und aufgewachsen. Musiker. Seit 1964 Veröffentlichungen in einer satirischen Zeitschrift und in der *Literaturnaja Gaseta*. Vertritt die in Deutschland gegenüber der seiner slawischen Nachbarn weniger bekannte russische Aphoristik, die er in einer schmalen DDR-Anthologie mit herausgegeben hat.

D   St. Kurella / M. Genin (Hrsg.): Samowahrheiten. Aphorismen aus
der Sowjetunion. Berlin ²1989. – © 1989 Eulenspiegel – Das Neue
Berlin Verlags GmbH & Co. KG, Berlin.
1 = 12; 2 = 12; 3 = 13; 4 = 13; 5 = 15; 6 = 16; 7 = 17; 8 = 22; 9 = 23;
10 = 25; 11 = 26.

Johann Wolfgang Goethe   (1749–1832)

Nimmt 1809 in die *Wahlverwandtschaften* (»Aus Ottiliens
Tagebuch«) und 1829 in *Wilhelm Meisters Wanderjahre* (»Betrachtungen im Sinne der Wanderer«; »Aus Makariens Ar-
chiv«) aphoristische Texte auf. Außerdem publiziert er einige
aphoristische Reihen in Zeitschriften; ein nicht unbeträchtli-
cher Nachlaß kommt hinzu. Er macht die Maxime, als welche
er die noch undeutliche Gattung bevorzugt bezeichnet, im
Grenzgebiet von Kunst und Wissenschaft nutzbar und hei-
misch: Wo es in den *Wanderjahren* um den Versuch eines wissenschaftlichen Romans geht, legt der Autor in den einge-
schobenen Aphorismen Rechenschaft über die Bedingungen
der Versuchsanordnung ab (John, 7, 1987, S. 256). Ein selb-
ständiges Aphorismenbuch *Maximen und Reflexionen* aber,
wie es mit der Ausgabe letzter Hand von 1833 und erst recht
mit der Ausgabe Max Heckers von 1907 allgemein zu seinem
Werk zählt, stammt allein von seinen Herausgebern. Deren
ordnende, herauslösende und zusammenfügende Tätigkeit
sowie die zum Teil fälschliche Zuschreibung von Zitiertem
sucht die Ausgabe der *Sprüche in Prosa* von Harald Fricke
1993 kritisch zu revidieren. (Die Texte sind aus Rezeptions-
gründen nach Heckers Edition wiedergegeben, aber wo nötig
mit Frickes einschränkenden Erläuterungen versehen.)

A   Maximen und Reflexionen. Nach den Handschriften des Goethe-
und Schiller-Archivs hrsg. von M. Hecker. Weimar 1907. (Schriften der
Goethe-Gesellschaft. 21.)

Sämtliche Schriften nach Epochen seines Schaffens. Münchner Ausgabe. Bd. 17: Wilhelm Meisters Lehrjahre. Maximen und Reflexionen. Hrsg. von G.-L. Fink, G. Baumann und J. John. München 1991.
Sprüche in Prosa. Sämtliche Maximen und Reflexionen. In: J. W. G.: Sämtliche Werke. Bd. 13. Hrsg. von H. Fricke. Frankfurt a. M. 1993.

D   Maximen und Reflexionen. Text der Ausg. von 1907 mit den Erl. und der Einl. von M. Hecker. Nachw. von I. Kuhn. Frankfurt a. M. 1976.
1 = Nr. 9; 2 = Nr. 15; 3 = Nr. 41; 4 = Nr. 52; 5 = Nr. 106; 6 = Nr. 128; 7 = Nr. 192; 8 = Nr. 203; 9 = Nr. 241; 10 = Nr. 289; 11 = Nr. 309; 12 = Nr. 314; 13 = Nr. 334;14 = Nr. 367; 15 = Nr. 525; 16 = Nr. 616; 17 = Nr. 715; 18 = Nr. 772; 19 = Nr. 845; 20 = Nr. 939; 21 = Nr. 968; 22 = Nr. 1106; 23 = Nr. 1112; 24 = Nr. 1113; 25 = Nr. 1142; 26 = Nr.1188.

L   H. Fricke: Zur Geschichte von Goethes Aufzeichnungen und Sprüchen in Prosa. In: J. W. G.: Sämtliche Werke. Bd. 13: Sprüche in Prosa. Sämtliche Maximen und Reflexionen. Hrsg. von H. Fricke. Frankfurt a. M. 1993. S. 457–488.
J. Jacobs: Maximen und Reflexionen. In: Goethe-Handbuch. Hrsg. von B. Witte und P. Schmidt. Bd. 3: Prosaschriften. Stuttgart/Weimar 1997. S. 415–429.
J. John: Aphoristik und Romankunst. Eine Studie zu Goethes Romanwerk. Rheinfelden 1987.
G. Marahrens: Über eine Neudefinition der Goetheschen Aphoristik. In: Goethe-Jahrbuch 110 (1993/94) S. 297–320.
– Über aphoristische Metaphorik und metaphorische Aphorismen in Goethes *Maximen und Reflexionen*. In: Offene Formen. Beiträge zur Literatur, Philosophie und Wissenschaft im 18. Jahrhundert. Hrsg. von B. Bräutigam und B. Damerau. Frankfurt a. M. [u. a.] 1997. S. 241–266.
G. Neumann: Ideenparadiese. Untersuchungen zur Aphoristik bei Lichtenberg, Novalis, Friedrich Schlegel und Goethe. München 1976. S. 604–736.

Nicolás Gómez Dávila (1913–1994)

Sohn wohlhabender kolumbianischer Grundbesitzer. In Frankreich erzogen. Als Aphoristiker und Essayist umfassend gebildeter, thematisch weitgreifender Einzelgänger mit besonderem Sinn für das »Problem« von »Ideen«, der als

erklärter und streitbarer Anti-Marxist gegen Zeitgeist und
»Fortschritt« kämpft, für seine Person damit den »Reaktio-
när« positiv umdefiniert und in wohlverstandenem Elitaris-
mus für Einsamkeit und Kontemplation eintritt. Seiner meist
in einen einzigen Satz geprägten Aphoristik ist der Witz
fremd, statt dessen ist sie von der gedanklichen Pointe geprägt. Ernst Jünger äußert sich, wohl als Geistesverwandter,
bewundernd über ihn.

A Escolios a un texto implícito. 2 Bde. Bogotá 1977.
Nuevos escolios a un texto implícito. Bogotá 1986.

D Einsamkeiten. Glossen und Text in einem. Ausgew. und aus dem
Spanischen übertr. von G. R. Sigl. Wien 1987. – © 1987 Karolinger
Verlag, Wien.
1 = 12,4; 2 = 13,4; 3 = 13,5; 4 = 24,2; 5 = 25,1; 6 = 34,7; 7 = 50,6;
8 = 54,3; 9 = 61,3; 10 = 64,4; 11 = 69,1; 12 = 71,2; 13 = 79,3; 14 = 79,9;
15 = 82,6; 16 = 83,3; 17 = 88,5; 18 = 90,4; 19 = 100,4; 20 = 105,3; 21
= 111,6; 22 = 118,6; 23 = 119,7; 24 = 124,1; 25 = 130,4; 26 = 133,7; 27
= 134,1; 28 = 141,10; 29 = 153,5.
Auf verlorenem Posten. Neue Scholien zu einem inbegriffenen Text.
Aus dem Spanischen von M. Meßner. Wien 1992.
30 = 13,3; 31 = 17,7; 32 = 24,3; 33 = 27,7; 34 = 31,12; 35 = 33,11; 36
= 38,4; 37 = 50,10; 38 = 55,2; 39 = 58,7; 40 = 67,9; 41 = 72,2; 42 = 76,4;
43 = 77,5; 44 = 79,3; 45 = 88,13; 46 = 97,5; 47 = 106,10; 48 = 110,1; 49
= 113,1; 50 = 121,9; 51 = 122,10; 52 = 133,2; 53 = 141,11; 54 = 153,8;
55 = 170,2; 56 = 175,4; 57 = 175,9; 58 = 181,4; 59 = 196,5; 60 = 210,12;
61 = 227,3; 62 = 247,1; 63 = 249,1.

RAMÓN GÓMEZ DE LA SERNA (1888–1963)

Spanisch-argentinischer Autor, der 1910 die Greguería (Kau-
derwelsch, wildes Schreien) ›entdeckt‹, die er als eigene Gattung betrachtet, in der er über 10 000 Texte verfaßt. Lebt in
Verbindung mit den Surrealisten Breton und Aragon in
Europa, ab 1936 in Argentinien. Die Greguería ist Bildapho-

rismus und verfremdende Definition, bewegt sich zwischen
kalauernder Analogie und skurrilem Einfall, Bonmot und
witziger Pointe, ist nach seinen eigenen Worten ›Humor +
surreale Metapher‹ und bestätigt die chaotische Beschaffenheit der Welt (Daus, 1971). Ihr Grundtyp ist die Definition
als poetische Setzung, die in der Genitiv-Metapher etwas ein-
sichtslos Mechanisches nicht immer vermeiden kann. Er
selbst stellt sich in die Tradition von Wilde und Jacob; Peter
Hille geht ihm in manchem voran. In seinem spielerischen
Nihilismus ist auch der Bezug zu Nietzsche deutlich.

A   Total de Greguerías. Buenos Aires 1962.
Der Traum ist ein Depot für verlegte Gegenstände. Greguerías. Ausgew. und hrsg. von M. Mies. Berlin 1989.

D   Greguerías. Ausgew. und übertr. von M. Mies. Wiesbaden 1958. –
© 1958 by Limes Verlag GmbH, München.
1 = 5,6; 2 = 9,12; 3 = 14,2; 4 = 17,6; 5 = 20,9; 6 = 26,1; 7 = 33,12;
8 = 45,1; 9 = 47,9; 10 = 63,4; 11 = 91,11; 12 = 107,7.
Greguerías – Die poetische Ader der Dinge. Ausgew. und übers. von
R. Wittkopf. Straelen 1986. – © 1986 Straelener Manuskripte Verlags-
GmbH, Straelen.
13 = 7,1; 14 = 11,8; 15 = 31,3; 16 = 47,5; 17 = 81,3; 18 = 93,7; 19 =
115,5.

L   R. Daus: Der Avantgardismus Ramón Gómez de la Sernas. Frankfurt a. M. 1971.
R. L. Jackson: The Greguería of Ramón Gómez de la Serna. Ohio
1963.
R. Mazzetti Gardiol: Ramón Gómez de la Serna. New York 1974.

BALTASAR GRACIÁN (1601–1658)

Spanischer Jesuit und Hochschullehrer. Prosaist und Moralist.
Mit *El criticón*, einem philosophischen Roman in allegori-
scher Form, Hauptvertreter des Konzeptismus (neben Que-
vedo). In seinem *Hand-Orakel*, entstanden aus der Tradition

des Tacitismus, ist der Schein die entscheidende Realität. Weiteres Vorbild ist Seneca. Leitende Gesichtspunkte: Verstand, Selbst- und Menschenkenntnis, Beherrschung der Affekte einerseits, die innere Abhängigkeit von der Gesellschaft andererseits. Der Begriff bezieht sich hier zum ersten Mal auf ein vorwiegend literarisches Phänomen. Bei Gracián knüpft mit La Rochefoucauld die französische Moralistik an. In Deutschland von größter Wirkung auf seinen Übersetzer Schopenhauer.

A   Oráculo manual. Huesca 1647.

Oráculo manual. In: B. G.: Obras completas. Hrsg. und Einl. von M. Batllori. Bd. 1. Madrid 1969.

D   Hand-Orakel und Kunst der Welt-Klugheit. Aus dem spanischen Original treu und sorgfältig übersetzt von A. Schopenhauer. Mit einem Nachw. hrsg. von A. Hübscher. Stuttgart 1968.
1 = Nr. 4; 2 = Nr. 13; 3 = Nr. 26; 4 = Nr. 43; 5 = Nr. 66; 6 = Nr. 89; 7 = Nr. 99; 8 = Nr. 130; 9 = Nr. 133; 10 = Nr. 150; 11 = Nr. 160; 12 = Nr. 181; 13 = Nr. 200; 14 = Nr. 229; 15 = Nr. 247.

L   K. A. Blüher: Graciáns Aphorismen im *Oraculo manual* und die Tradition der politischen Aphorismensammlungen in Spanien. In: Ibero-Romania 1 (1969) S. 319–327. – Wiederabgedr. in: Der Aphorismus. Hrsg. von G. Neumann. Darmstadt 1976. S. 413–426.
G. Schröder: Gracián und die spanische Moralistik. In: Renaissance und Barock II. Hrsg. von A. Buck. Frankfurt a. M. 1972. (Neues Handbuch der Literaturwissenschaft. X.) S. 257–279.

FRANCESCO GUICCIARDINI   (1483–1540)

Florentiner Politiker und Diplomat der Renaissance, der nach erzwungenem Rückzug in den *Ricordi* in der Tradition der Tacitus-Kommentare praktische Ratschläge für das politische Leben formuliert. Übertragung des hippokratischen Aphorismus vom kranken Körper auf den kranken Staatskörper, von medizinischen auf politische Sachverhalte. Im Zentrum stehen: Schutz vor Täuschung, Möglichkeit der Berechnung. Vom Leser werden, damit er die Widersprüche und Paradoxien recht versteht, Erfahrung und Unterscheidungsvermögen gefordert. Ausgangspunkt der literarischen Aphoristik (vgl. Gracián).

A   Ricordi. Paris 1576.
Ricordi. In: F. G.: Opere inedite. Bd. 2. Hrsg. von G. Canestrini. Florenz 1857.
Ricordi. Hrsg. von E. Pasquini. Mailand ³1984.

D   Ricordi. In: Der Mensch in der Gesellschaft. Aphorismen und Maximen aus Frankreich, England, Italien. Hrsg. von J. Schultz. Bamberg 1997. – © 1997 Erich Weiß Verlag, Bamberg.
1 = 7.
Das politische Erbe der Renaissance (*Ricordi*). Neu geordn. und eingel. von E. Grassi. Übertr. und mit einem Anhang vers. von K. J. Partsch. Bern ²1946. – © 1946 A. Francke Verlag GmbH, Tübingen und Basel.
2 = 34,6; 3 = 38,3; 4 = 41,2; 5 = 43,3; 6 = 44,5; 7 = 45,3; 8 = 50,2; 9 = 58,2; 10 = 64,2; 11 = 84,2; 12 = 98,4; 13 = 98,6; 14 = 105,2.

L   G. Hess: Guicciardini und die Anfänge der moralistischen Literatur. In: G. H.: Gesellschaft – Literatur – Wissenschaft. Gesammelte Schriften. 1938–1966. Hrsg. von H. R. Jauß und C. Müller-Daehn. München 1967. S. 14–29.

PETER HANDKE (geb. 1942)

Im österreichisch-slowenischen Grenzgebiet aufgewachsen. Einer der bekanntesten deutschsprachigen Schriftsteller der Gegenwart. Nach sprachkritisch orientierten formalen Experimenten in Prosa und auf dem Theater fortlaufend stärkere Stilisierung und Ästhetisierung. Auch die »Journale« der Jahre 1975 bis 1987 zeugen davon, wie sich Handke, hart kritisiert, aber unbeirrt, in mystisch-(kunst-)religiöse und romantische Zusammenhänge stellt, indem er sich auf die Suche nach sinnstiftenden Möglichkeiten des poetischen Denkens begibt. »Auf der Bühne meines Innern« stellen sie im Glauben an die aufschließende Empfindungsfähigkeit des Ich Bilder und Beschreibungen, Traumnotizen, poetische (Selbst-)Beobachtungen und Augenblicks-Wahrnehmungen, auch Erinnerungspartikel und Lektürenotizen vor und entwickeln mit diesen unmittelbar-spontanen »Reportagen eines Einzel-Bewußtseins« eine eigene Variante der Gattung.

D   Das Gewicht der Welt. Salzburg 1977. – © 1977 Residenz Verlag GmbH, Salzburg.
1 = 18,5; 2 = 21,6; 3 = 26,1; 4 = 52,2; 5 = 76,10; 6 = 78,6; 7 = 80,5; 8 = 95,11; 9 = 102,1; 10 = 116,7; 11 = 138,9; 12 = 140,7; 13 = 174,2; 14 = 179,5; 15 = 182,9; 16 = 189,1; 17 = 193,3; 18 = 198,6; 19 = 204,6; 20 = 214,6; 21 = 224,7; 22 = 240,4; 23 = 243,7; 24 = 256,3; 25 = 266,2; 26 = 286,9; 27 = 287,3; 28 = 301,6; 29 = 316,6; 30 = 319,2.
Die Geschichte des Bleistifts. Salzburg/Wien 1982. – © 1982 Residenz Verlag GmbH, Salzburg.
31 = 18,6; 32 = 32,6; 33 = 33,7; 34 = 63,5; 35 = 66,3; 36 = 70,5; 37 = 94,4; 38 = 102,5; 39 = 116,1; 40 = 116,7; 41 = 116,12; 42 = 135,8; 43 = 146,2; 44 = 148,4; 45 = 158,4; 46 = 171,5; 47 = 181,3; 48 = 191,3; 49 = 201,4; 50 = 214,6; 51 = 223,10; 52 = 229,6; 53 = 245,10.
Phantasien der Wiederholung. Frankfurt a. M. 1995. – © 1995 Suhrkamp Verlag, Frankfurt am Main.
54 = 12,3; 55 = 12,6; 56 = 13,7; 57 = 27,4; 58 = 33,6; 59 = 34,5; 60 = 38,2; 61 = 41,3; 62 = 46,2; 63 = 47,8; 64 = 53,1; 65 = 58,5; 66 = 67,1; 67 = 78,3; 68 = 91,4; 69 = 94,1; 70 = 95,5.
Am Felsfenster morgens (und andere Ortszeiten 1982–1987). Salzburg/Wien 1998. – © 1998 Residenz Verlag GmbH, Salzburg.
71 = 75,6; 72 = 76,4; 73 = 243,9; 74 = 324,6; 75 = 390,3; 76 = 430,7; 77 = 441,8.

L   U. Greiner-Kemptner: Subjekt und Fragment. Textpraxis in der (Post-)Moderne. Aphoristische Strukturen in Texten von P. Handke, B. Strauß, J. Becker, Th. Bernhard, W. Hildesheimer, F. Ph. Ingold und A. Heiz. Stuttgart 1990.
P. Pütz: Peter Handke. In: Kritisches Lexikon zur deutschsprachigen Gegenwartsliteratur (KLG). Hrsg. von H. L. Arnold. München [Lfg. 1995].

WILLIAM HAZLITT (1778–1830)

Englischer Essayist und Literaturkritiker. Einer der produktivsten englischen Vertreter der Gattung. Stellt sich mit dem Untertitel seiner Aphorismen, *In the Manner of Rochefoucault's Maxims*, bewußt in eine lange Reihe von Nachahmern, die der französische Moralist seit seiner frühen Übersetzung ins Englische (1670) auf der Insel findet. Hazlitt bleibt auch thematisch mit der Reflexion menschlicher Tugenden und Untugenden, von Neid und Hoffnung, Vorurteil, Eigenliebe und Täuschung, im gewohnten Rahmen; seine Aphoristik ist mitunter an der Grenze zum fast betulich Moralistischen oder gar Moralisierenden.

A   Characteristics. In the Manner of Rochefoucault's Maxims. London 1823.
Common Places. In: The Literary Examiner. 1823.
Maxims on Mankind. In: The Monthly Magazine. 1829.
Aphorisms on Man. In: The Monthly Magazine. 1830.

D   Complete Works. Hrsg. von P. P. Howe. Bd. 9. New York 1967.
Characteristics: 1 = Nr. 27; 2 = Nr. 33; 3 = Nr. 63; 4 = Nr. 125; 5 = Nr. 135; 6 = Nr. 157; 7 = Nr. 172; 8 = Nr. 213; 9 = Nr. 239; 10 = Nr. 240; 11 = Nr. 241; 12 = Nr. 245; 13 = Nr. 256; 14 = Nr. 277; 15 = Nr. 302; 116 = Nr. 305; 17 = Nr. 308; 18 = Nr. 330; 19 = Nr. 333; 20 = Nr. 387; 21 = Nr. 401; 22 = Nr. 407; 23 = Nr. 409; 24 = Nr. 416; 25 = Nr. 417; 26 = Nr. 421.
Common Places: 27 = Nr. 1; 28 = Nr. 14; 29 = Nr. 40; 30 = Nr. 43; 31 = Nr. 44; 32 = Nr. 45; 33 = Nr. 67.
Übers. von Petra Madelung und Friedemann Spicker.

FRIEDRICH HEBBEL (1813–1863)

Autodidakt aus ärmlichsten Verhältnissen. Vornehmlich Dramatiker. Führt vom 23. März 1835 bis zu seinem Tode ein überaus bedeutendes Reflexionstagebuch. Der Begriff und die Gattung Aphorismus, der sich große Teile seines diaristischen

Werkes zuordnen lassen, sind ihm durch Lichtenberg und Rahel Varnhagen, später durch seine Feuchtersleben-Edition vertraut. Seine Aphoristik besticht – bei pessimistischem Grundzug – weniger durch Brillanz und Eleganz als durch ihre gedankliche Bedingungslosigkeit und geradezu frappante Einfachheit, besonders dort, wo er das Denken in den dialektischen Umschlag hineintreibt.

A   Tagebücher. In: F. H.: Sämmtliche Werke. Historisch-kritische Ausgabe. Hrsg. von R. M. Werner. Abt. II. Bd. 1–4. Berlin 1914–22.
Das gekämmte Hirn. Aphorismen. Hrsg. von W. Ehrenforth. Berlin 1984.

D   Werke. 5 Bde. Hrsg. von G. Fricke, W. Keller und K. Pörnbacher. Bd. 4 und 5. München 1963–67.
1 = Nr. 24; 2 = Nr. 38; 3 = Nr. 118; 4 = Nr. 127; 5 = Nr. 207; 6 = Nr. 250; 7 = Nr. 481; 8 = Nr. 503; 9 = Nr. 701; 10 = Nr. 766; 11 = Nr. 779; 12 = Nr. 862; 13 = Nr. 959; 14 = Nr. 975; 15 = Nr. 1060; 16 = Nr. 1075; 17 = Nr. 1082; 18 = Nr. 1314; 19 = Nr. 1387; 20 = Nr. 1626; 21 = Nr. 1686; 22 = Nr. 1699; 23 = Nr. 1777; 24 = Nr. 1842; 25 = Nr. 1902; 26 = Nr. 1949; 27 = Nr. 1983; 28 = Nr. 2004; 29 = Nr. 2293; 30 = Nr. 2294; 31 = Nr. 2354; 32 = Nr. 2386; 33 = Nr. 3150; 34 = Nr. 3178; 35 = Nr. 3547; 36 = Nr. 3570; 37 = Nr. 3627; 38 = Nr. 3844; 39 = Nr. 4390; 40 = Nr. 4539; 41 = Nr. 4641; 42 = Nr. 5552; 43 = Nr. 5728; 44 = Nr. 5831.

L   H. Fröschle: Hebbel als Aphoristiker. In: Hebbel. Mensch und Dichter im Werk. Wegweiser zu neuem Humanismus. Hrsg. von I. Koller-Andorf. Wien 1987. S. 147–179.
A. Hummel: »Der wahre Schmerz ist schamhaft.« Gnomische Strukturen in den Tagebüchern Friedrich Hebbels. In: Studien zu Hebbels Tagebüchern. Hrsg. von G. Häntzschel. München 1994. S. 43–57.
P. Michelsen: Friedrich Hebbels Tagebücher. Eine Analyse. Göttingen ²1996.

KAROL IRZYKOWSKI (1873–1944)

Polnischer Erzähler. Führender Literaturkritiker in der Zwischenkriegszeit. Gilt nicht nur als Vater des modernen tiefenpsychologischen Romans und als Autor bahnbrechender literarischer Experimente (Dedecius, 1997), sondern auch als der bedeutendste polnische Aphoristiker neben Lec (Krupka, 1976). Er schreibt seine Doktorarbeit über Hebbel und übersetzt dessen Tagebücher. Sein eigenes Tagebuch, aus dem ausgewählte Aphorismen erschienen sind, steht ausdrücklich in dieser Nachfolge.

A   Czyn i słowo. Glosy sceptyka (Tat und Wort. Glossen eines Skeptikers). Lemberg 1913.
Lżejszy kaliber (Leichteres Kaliber). Warschau 1938.
Notatki z życia, obserwacje i motywy. (Aufzeichnungen aus dem Leben. Beobachtungen und Motive). Warschau 1964.

D   A. Marianowicz / R. M. Groński (Hrsg.): Denkspiele. Frankfurt a. M. 1975. – © 1975 Insel Verlag, Frankfurt am Main.
1 = 24,3.
K. Dedecius (Hrsg.): Bedenke, bevor du denkst. Frankfurt a. M. 1984. – © 1984 Suhrkamp Verlag, Frankfurt am Main.
2 = 69,6; 3 = 72,3; 4 = 73,1; 5 = 75,2; 6 = 75,4; 7 = 75,7; 8 = 76,6; 9 = 78,7; 10 = 81,3; 11 = 86,1; 12 = 88,4; 13 = 88,5; 14 = 89,2; 15 = 90,4; 16 = 94,4; 17 = 94,5; 18 = 97,3.
K. Dedecius (Hrsg.): Polnische Pointen. Zürich 1997. – Mit Genehmigung des Suhrkamp Verlags, Frankfurt am Main.
19 = 324,1.

L   P. Krupka: Der polnische Aphorismus. München 1976. S. 33 f.

MAX JACOB (1876–1944)

Als Dichter und Maler Entwicklung von der Bohème zur Religiosität. Konversion zum Katholizismus. Tod im französischen KZ Drancy. Poesie ist ihm die einzig mögliche Antwort auf das Leben. In seinen surrealistischen Texten verbinden sich Phantasie, Clownerie und Skepsis. Der *Cornet à Dés*, mit dem er 1917 berühmt wird, steht zwischen surrealistischem Prosagedicht und Bild- und Analogieaphorismus.

A Le Cornet à Dés. Paris 1917.
Le Cornet à Dés. In: M. J.: Derniers poèmes en vers et prose. Paris 1945.

D Der Würfelbecher. Gedichte in Prosa. Frankfurt a. M. 1968. – © 1968 Suhrkamp Verlag, Frankfurt am Main.
1 = 28,3; 2 = 28,4; 3 = 29,2; 4 = 30,3; 5 = 30,5; 6 = 30,6; 7 = 31,3; 8 = 32,7; 9 = 33,1; 10 = 34,3.

L W. Helmich: Der moderne französische Aphorismus. Tübingen 1991.

JEAN PAUL
(Johann Paul Friedrich Richter, 1763–1825)

Gegenüber dem großartigen Romanschriftsteller Johann Paul Friedrich Richter, der sich Jean Paul nennt (*Titan*; *Flegeljahre*), ist der Aphoristiker, der Lichtenberg wenig nachsteht, bis heute allgemein noch viel zu wenig bekannt. Das liegt vor allem daran, daß der Nachlaß mit seinen etwa 40 000 Blättern, der von bibliographischer Notiz und Exzerpt bis zu teilausgeführtem Entwurf reicht, nur erst zu einem kleinen Teil veröffentlicht ist. Erst in jüngster Zeit wurde die Edition dieses seines enormen Ideen-Reservoirs wieder aufgenommen, das als Frucht säkularisierter und rationalisierter Selbst- wie Fremdbeobachtung zum Teil aphoristisch orientiert ist. Darin nehmen seine »Gedanken«, »Bemerkungen«, »Einfälle«, »Merkblätter« (oder wie immer er seine Aufzeichnungen nennt) einen großen Raum ein.

A   Sämtliche Werke. Abt. 1 und 2. Bd. 1–10. Hrsg. von N. Miller und W. Schmidt-Biggemann. München/Wien 1960–85.

D   Sämtliche Werke. Historisch-kritische Ausgabe. Abt. 2: Nachlaß. Hrsg. von E. Berend. Bd. 5: Bemerkungen über den Menschen. Weimar 1936.
1 = 31,4; 2 = 31,8; 3 = 46,5; 4 = 55,5; 5 = 70 (Nr. 19); 6 = 75 (Nr. 63); 7 = 83 (Nr. 152); 8 = 127 (Nr. 141); 9 = 127 (Nr. 143); 10 = 139 (Nr. 459); 11 = 147 (Nr. 23); 12 = 155 (Nr. 92); 13 = 158 (Nr. 121); 14 = 159 (Nr. 141); 15 = 171 (Nr. 273); 16 = 178 (Nr. 332); 17 = 185 (Nr. 593); 18 = 196 (Nr. 688); 19 = 199 (Nr. 721); 20 = 199 (Nr. 725); 21 = 224 (Nr. 109); 22 = 228 (Nr. 149); 23 = 233 (Nr. 195); 24 = 239 (Nr. 248); 25 = 252 (Nr. 345); 26 = 283 (Nr. 587); 27 = 372 (Nr. 211); 28 = 380 (Nr. 328); 29 = 406 (Nr. 714); 30 = 447 (Nr. 127); 31 = 465 (Nr. 242).
Ideen-Gewimmel. Texte und Aufzeichnungen aus dem unveröffentlichten Nachlaß. Hrsg. von K. Wölfel und T. Wirtz. Frankfurt a. M. 1996.
32 = Nr. 35; 33 = Nr. 76; 34 = Nr. 139; 35 = Nr. 171; 36 = Nr. 222; 37 = Nr. 251; 38 = Nr. 270; 39 = Nr. 324; 40 = Nr. 351; 41 = Nr. 364; 42 = Nr. 380; 43 = Nr. 469; 44 = Nr. 493; 45 = Nr. 501; 46 = Nr. 607; 47 = Nr. 659; 48 = Nr. 660; 49 = Nr. 712; 50 = Nr. 770; 51 = Nr. 782; 52 = Nr. 921; 53 = Nr. 1034; 54 = Nr. 1060; 55 = Nr. 1231; 56 = Nr. 1251; 57 = Nr. 1273; 58 = Nr. 1298; 59 = Nr. 1365; 60 = Nr. 1471; 61 = Nr. 1571.
Sämtliche Werke. Historisch-Kritische Ausgabe. Abt. 2: Nachlaß. Bd. 6: Dichtungen, Merkblätter, Studienhefte. Schriften zur Biographie. Libri legendi. Hrsg. von G. Müller unter Mitarb. von J. Knab. Vita-Buch hrsg. von W. Feifel. Weimar 1996.
62 = 28 (Nr. 54); 63 = 29 (Nr. 58); 64 = 67 (Nr. 296); 65 = 73 (Nr. 340); 66 = 157 (Nr. 132); 67 = 221 (Nr. 17), 68 = 238 (Nr. 20).

L   G. W. Fieguth: Jean Paul als Aphoristiker. Diss Mainz 1965.

JOSEPH JOUBERT (1754–1824)

Monarchist und Revolutionskritiker. Distanz zur Aufklärung, Hinwendung zum Christentum. Zu Lebzeiten erscheint kein Werk von ihm. Er verfaßt aber zwischen 1771 und 1823 mehr als 20 000 Seiten Reflexions-Tagebücher. Neben den Themen aus Politik und Gesellschaft gewinnen ästhetische (Gattungsreflexion) und philosophisch-religiöse an Bedeutung. Denken und Gefühlsleben, Erkenntnis und Bild vereinigen sich in seinem Stil, der von Diskontinuität und Konzision geprägt ist. Die jüngere Literaturwissenschaft sieht ihn inhaltlich wie formal als Überwinder der klassischen moralistischen Maxime und Wegbereiter des modernen französischen Aphorismus (Helmich, 1991, S. 58).

A Pensées. Hrsg. von P. Raynal. Paris 1928.
Les Carnets. Hrsg. von A. Beaunier. Paris 1938.

D Die französischen Moralisten. Hrsg. und übers. von F. Schalk. Bd. 2. München 1974. – © 1979, 1992 Sammlung Dieterich Verlagsgesellschaft mbH, Leipzig.
1 = 171,2; 2 = 172,8; 3 = 174,2; 4 = 175,9; 5 = 175,10; 6 = 176,5; 7 = 177,4; 8 = 180,3; 9 = 181,4; 10 = 181,8; 11 = 181,11; 12 = 184,3; 13 = 193,4; 14 = 194,6; 15 = 201,3; 16 = 207,2; 17 = 217,6; 18 = 221,3; 19 = 221,4; 20 = 225,5; 21 = 230,4; 22 = 231,3; 23 = 234,1; 24 = 236,2; 25 = 246,4; 26 = 248,1; 27 = 249,9; 28 = 250,1; 29 = 250,2; 30 = 250,4; 31 = 250,7; 32 = 250,9; 33 = 250,10; 34 = 251,3; 35 = 251,6; 36 = 253,10; 37 = 257,3; 38 = 263,5; 39 = 264,2; 40 = 266,10; 41 = 273,5; 42 = 275,7; 43 = 275,9; 44 = 276,8; 45 = 277,2; 46 = 282,3; 47 = 282,7; 48 = 283,8; 49 = 286,3; 50 = 289,5; 51 = 292,6; 52 = 294,7; 53 = 296,3; 54 = 297,6; 55 = 298,1; 56 = 299,5; 57 = 302,4; 58 = 302,9; 59 = 307,4; 60 = 309,3; 61 = 310,10; 62 = 311,3; 63 = 312,1; 64 = 313,6; 65 = 314,2; 66 = 314,8; 67 = 315,3.

L A. Billy: Joubert énigmatique et délicieux. Paris 1969.
W. Helmich: Der moderne französische Aphorismus. Tübingen 1991. S. 53–58.

ERNST JÜNGER (1895–1998)

Freiwilliger im Ersten Weltkrieg, Soldat bis 1923, dann freier Schriftsteller. Im Zweiten Weltkrieg Offizier. Entomologe. Nationalkonservativ und soldatisch-heroisch, ist er einigen Ideen des Nationalsozialismus nahe, ohne sich nach 1933 von diesem vereinnahmen zu lassen. In Verbindung mit dem militärischen Widerstand. Rivarol-Übersetzer. Nach kurzfristigem Publikationsverbot in der Bundesrepublik heftigst umkämpft und hoch geehrt. Sein gesamtes Werk, von dem Kriegstagebuch *In Stahlgewittern* (1920) bis zu den ab 1979 erschienenen fünf Bänden *Siebzig verweht*, ist essayistisch und diaristisch-aphoristisch geprägt. Mit seinem Kosmos an Bildung, Wissen und Erfahrung breitet es die Reflexion der Gattung ebenso aus wie die kritische Rezeption nahezu aller ihrer wichtigen Vertreter. Auf die Gattung konzentriert in den *Sgraffiti* (1960) und in *Autor und Autorschaft* (1984), das Auszüge aus dem gesamten Aufzeichnungswerk thematisch ordnet.

D   Sämtliche Werke. Bd. 2: Tagebücher II: Strahlungen I. Stuttgart 1979. – © 1979 J. G. Cotta'sche Buchhandlung Nachfolger GmbH, Stuttgart.
1 = 269; 2 = 276.
Sgraffiti. Stuttgart 1960. – © 1960 J. G. Cotta'sche Buchhandlung Nachfolger GmbH, Stuttgart.
3 = 54,2; 4 = 82,2; 5 = 147,2.
Sämtliche Werke. Bd. 3: Tagebücher III. Stuttgart 1979. – © 1979 J. G. Cotta'sche Buchhandlung Nachfolger GmbH, Stuttgart.
6 = 543,3; 7 = 655,3.
Sämtliche Werke. Bd. 12: Fassungen I. Essays VI. Stuttgart 1979. – © 1979 J. G. Cotta'sche Buchhandlung Nachfolger GmbH, Stuttgart.
8 = 507,9; 9 = 508,1; 10 = 509,7; 11 = 510,2; 12 = 512,2; 13 = 523,2; 14 = 524,10; 15 = 529,1.
Siebzig verweht I–V. 5 Bde. Stuttgart 1979–97. – © 1979, 1981, 1993, 1995, 1997 J. G. Cotta'sche Buchhandlung Nachfolger GmbH, Stuttgart.
16 = I: 573,2; 17 = II: 392,4; 18 = II: 393,3; 19 = II: 395,2; 20 = II: 483,4; 21 = II: 625,3; 22 = III: 20,2; 23 = III: 68,2; 24 = III: 401,2; 25

= III: 487,5; 26 = III: 575,4; 27 = IV: 147,3; 28 = IV: 214,4; 29 = IV: 222,5; 30 = IV: 381,5; 31 = V: 197.
Autor und Autorschaft. Stuttgart 1984. – © 1984 J. G. Cotta'sche Buchhandlung Nachfolger GmbH, Stuttgart.
32 = 12,2; 33 = 16,4; 34 = 60,2; 35 = 67,1; 36 = 116,3; 37 = 128,2; 38 = 148,2; 39 = 178,2; 40 = 213,4.
Die Schere. Stuttgart 1990. – © 1990 J. G. Cotta'sche Buchhandlung Nachfolger GmbH, Stuttgart.
41 = 126 (Nr. 177).

L H. Schumacher: Themen der französischen Moralistik bei Ernst Jünger. In: Neuere Studien zur Aphoristik und Essayistik. Hrsg. von G. Cantarutti und H. Schumacher. Frankfurt a. M. [u. a.] 1986. S. 104–126.

Franz Kafka (1883–1924)

Einer der bedeutendsten Schriftsteller des 20. Jahrhunderts. Kurzprosa, Roman, Tagebuch. Stellt aus seinen Zürauer Oktavheften von 1917/18 als Vorform einer Druckvorlage eine unbetitelte Aphorismensammlung zusammen, die als *Betrachtungen über Sünde, Leid, Hoffnung und den wahren Weg* wie der weitaus größte Teil seines Werks erst postum gedruckt wird. Die hier *Er* genannte zweite Reihe von Aphorismen stammt aus dem Januar und Februar 1920. Seine Aphorismen sind als eher private Meditation wie auch als Literatur im Zusammenhang des österreichischen Sprachskeptizismus der Jahrhundertwende gedeutet worden und sind bestechendbewegend in ihrer existentiellen Paradoxie und Dialektik. Aus dem expressionistischen Kontext ragen sie so solitär heraus wie Kafkas übriges Werk.

A Betrachtungen über Sünde, Leid, Hoffnung und den wahren Weg. In: F. K.: Beim Bau der Chinesischen Mauer. Hrsg. von M. Brod und H. J. Schoeps. Berlin 1931.
Er. In: F. K.: Beim Bau der Chinesischen Mauer. Hrsg. von M. Brod und H. J. Schoeps. Berlin 1931.

D   Tagebücher in der Fassung der Handschrift. Hrsg. von H.-G. Koch, M. Müller und M. Pasley. Frankfurt a. M. 1990.
1 = 849,3; 2 = 849,4; 3 = 856,1; 4 = 859,3.
Nachgelassene Schriften und Fragmente II. In der Fassung der Handschriften. Hrsg. von J. Schillemeit. Frankfurt a. M. 1992.
5 = 63,2; 6 = 73,3; 7 = 117 (Nr. 16); 8 = 117 (Nr. 19); 9 = 118 (Nr.122); 10 = 118; 11 = 120f. (Nr. 36); 12 = 128 (Nr. 69); 13 = 137 (Nr. 103); 14 = 354,4; 15 = 355,5.

L   R. T. Gray: Constructive Deconstruction. Kafka's Aphorisms: Literary Tradition and Literary Transformation. Tübingen 1987.
W. Hoffmann: »Ansturm gegen die letzte Grenze«. Aphorismen und Spätwerk Kafkas. Bern [u. a.] 1984.
St. H. Kaszynski: Kafkas Kunst des Aphorismus. In: Ein Leben für Dichtung und Freiheit. Festschrift zum 70. Geburtstag von J. P. Strelka. Hrsg. von K. F. Auckenthaler [u. a.]. Tübingen 1997. S. 397–407.

Karl Kraus (1874–1936)

Veröffentlicht in der von ihm herausgegebenen und bald auch allein verfaßten Wiener Zeitschrift *Die Fackel* seit 1906 Aphorismen, die er in drei Bänden, z. T. umgearbeitet, zwischen 1909 und 1919 sammelt. Sie sind bezeichnenderweise »ästhetisch sublimierte Aggression« und ihr Autor ein »Virtuose des Hasses« genannt worden (Fricke, 1984, S. 125, 127). Kampf ist ihr Stimulanz, Satire ihr Element, Artistik ihre Waffe. An Gegnern haben sie keinen Mangel: die Presse, die Politik, die Gesellschaft und ihre existenzbedingende Heuchelei. Es sind wohl die brillierendsten, wenn auch nicht unbedingt die brillantesten oder gar in der Wirkung nachhaltigsten deutschen Aphorismen.

A   Sprüche und Widersprüche. Wien 1909.
Pro domo et mundo. Wien 1912.
Nachts. Wien 1919.

Beim Wort genommen. In: K. K.: Werke. Bd. 3. Hrsg. von H. Fischer. München 1955.

D Schriften. Hrsg. von Ch. Wagenknecht. Bd. 8: Aphorismen. Frankfurt a. M. 1986. – © 1986 Suhrkamp Verlag, Frankfurt am Main.
1 = 19,2; 2 = 23,5; 3 = 45,2; 4 = 57,1; 5 = 65,6; 6 = 68,3; 7 = 111,3; 8 = 117,2; 9 = 131,1; 10 = 132,6; 11 = 152,4; 12 = 162,8; 13 = 164,2; 14 = 168,3; 15 = 175,2; 16 = 176,5; 17 = 176,6; 18 = 196,3; 19 = 199,5; 20 = 228,5; 21 = 232,5; 22 = 237,2; 23 = 238,3; 24 = 246,2; 25 = 255,2; 26 = 270,1; 27 = 279,2; 28 = 284,2; 29 = 290,8; 30 = 291,6; 31 = 314,3; 32 = 316,8; 33 = 325,6; 34 = 326,2; 35 = 338,3; 36 = 354,4; 37 = 384,2; 38 = 386,3; 39 = 387,4; 40 = 401,2; 41 = 452,2.

L W. M. Johnston: Karl Kraus und die Wiener Schule der Aphoristiker. In: Literatur und Kritik 211/212 (1987) S. 11–24.
St. H. Kaszynski: Überlegungen zur Poetik der Aphorismen von Karl Kraus. In: Karl Kraus – Ästhetik und Kritik. Hrsg. von S. Kaszynski und S. P. Scheichl. München 1989. S. 129–139.
G. Marahrens: Über die sprachliche Struktur und Genesis der Aphorismen von Karl Kraus. In: Karl Kraus. Diener der Sprache, Meister des Ethos. Hrsg. von J. P. Strelka. Tübingen 1990. S. 49–86.
F. Spicker: Der Aphorismus in Österreich nach der Jahrhundertwende: Karl Kraus. In: F. S.: Der Aphorismus. Begriff und Gattung von der Mitte des 18. Jahrhunderts bis 1912. Berlin 1997. S. 278–296.

Jean de La Bruyère (1645–1696)

Menschenbeobachter und literarischer Porträtist. Mitglied der Académie Française. Sein Hauptwerk sind die satirischen *Charaktere* (1688) in der Manier von Theophrast, die ihm ›viel Feind, viel Ehr‹ einbringen: Gedanken der Vorgänger, Montaignes, Pascals, La Rochefoucaulds, werden hier am Objekt demonstriert. Stilistisch wie motivisch gehören seine Maximen in diesen Zusammenhang. Konservatismus verbindet sich mit Sozialkritik. Die ethische überlagert die ästhetische Intention im besonderen Blick für die inneren Widersprüchlichkeiten des Menschen.

A Les Caractères ou les Mœurs de ce Siècle. Paris 1688. Ebd. ⁴1689.
Les Caractères de Theophraste traduits du grec avec les caractères ou les mœurs de ce siècle. Hrsg. von R. Garapon. Paris 1962.
Les Caractères de Theophraste traduits du grec avec les caractères ou les mœurs de ce siècle. In: J. d. L. B.: Œuvres complètes. Hrsg. von J. Benda. Paris ⁵1978. (Pléiade.)

D Die Charaktere oder Die Sitten des Jahrhunderts. Übertr. und hrsg. von G. Hess. Bremen ⁵1978. – © 1940, 1992 Sammlung Dieterich Verlagsgesellschaft mbH, Leipzig.
1 = 97,5; 2 = 100,3; 3 = 104,5; 4 = 104, 6; 5 = 104,7; 6 = 108,8; 7 = 119,2; 8 = 129,1; 9 = 136,2; 10 = 138,2; 11 = 143,4; 12 = 192,3; 13 = 211,4; 14 = 230,4; 15 = 273,2; 16 = 276,1; 17 = 283,2; 18 = 288,5; 19 = 295,2; 20 = 295,5; 21 = 297,3; 22 = 305,2; 23 = 316,1; 24 = 331,6; 25 = 332,1; 26 = 339,2; 27 = 342,5; 28 = 345,4; 29 = 424,3; 30 = 425,2; 31 = 426,2; 32 = 453,3.

L M. Kruse: Die Maxime in der französischen Literatur. Studien zum Werk La Rochefoucaulds und seiner Nachfolger. Hamburg 1960.
O. de Mourgues: Two French Moralists. La Rochefoucauld et La Bruyère. Cambridge 1978.
D. Schlumbohm: Die Caractères von Jean de La Bruyère: politische Parteinahme in moralistischer Form. In: Poetica 8 (1976) S. 25–42.

François de La Rochefoucauld (1613–1680)

Von hohem Adel. Zieht sich 1652 enttäuscht aus der großen Politik zurück. Mit seinen *Maximen* Schöpfer einer neuen literarischen Form (wenn auch – siehe Gracián – nicht voraussetzungslos). Der im eigentlichen Sinne erste europäische Aphoristiker, der gleichzeitig das Muster der Gattung schafft. Die menschlichen Tugenden und Laster, das Vorgebliche und das Wahre im menschlichen Miteinander sind der Gegenstand seiner immer wieder überarbeiteten, streng formulierten, bilderlosen psychologischen Einsichten. Eigenliebe ist für ihn die entscheidende Triebfeder allen menschlichen Handelns, der von aller Selbsttäuschung befreite »honnête homme« sein Ideal.

A   Réflexions, ou Sentences et maximes morales. Paris 1665. Ebd.
⁵1678.
Réflexions, ou Sentences et maximes morales. In: F. d. L. R.: Œuvres
complètes. Hrsg. von L. Martin-Chauffier und J. Marchand. Paris
1964. (Pléiade.)

D   Maximen und Reflexionen. Übertr. und Nachw. von K. Nuss-
bächer. Stuttgart 1988.
1 = Nr. 25; 2 = Nr. 39; 3 = Nr. 43; 4 = Nr. 87; 5 = Nr. 93; 6 = Nr. 102;
7 = Nr. 112; 8 = Nr. 119; 9 = Nr. 171; 10 = Nr. 199; 11 = Nr. 210;
12 = Nr. 237; 13 = Nr. 245; 14 = Nr. 260; 15 = Nr. 282; 16 = Nr. 295; 17
= Nr. 316; 18 = Nr. 330; 19 = Nr. 409; 20 = Nr. 436; 21 = Nr. 469; 22 =
Nr. 485.
Die französischen Moralisten. Hrsg. und übers. von F. Schalk. Bd. 1.
München 1973. – © 1979, 1992 Sammlung Dieterich Verlagsgesellschaft mbH, Leipzig.
23 = 93,13; 24 = 94,9; 25 = 94,15; 26 = 99,11.

L   L. Ansmann: Die *Maximen* von La Rochefoucauld. München
1972.
M. Kruse: Die Maxime in der französischen Literatur. Studien zum
Werk La Rochefoucaulds und seiner Nachfolger. Hamburg 1960.
O. de Mourgues: Two French Moralists. La Rochefoucauld et La
Bruyère. Cambridge 1978.

Stanisław Jerzy Lec (1909–1966)

Polnisch-jüdischer Lyriker und Aphoristiker. Beginnt im polnischen Frühling 1956/57 mit der Veröffentlichung seiner
Aphorismen gegen die Macht des Staates, zu Fragen von
Recht und Wahrheit, zu religiösen und moralischen Themen.
Heine, Kraus, die jüdische Spruchtradition bilden wichtige
Einflüsse. Den äußerst kurzen satirisch-pointierten Aphorismus, der sich aus Umkehrung, Frage, Wörtlichnehmen, Wei-
terführen eines Sprichworts speist, führt er zu einem Höhepunkt. Er erringt damit internationalen Ruhm und wird vielfach nachgeahmt.

A   Myśli nieuczesane (Unfrisierte Gedanken). Krakau 1959.
Myśli nieuczesane nowe (Neue unfrisierte Gedanken). Krakau 1966.
Aforyzmy. Fraszki (Aphorismen. Epigramme). Krakau 1977.

D   Sämtliche unfrisierte Gedanken. Dazu Prosa und Gedichte. Hrsg.
und aus dem Polnischen übertr. von K. Dedecius. Frankfurt a. M.
1997. – © 1997 Suhrkamp Verlag, Frankfurt am Main.
1 = 11,3; 2 = 11,6; 3 = 12,5; 4 = 15,2; 5 = 36,2; 6 = 36,3; 7 = 44,3; 8 =
52,3; 9 = 59,1; 10 = 62,4; 11 = 66,4; 12 = 83,5; 13 = 86,3; 14 = 99,5; 15
= 105,1; 16 = 111,5; 17 = 118,1; 18 = 140,3; 19 = 164,5; 20 = 172,2; 21
= 175,6; 22 = 183,5; 23 = 191,3; 24 = 194,3; 25 = 200,5; 26 = 205,4; 27
= 216,5; 28 = 226,4; 29 = 227,1; 30 = 231,2; 31 = 233,2; 32 = 244,1; 33
= 247,1; 34 = 249,5; 35 = 255,2; 36 = 262,2; 37 = 263,1; 38 = 271,4; 39
= 272,5; 40 = 273,4; 41 = 273,6; 42 = 282,4; 43 = 299,5; 44 = 308,5; 45
= 315,3; 46 = 342,6; 47 = 384,6.

L   K. Dedecius: Letztes Geleit für den ersten Aphoristiker unserer
Zeit: Lec. In: Der Aphorismus. Hrsg. von G. Neumann. Darmstadt
1976. S. 452–478.
J. Frackiéwicz: Sprichwörtliche Aphorismen von Stanisław Jerzy Lec.
In: Proverbium 7 (1990) S. 77–88.
P. Krupka: Der polnische Aphorismus. Die *Unfrisierten Gedanken*
von Stanisław Jerzy Lec und ihr Platz in der polnischen Aphoristik.
München 1976.

GIACOMO LEOPARDI (1798–1837)

Von altem Adel und wirtschaftlich unabhängig, dabei seit seiner Jugend von Krankheit gezeichnet. Gilt als bedeutendster
italienischer Dichter nach Petrarca. Die 3300 Druckseiten seines *Gedankenbuches* entstehen zwischen 1817 und 1832, vier
Fünftel davon in den Jahren 1820 bis 1823, und werden erst
lange nach seinem Tode veröffentlicht. In einer Form, die sich
zwischen dem (seltenen) Ein-Satz-Notat und dem Kurzessay
bewegt und das bildlich Anschauliche stark zurückdrängt,
umkreist er im Bewußtsein, daß die Natur wie auch die
Einbildungskraft der Vernunft weit überlegen sind, auf der
Grundlage eines alles durchdringenden Pessimismus und

in der allgegenwärtigen, erkenntnisöffnenden Erfahrung des Schmerzes Fragen der Kunst und Philosophie, des menschlichen (Zusammen-)Lebens, der Politik.

A Zibaldone di pensieri. Florenz 1898–1907.

D Das Gedankenbuch. Aufzeichnungen eines Skeptikers. Nachw. von A. Vollenweider. Ausw. und Übers. von H. Helbling. In: G. L.: Werke. Bd. 2. München 1985. – © 1985, 1998 Artemis & Winkler Verlag, Düsseldorf und Zürich.
1 = 27,1; 2 = 41,2; 3 = 59,2; 4 = 104,4; 5 = 152,2; 6 = 209,3; 7 = 244,3; 8 = 282,2; 9 = 311,2; 10 = 348,2; 11 = 405,1; 12 = 522,1; 13 = 534,1; 14 = 535,1; 15 = 572,3; 16 = 573,2; 17 = 574,1; 18 = 574,2.

Georg Christoph Lichtenberg (1742–1799)

Naturwissenschaftler und Satiriker der Aufklärung. Hochschullehrer in Göttingen. Neben seinen wissenschaftlichen und literarischen Arbeiten (z. B. *Erklärung der Hogarthischen Kupferstiche*, Herausgabe eines Kalenders mit zahlreichen Aufsätzen) entstehen als private Aufzeichnungen seine *Sudelbücher*. Pietismus und Wissenschaftlichkeit verbinden sich in ihrer Entstehung; Bildkraft und Witz, Sprachsinn und Kritikvermögen, das Mit- und Ineinander von Vernunft und Empfindungsfähigkeit, Selbstbeobachtung, Wahrnehmungsstärke und blitzartige Erkenntnis zeichnen sie aus. Sie nehmen Einsichten des 20. Jahrhunderts, etwa zu Fragen der Sprachkritik und der Psychologie, vorweg. Im wesentlichen erst zu Anfang dieses Jahrhunderts werden sie als *Aphorismen* veröffentlicht und angemessen hochgeschätzt. Die aufblühende Gattung erhält damit in Deutschland ihr Musterbeispiel.

A Bemerkungen vermischten Inhalts. In: Vermischte Schriften. Hrsg. von L. Ch. Lichtenberg und F. Kries. Bd. 1. Göttingen 1800. Aphorismen. Nach den Handschriften hrsg. von A. Leitzmann. H. 1–5. Berlin 1902–08.

D   Schriften und Briefe. Hrsg. von W. Promies. Bd. 1: Sudelbücher I.
Hefte A–L. München 1973. Nachdr. 1980. – Bd. 2: Sudelbücher II.
3., rev. Aufl. Ebd. 1991. – Kommentar-Bd. zu Bd. 1 und 2. Ebd. 1992.
1 = A 1; 2 = A 19; 3 = A 137; 4 = B 1; 5 = B 67; 6 = B 78; 7 = B 107;
8 = B 216; 9 = B 217; 10 = B 266; 11 = B 275; 12 = B 389; 13 = C 20;
14 = C 34; 15 = C 139; 16 = C 158; 17 = C 245; 18 = C 278; 19 = D
47; 20 = D 137; 21 = D 235; 22 = D 331; 23 = D 332; 24 = D 353; 25
= D 419; 26 = D 451; 27 = D 474; 28 = E 29; 29 = E 33; 30 = E 50; 31
= E 52; 32 = E 148; 33 = E 196; 34 = E 218; 35 = E 286; 36 = E 316;
37 = F 7; 38 = F 88; 39 = F 112; 40 = F 369; 41 = F 536; 42 = F 846;
43 = F 973; 44 = F 998; 45 = F 1079; 46 = F 1179; 47 = F 1219; 48 =
F 1222; 49 = G 4; 50 = G 13; 51 = G 18; 52 = G 21; 53 = G 34; 54 =
G 62; 55 = G 79; 56 = G 82; 57 = G 134; 58 = G 157; 59 = G 183; 60
= G 188; 61 = G 223; 62 = G 234; 63 = H 24; 64 = H 31; 65 = H 116;
66 = H 154; 67 = J 98; 68 = J 133; 69 = J 164; 70 = J 173; 71 = J 193;
72 = J 226; 73 = J 241; 74 = J 246; 75 = J 276; 76 = J 438; 77 = J 439;
78 = J 507; 79 = J 680; 80 = J 739; 81 = J 857; 82 = J 860; 83 = J 954;
84 = J 1047; 85 = J 1067; 86 = J 1086; 87 = J 1363; 88 = J 1491; 89 =
J 1534; 90 = J 1619; 91 = J 1621; 92 = J 1770; 93 = K 49; 94 = K 81; 95
= K 90; 96 = K 107; 97 = K 136; 98 = K 151; 99 = K 214; 100 = K 224;
101 = K 253; 102 = K 292; 103 = K 293; 104 = K 303; 105 = L 67; 106
= L 374; 107 = L 402; 108 = L 670; 109 = L 833; 110 = L 886; 111 =
UB 79.

L   H. Gockel: Individualisiertes Sprechen. Lichtenbergs Bemerkun-
gen im Zusammenhang von Erkenntnistheorie und Sprachkritik. Ber-
lin / New York 1973.
W. Müller-Funk: Der Leib des Schriftstellers – Die Seele des Lesers.
Auch eine Theorie der Metapher. Georg Christoph Lichtenbergs *Su-
delbücher*. In: Sprachkunst 28 (1997) S. 1–14.
G. Neumann: Ideenparadiese. Untersuchungen zur Aphoristik bei
Lichtenberg, Novalis, Friedrich Schlegel und Goethe. München 1976.
S. 86–264.
G. Sautermeister: Georg Christoph Lichtenberg. München 1993.
F. Spicker: Vom *Sudelbuch* zum *Aphorismus*. Lichtenberg und die Ge-
schichte des Gattungsbegriffes. Tl. 1. In: Lichtenberg Jahrbuch 1997.
Hrsg. von der Lichtenberg Gesellschaft e. V. Bearb. von W. Promies
und U. Joost. Saarbrücken 1998. S. 96–115. – Tl. 2. Ebd. S. 115–135.

Antonio Machado y Ruiz (1875–1939)

Zählt zu den bedeutendsten spanischen Lyrikern des 20. Jahrhunderts. Republikaner. In Frankreich gestorben. Veröffentlicht auch einige Gedichte unter dem Pseudonym Abel Martín und stattet das Pseudonym mit einer Biographie aus. Abel Martíns Schüler, der Turnlehrer Juan de Mairena, publiziert in der Fiktion die *Sentencias*, die neben längeren Texten, Dialogen und Fragmenten aus Unterrichtsstunden auch Aussprüche seines Lehrers und Aphorismen, vornehmlich zu Fragen von Poesie und Philosophie, sammeln.

A   Juan de Mairena. Sentencias, donaires, apuntes y recuerdos de un Profesor apócrifo. 1936.
Antología de su prosa. 4 Bde. Vorw. und hrsg. von Aurora de Albornoz. Madrid 1970–72.

D   Juan de Mairena. Sentenzen, Späße, Aufzeichnungen und Erinnerungen eines apokryphen Lehrers. Berlin / Frankfurt a. M. 1957. – © 1957 Suhrkamp Verlag, Frankfurt am Main.
1 = 10,3; 2 = 19,2; 3 = 27,2; 4 = 27,3; 5 = 42,4; 6 = 43,2; 7 = 62,3; 8 = 155,5.

Multatuli
(Eduard Douwes Dekker, 1820–1887)

Bekanntester niederländischer Schriftsteller des 19. Jahrhunderts. Wird nach Konflikten mit der Kolonialregierung in Indonesien berühmt mit seinem kolonialkritischen Roman *Max Havelaar* (1860). Die sieben Bände seiner *Ideen* sind eine durchgehend in 1282 Nummern eingeteilte Sammlung unterschiedlichster literarischer Formen, von Roman und Drama bis zum Aphorismus. In der Richtung und Rigorosität seines Denkens zeigen sich manche Anklänge an Nietzsche.

A   Ideën. 7 Bde. 1862–77. In: M.: Volledige Werken. Bd. 2–4, 6 und
7. Amsterdam 1951–52.

D   Ideen. Übers. aus dem Holländischen von W. Spohr. Berlin ²1903.
1 = 223,2; 2 = 238,4; 3 = 242,1; 4 = 243,3; 5 = 255,4; 6 = 259,3; 7 =
275,4.
Aphoristisches. In: Wer war Multatuli? »Spuren der Anstrengung« eines Schriftstellers. Ausstellung aus Anlaß der Erinnerung seines 100.
Todestages am 19. Februar 1987 im neuen Rathaus Ingelheim. [Kata-
log.] Fernwald 1987. – © 1987 E. H. Leibfried Verlag, Fernwald.
8 = 175,4; 9 = 184,1; 10 = 191,1; 11 = 193,4; 12 = 205,1.

Stefan Napierski (1899–1940)

Polnischer Lyriker, Literaturkritiker, Übersetzer und Herausgeber. Die drei Sammlungen seiner *Einfälle und Bemerkungen*, die er auch Fragmente und Proben nennt, kreisen um
Themen wie Einsamkeit und Tod, Gott und die Nichtigkeit
der Welt. Er fühlt sich darin dem kombinatorischen Witz der
Romantiker, besonders Friedrich Schlegels und Novalis', verbunden.

A   Pomysły i uwagi (Einfälle und Bemerkungen). Bd. 1: Cienie na
wietrze (Schatten im Wind). Warschau 1928. – Bd. 2: Pusta ulica (Die
leere Straße). Warschau 1931. – Bd. 3: Próby (Versuche). Warschau
1937.

D   K. Dedecius (Hrsg.): Bedenke, bevor du denkst. Frankfurt a. M.
1984. – © 1984 Suhrkamp Verlag, Frankfurt am Main.
1 = 217,1; 2 = 217,6; 3 = 218,1; 4 = 219,3; 5 = 219,9; 6 = 222,4; 7 =
222,9; 8 = 222,11; 9 = 223,8; 10 = 224,9; 11 = 227,10; 12 = 231,1;
13 = 232,1.
– (Hrsg.): Polnische Pointen. Zürich 1997. – Mit Genehmigung des
Suhrkamp Verlags, Frankfurt am Main.
14 = 260,3; 15 = 260,9; 16 = 260,12.

L   P. Krupka: Der polnische Aphorismus. München 1976. S. 28–30.

Friedrich Nietzsche (1844–1900)

Dichter und Denker von singulärer Wirkung für das 20. Jahrhundert. Altphilologe, Hochschullehrer. Ab 1879 im krankheitsbedingten Ruhestand, ab 1889 geisteskrank in Pflege. Behauptet den Aphorismus, von der »Sentenz« der französischen Moralisten herkommend, als den auf ihn zugeschnittenen Ort zwischen Dichtung und Philosophie zeitlebens für sich: von dem Plan zu einer aphoristischen fünften »Unzeitgemäßen Betrachtung« 1876 über die großen Aphorismenbücher bis zu den »Sprüchen und Pfeilen« aus der *Götzen-Dämmerung* (1889) am Ende seines geistigen Lebens. Er bedenkt pointiert und sprachmächtig in annähernd 3000 »Stücken« unterschiedlicher Länge von einer umfassenden Moral- und Kulturkritik her alle Aspekte des menschlichen Lebens, Kunst und Wissenschaft, Religion und Politik, umwertend neu.

A   Menschliches, Allzumenschliches. Ein Buch für freie Geister. Erster Band. Chemnitz 1878.
[Anhang. Vermischte Meinungen und Sprüche.] Menschliches, Allzumenschliches. Zweiter Band. Erste Abteilung. Chemnitz 1879.
[Zweiter und letzter Nachtrag. Der Wanderer und sein Schatten.] Menschliches, Allzumenschliches. Zweiter Band. Zweite Abteilung. Chemnitz 1880.
Morgenröthe. Gedanken über die moralischen Vorurtheile. Chemnitz 1881.
Die fröhliche Wissenschaft. Chemnitz 1882.
Jenseits von Gut und Böse. Vorspiel einer Philosophie der Zukunft. Leipzig 1886. [Sprüche und Zwischenspiele.]
Götzen-Dämmerung oder Wie man mit dem Hammer philosophiert. Leipzig 1889. [Sprüche und Pfeile.]
Kritische Gesamtausgabe. Begr. und hrsg. von G. Colli und M. Montinari. Weitergef. von W. Müller-Lauter und K. Pestalozzi. Berlin 1967–1997.

D   Werke in drei Bänden. Hrsg. von K. Schlechta. München ⁷1973.
Bd. 1: Menschliches, Allzumenschliches. Erster Band: 1 = 481 (Nr. 40); 2 = 496 (Nr. 74); 3 = 500 (Nr. 87); 4 = 527 (Nr. 118); 5 = 528 (Nr. 123); 6 = 530 (Nr. 129); 7 = 563 (Nr. 185); 8 = 563 (Nr. 187);

9 = 564 (Nr. 192); 10 = 630 (Nr. 330); 11 = 638 (Nr. 364); 12 = 647 (Nr. 381); 13 = 677 (Nr. 464); 14 = 677 (Nr. 465); 15 = 693 (Nr. 483); 16 = 693 (Nr. 484); 17 = 698 (Nr. 516); 18 = 698 (Nr. 518); 19 = 698 (Nr. 520); 20 = 705 (Nr. 564); 21 = 705 (Nr. 566);

Menschliches, Allzumenschliches. Zweiter Band. Erste Abteilung: 22 = 750 (Nr. 20); 23 = 759 (Nr. 39); 24 = 785 (Nr. 122); 25 = 787 (Nr. 128); 26 = 789 (Nr. 136); 27 = 790 (Nr. 140); 28 = 795 (Nr. 157); 29 = 798 (Nr. 168); 30 = 814 (Nr. 202); 31 = 833 (Nr. 251); 32 = 835 (Nr. 262); 33 = 836 (Nr. 266); 34 = 857 (Nr. 340); 35 = 863 (Nr. 370); 36 = 864 (Nr. 378); 37 = 867 (Nr. 391); 38 = 868 (Nr. 398);

Menschliches, Allzumenschliches. Zweiter Band. Zweite Abteilung: 39 = 918 (Nr. 96); 40 = 921 (Nr. 108); 41 = 925 (Nr. 121); 42 = 930 (Nr. 131);

Morgenröte: 43 = 1045 (Nr. 47); 44 = 1045 (Nr. 48); 45 = 1075 (Nr. 99); 46 = 1096 (Nr. 120); 47 = 1097 (Nr. 123); 48 = 1161 (Nr. 208); 49 = 1172 (Nr. 243); 50 = 1177 (Nr. 257); 51 = 1204 (Nr. 356); 52 = 1208 (Nr. 370); 53 = 1226 (Nr. 438); 54 = 1227 (Nr. 442); 55 = 1228 (Nr. 447); 56 = 1253 (Nr. 517); 57 = 1253 (Nr. 519); 58 = 1279 (Nr. 573).

Bd. 2: Die fröhliche Wissenschaft: 59 = 68 (Nr. 44); 60 = 72 f. (Nr. 53); 61 = 115 (Nr. 108); 62 = 124 (Nr. 121); 63 = 141 (Nr. 158); 64 = 141 (Nr. 162); 65 = 144 (Nr. 173); 66 = 145 (Nr. 179); 67 = 146 (Nr. 189); 68 = 147 (Nr. 191); 69 = 148 (Nr. 196); 70 = 149 (Nr. 205); 71 = 151 (Nr. 217); 72 = 151 (Nr. 220); 73 = 152 (Nr. 224); 74 = 153 (Nr. 229); 75 = 157 (Nr. 258); 76 = 158 (Nr. 260); 77 = 159 (Nr. 265); 78 = 159 (Nr. 266); 79 = 159 (Nr. 268); 80 = 159 (Nr. 269); 81 = 160 (Nr. 275); 82 = 167 (Nr. 287); 83 = 187 (Nr. 322).

Jenseits von Gut und Böse: 84 = 625 (Nr. 64); 85 = 625 (Nr. 65); 86 = 626 (Nr. 73); 87 = 627 (Nr. 78); 88 = 628 (Nr. 89); 89 = 629 (Nr. 94); 90 = 629 (Nr. 97); 91 = 631 (Nr. 108); 92 = 632 (Nr. 116); 93 = 633 (Nr. 125); 94 = 634 (Nr. 128); 95 = 637 (Nr. 153); 96 = 640 (Nr. 177); 97 = 752 (Nr. 290);

Götzen-Dämmerung: 98 = 943 (Nr. 2); 99 = 943 (Nr. 4); 100 = 943 (Nr. 8); 101 = 946 (Nr. 26).

L B. Donnellan: Nietzsche and the French Moralists. Bonn 1982.
K.-H. Göttert: Kunst der Sentenzen-Schleiferei. Zu Nietzsches Rückgriff auf die europäische Moralistik. In: Deutsche Vierteljahrsschrift für Literaturwissenschaft und Geistesgeschichte 67 (1993) S. 717–728.
B. Greiner: Friedrich Nietzsche. Versuch und Versuchung in seinen Aphorismen. München 1972.

H. Häntzschel-Schlotke: Der Aphorismus als Stilform bei Nietzsche. Diss. Heidelberg 1967.

D. Molner: The Influence of Montaigne on Nietzsche: A Raison d'Etre in the Sun. In: Nietzsche-Studien 22 (1993) S. 80–93.

F. Spicker: Friedrich Nietzsche: Prägung des Gattungsbewußtseins. In: F. S.: Der Aphorismus. Begriff und Gattung von der Mitte des 18. Jahrhunderts bis 1912. Berlin 1997. S. 181–204.

M. Stingelin: »Unsere ganze Philosophie ist Berichtigung des Sprachgebrauchs«. Friedrich Nietzsches Lichtenberg-Rezeption im Spannungsfeld zwischen Sprachkritik (Rhetorik) und historischer Kritik (Genealogie). München 1996.

B. Thönges: Das Genie des Herzens. Über das Verhältnis von aphoristischem Stil und dionysischer Philosophie in Nietzsches Werken. Stuttgart 1993.

NOVALIS
(Friedrich von Hardenberg, 1772–1801)

Bedeutendster frühromantischer Lyriker und Erzähler. Fragmente dienen ihm zu einer im Prinzip unendlichen intuitiven Reflexion. Er sieht sie als »Sämereien«: Anregungen zum Weiterdenken. Erkenntnis begreift für ihn – von der Mystik her – über die Vernunft hinaus wesentlich Ahnung und Intuition ein. Eine erste Sammlung, *Blütenstaub*, erscheint 1798, von Schlegel redigiert, in der Zeitschrift *Athenäum, Glauben und Liebe oder Der König und die Königin* von unliebsamem politischen Aufsehen begleitet in demselben Jahr, *Politische Aphorismen* kommen daraufhin erst postum 1846 heraus. Seine Aufzeichnungen, Fragmente und Studien sowie die Vorarbeiten zu verschiedenen Fragmentsammlungen im (gedruckten) Nachlaß sind so zahl- wie gedankenreich.

A Blüthenstaub. In: Athenäum. Eine Zeitschrift von A. W. Schlegel und F. Schlegel. Ersten Bandes Erstes Stück. Berlin 1798.
Aphorismen. Hrsg. von M. Brucker. Frankfurt a. M. 1992.

D   Schriften. Die Werke Friedrich von Hardenbergs. Bd. 2: Das philosophische Werk I. Hrsg. von R. Samuel in Zsarb. mit H.-J. Mähl und G. Schulz. Darmstadt ³1981.
1 = 413 (Nr. 1); 2 = 413 (Nr. 6); 3 = 427 (Nr. 32); 4 = 429 (Nr. 37); 5 = 433 (Nr. 51); 6 = 487 (Nr. 12); 7 = 494 (Nr. 35); 8 = 527 (Nr. 17); 9 = 558 (Nr. 143); 10 = 596 (Nr. 323).
Schriften. Die Werke Friedrich von Hardenbergs. Bd. 3: Das philosophische Werk II. Hrsg. von R. Samuel in Zsarb. mit H.-J. Mähl und G. Schulz. Stuttgart ²1968.
11 = 253 (Nr. 79); 12 = 281 (Nr. 237); 13 = 359 (Nr. 537); 14 = 410 (Nr. 732); 15 = 434 (Nr. 857); 16 = 570 (Nr. 101); 17 = 573 (Nr. 124); 18 = 578 (Nr. 176).

L   A. Höft: Novalis als Künstler des Fragments. Ein Beitrag zur Geschichte des deutschen Aphorismus. Diss. Göttingen 1935. – Teilw. abgedr. in: Der Aphorismus. Hrsg. von G. Neumann. Darmstadt 1976. S. 112–129.
G. Neumann: Ideenparadiese. Untersuchungen zur Aphoristik bei Lichtenberg, Novalis, Friedrich Schlegel und Goethe. München 1976. S. 265–416.
H. Uerlings: Friedrich von Hardenberg, genannt Novalis. Werk und Forschung. Stuttgart 1991.
– (Hrsg.): Novalis und die Wissenschaft. Tübingen 1997.
O. Wilhelm: Denkfiguren in Novalis' Fragmenten. *Vermischte Bemerkungen* (Urfassung von *Blütenstaub*) und ihr Zusammenhang mit Fichtes *Wissenschaftslehre*. Überlegungen zur frühromantischen Aphoristik. In: Deutsche Vierteljahrsschrift für Literaturwissenschaft und Geistesgeschichte 72 (1998) S. 227–242.

Adolf Nowaczyński (1876–1944)

Polnischer Kritiker, Satiriker und Dramatiker, der in der k. u. k. Welt Krakaus wurzelt. Wie Napierski ein Opfer der Nationalsozialisten. Angriffe gegen die bürgerlich-väterliche Welt im Geiste von Individualismus, Bohème und Ästhetizismus. Später Pamphletist von konservativ-nationaler Prägung. In manchem mit Kraus vergleichbar. Begeisterter Nietzsche-

Anhänger; von Heine, Wilde, auch Ebner-Eschenbach beeinflußt.

A Małpie zwierciadło (Affenspiegel). Krakau 1902.
Facecje sowizdrzalskie (Eulenspiegelspäße). Krakau 1903.
Skotopaski sowizdrzalskie (Eulenspiegelsprüche). Krakau 1904.

Der schwarze Kauz. Eulen-Spiegel-Glas-Splitter aufgelesen und aus
dem Polnischen übertr. von K. Dedecius. Frankfurt a. M. 1972.

D Polnische Eulenspiegeleien. Übertr. und hrsg. von K. Dedecius.
Neuwied/Berlin 1962. – © 1962 Hermann Luchterhand Verlag
GmbH, Neuwied am Rhein und Berlin.
1 = 17,3; 2 = 17,4; 3 = 20,3; 4 = 21,1; 5 = 23,3; 6 = 23,4; 7 = 25,4;
8 = 77,3; 9 = 78,4.

L P. Krupka: Der polnische Aphorismus. München 1976. S. 25 f.

BLAISE PASCAL (1623–1662)

Französischer Religionsphilosoph, Mathematiker und Physiker. Verkehrt in den aristokratischen Salons seiner Zeit, dabei
u. a. Begegnung mit La Rochefoucauld. Nach einem mysti-
schen Gotteserlebnis 1654 im Kloster. Auseinandersetzung
mit Montaigne. Fanatischer Glaubensernst statt Skepsis. Die
postum veröffentlichten *Pensées* sind die Fragment gebliebenen Entwürfe und Skizzen zu einem zusammenhängenden
Werk. Trotzdem hält sie die jüngere Forschung unter Beru-
fung auf Pascal selbst für eine essentiell fragmentarische Darstellung (Helmich, 1991, S. 44). Sie erstreben eine Synthese
von wissenschaftlichem Geist und religiöser Leidenschaft und
stellen mit ihrem Versuch der Definition des Undefinierbaren
in Paradoxen eine Verteidigung des christlichen Glaubens gegen den Rationalismus der Zeit dar.

A Pensées. Paris 1669. [Vorausausg.] – Ebd. 1670. [1. offizielle
Ausg., sog. Port-Royal-Ausg. Vorw. E. Périer.]

Pensées. In: B. P.: Œuvres. 14 Bde. Hrsg. von L. Brunschvicg [u. a.].
Paris 1904–12. Bd. 12–14. Hrsg. von L. B. Paris 1904.
Pensées. In: B. P.: Œuvres complètes. 3 Bde. Hrsg. von F. Strowski.
Paris 1926–31. Bd. 3. Paris 1931.
Pensées. In: B. P.: Œuvres complètes. Hrsg. von L. Lafuma. Paris 1963.

Gedanken. Eine Auswahl. Übers., hrsg. und eingel. von E. Wasmuth.
Stuttgart 1956.

D   Gedanken. Nach der endgültigen Ausg. übertr. von W. Rütte-
nauer. Bremen 1955. – © 1937, 1992 Sammlung Dieterich Verlagsgesellschaft mbH, Leipzig.
1 = Nr. 39; 2 = Nr. 52; 3 = Nr. 53; 4 = Nr. 118; 5 = Nr. 123; 6 = Nr. 126;
7 = Nr. 152; 8 = Nr. 187; 9 = Nr. 213; 10 = Nr. 302; 11 = Nr. 314; 12 =
Nr. 650; 13 = Nr. 667; 14 = Nr. 721.

L   H. Friedrich: Pascals Paradox. Das Sprachbild einer Denkform. In:
Zeitschrift für romanische Philologie 56 (1936) S. 322–370.
K. Stierle: Pascals Reflexionen über den »ordre« der *Pensées*. In: Poe-
tica 4 (1971) S. 167–196.

Žarko Petan (geb. 1929)

Slowenischer Satiriker, Regisseur und Hörspielautor. Seine
Aphorismen beziehen, denen von Lec vergleichbar, aus der
politischen Reibung in der aktuellen Situation ihre Schärfe. In
den besseren Fällen weist die Pointe über den Anlaß hinaus
und wirkt ins Grundsätzliche. Ihre Domäne ist die Zeitschrift, ihre Mittel sind meist die alten, anscheinend unver-
brauchbaren: Wortspiel, Umkehrung, Definition, Sprichwort-
variation.

D   Mit leerem Kopf nickt es sich leichter. Satirische Aphorismen. Aus
dem Slowenischen von M. Dutsch und D. Grah. Graz/Wien/Köln
1979. – Mit Genehmigung von Žarko Petan, Ljubljana.
1 = 11,2; 2 = 14,2; 3 = 18,7; 4 = 23,5; 5 = 30,5; 6 = 32,4; 7 = 50,5;
8 = 52,5; 9 = 62,3; 10 = 74,8; 11 = 80,2; 12 = 82,3; 13 = 85,8; 14 = 90,3.
Himmel in Quadraten. Aphorismen und kleine Prosa. Aus dem Slo-

wenischen von K. und D. Grah. Graz 1981. – Mit Genehmigung von
Žarko Petan, Ljubljana.
15 = 11,8; 16 = 19,7; 17 = 24,3.
Vor uns die Sintflut. Aphorismen. Ein immerwährendes Kalendarium.
Aus dem slowenischen Original übers. vom Autor unter Mitarb. von
D. Gogg und E. Vujica. Graz/Wien/Köln 1983. – Mit Genehmigung
von Žarko Petan, Ljubljana.
18 = 18. Woche, 7; 19 = 27. Woche, 1; 20 = 31. Woche, 1; 21 = 50. Woche, 3.
Viele Herren von heute waren gestern noch Genossen. Neue Aphorismen. Aus dem Slowenischen von J. Ferk, P. Kersche, Ž. Petan, E. Vujica. Graz/Wien/Köln 1990. – © 1990 Verlag Styria, Graz, Wien und
Köln.
22 = 10,4; 23 = 10,7; 24 = 16,4; 25 = 22,7; 26 = 34,3; 27 = 37,8; 28 =
69,5; 29 = 92,5; 30 = 94,4.

L   W. Mieder: »Alles in bester Unordnung«. Zu den sprichwörtlichen
Aphorismen Žarko Petans. In: Sprachspiegel 49 (1997) S. 66–72.

JULES RENARD (1864–1910)

Französischer Romanschriftsteller und Dramatiker. Verfaßt
vom 15. Juni 1872 bis zu seinem Tode ein Reflexionstagebuch
in 54 Heften, das stark redigiert und mit Streichungen ab
1925 veröffentlicht wird. Er ist für die Gattungsreflexion des
modernen Aphorismus von grundlegender Bedeutung. La
Bruyère und Pascal sind besonders einflußreich; Bildaphoris-
men, die plötzliche Einsicht wecken, verweisen auch auf Lichtenberg zurück. Kürzest-Notate von (auch fast surrealen) Bil-
dern, Naturbeobachtungen, Porträts, Paradoxa zu den ewigen
Themen von Tod und Traum, Glück, Gott und Wahrheit.
Verstummensangst verbindet sich mit literarischer Geltungs-
sucht. Renards Reduktions-Ästhetik wird im Zusammenhang
eines umfassenden Sprachzweifels zu einer selbstzerstöreri-
schen Zwangsvorstellung (Helmich, 1991, S. 72).

A Journal. 1887–1910. Hrsg. von L. Guichard und G. Sigaux. Paris 1965.

D Ideen, in Tinte getaucht. Tagebuch-Aufzeichnungen. Ausgew. und aus dem Französischen übertr. von H. Grössel. München 1990. – © 1986 Artemis & Winkler Verlag, Düsseldorf und Zürich.
1 = 11,4; 2 = 15,2; 3 = 32,9; 4 = 43,8; 5 = 43,10; 6 = 44,1; 7 = 55,3; 8 = 76,6; 9 = 77,3; 10 = 79,4; 11 = 100,3; 12 = 103,4; 13 = 107,3; 14 = 111,9; 15 = 120,5; 16 = 149,2; 17 = 150,1; 18 = 150,6; 19 = 163,5; 20 = 203,5; 21 = 206,3; 22 = 207,8; 23 = 220,3; 24 = 220,6; 25 = 225,7; 26 = 228,3; 27 = 271,2; 28 = 272,3; 29 = 275,8; 30 = 291,5; 31 = 294,4; 32 = 325,6; 33 = 340,8.

L W. Helmich: Der moderne französische Aphorismus. Tübingen 1991. S. 70–74, 132–136.

Friedrich Schlegel (1772–1829)

Dichter der Frühromantik, vor allem ihr bedeutendster Kritiker und Theoretiker. Veröffentlicht *Kritische Fragmente* im *Lyceum* (1797) und *Fragmente* und *Ideen* im *Athenäum* (1798), eine literarische Form, die er, von Chamfort her, in Zusammenarbeit mit Novalis entwickelt und erprobt. Daneben viele nachgelassene Notizen und Fragmente. Findet für seine Idee einer progressiven Universalpoesie, in der der »wissenschaftliche Witz« zur Vermittlung zwischen System und Systemlosigkeit, Kunst und Wissenschaft, Poesie und Philosophie dient, im Fragment die angemessene, ideale Form: Definitions-Experimente, die in ihren Paradoxien von unendlich anregender Wirkung sind.

A Kritische Fragmente. In: Lyceum der schönen Künste. Ersten Bandes, zweiter Teil. Berlin 1797.
Fragmente (anonym). In: Athenäum. Eine Zeitschrift von A. W. Schlegel und F. Schlegel. Ersten Bandes Zweites Stück. Berlin 1798.
Ideen. In: Athenäum. Eine Zeitschrift von A. W. Schlegel und F. Schlegel. Dritten Bandes Erstes Stück. Berlin 1800.

Literarische Notizen 1797–1801. Literary Notebooks. Hrsg. von
H. Eichner. Frankfurt a. M. / Berlin / Wien 1980.

D   Charakteristiken und Kritiken I (1796–1801). In: Kritische Fried-
rich-Schlegel-Ausgabe. Hrsg. von E. Behler unter Mitw. von J.-J. An-
stett und H. Eichner. Abt. 1. Bd. 2. Hrsg. von H. Eichner. München
[u. a.] 1967.
Lyceum-Fragmente: 1 = 148 (Nr. 14); 2 = 153 (Nr. 48); 3 = 157
(Nr. 85); 4 = 158 (Nr. 90); 5 = 161 (Nr. 115)
Athenäum-Fragmente: 6 = 170 (Nr. 29); 7 = 171 (Nr. 35); 8 = 171
(Nr. 37); 9 = 173 (Nr. 53); 10 = 174 (Nr. 62); 11 = 197 (Nr. 206); 12 =
210 (Nr. 267)
Ideen: 13 = 257 (Nr. 10); 14 = 257 (Nr. 13); 15 = 259 (Nr. 34); 16 = 262
(Nr. 62); 17 = 263 (Nr. 69); 18 = 266 (Nr. 101); 19 = 267 (Nr. 113).

L   H. Gockel: Friedrich Schlegels Theorie des Fragments. In: Ro-
mantik. Ein literaturwissenschaftliches Studienbuch. Hrsg. von
E. Ribbat. Königstein i. Ts. 1979. S. 23–37.
G. Neumann: Ideenparadiese. Untersuchungen zur Aphoristik bei
Lichtenberg, Novalis, Friedrich Schlegel und Goethe. München 1976.
S. 417–603.

Arthur Schnitzler (1862–1931)

Wiener Dramatiker und Erzähler. Arzt. Schreibt seit 1879
Aphorismen, die er seit 1886 in Zeitungen und Zeitschriften
veröffentlicht. Sein *Buch der Sprüche und Bedenken* ist die als
»Tagebuch« bezeichnete späte, sorgfältig komponierte und in
Themenkreisen zusammengestellte Auswahl aus diesem Teil
seines Werks. Unpointierte Kurzreflexion vornehmlich zu
Fragen der Sprache und Literatur sowie der menschlichen Beziehungen, die eine eher ethische als artistische Intention erkennen lassen. Skeptisch-ambivalente Haltung zu einer Gattung zwischen höchstem Geltungsanspruch und »Bedenken«
weckender, einseitiger Anmaßung.

A Buch der Sprüche und Bedenken. Aphorismen und Fragmente. Wien 1927.
Entworfenes und Verworfenes. Aus dem Nachlaß. Hrsg. von R. Urbach. Frankfurt a. M. 1977.
Beziehungen und Einsamkeiten. Aphorismen. Ausgew. und eingel. von C. Eich. Frankfurt a. M. 1987.

D Aphorismen und Betrachtungen. In: A. Sch.: Gesammelte Werke. Bd. 5. Hrsg. von R. O. Weiss. Frankfurt a. M. 1967. – © 1967 S. Fischer Verlag GmbH, Frankfurt am Main.
1 = 28 (Nr. 34); 2 = 29 (Nr. 38); 3 = 45 (Nr. 14); 4 = 45 (Nr. 16); 5 = 48 (Nr. 31); 6 = 51 (Nr. 49); 7 = 61 (Nr. 39); 8 = 70 (Nr. 86); 9 = 77 (Nr. 17); 10 = 94 (Nr. 41); 11 = 95 (Nr. 47); 12 = 126 (Nr. 1); 13 = 127 (Nr. 7); 14 = 128 (Nr. 21); 15 = 130 (Nr. 36); 16 = 131 (Nr. 45); 17 = 133 (Nr. 56); 18 = 183,3; 19 = 242,3; 20 = 247,6; 21 = 255,3; 22 = 261,4.

L G. Marahrens: Struktur, Gehalt und Bedeutung der Aphorismen im Werk Arthur Schnitzlers. In: Die Seele . . . ist ein weites Land. Kritische Beiträge zum Werk Arthur Schnitzlers. Hrsg. von J. P. Strelka. Bern 1997. S. 81–106.
R. Noltenius: Hofmannsthal – Schröder – Schnitzler. Möglichkeiten und Grenzen des modernen Aphorismus. Stuttgart 1969.
Z. Škreb: Arthur Schnitzlers Kunst des Aphorismus. In: Studien zur Literatur des 19. u. 20. Jahrhunderts in Österreich. Hrsg. von J. Holzner [u. a.]. Festschrift für A. Doppler zum 60. Geburtstag. Innsbruck 1981. S. 79–88.

ARTHUR SCHOPENHAUER (1788–1860)

Philosoph, der nach seinem frühen Hauptwerk *Die Welt als Wille und Vorstellung* (1818) zeitlebens Nachträge und Ergänzungen dazu verfaßt und 1851 *Parerga und Paralipomena*, Nebenwerke und Zurückgebliebenes, veröffentlicht. Die *Aphorismen zur Lebensweisheit* schließen deren ersten Band ab. Starker Zusammenhang mit Gracián (den er übersetzt) und Einfluß von Lichtenberg. Sein Werk ist eher pedantisch-systematisch angelegt und steht in der (begrifflichen) Tradition einer philosophisch-literarischen, moralistischen Literatur praktischer Selbst- und Welterkenntnis aus dem späten 18. Jahrhundert. In seinem Pessimismus kulturell bestimmend und von breitester, langanhaltender Wirkung, so auf Nietzsche. Das früheste Werk der deutschen Literaturgeschichte, das den Begriff im Titel führt und in das allgemeine Bewußtsein eindringen kann.

A Aphorismen zur Lebensweisheit. In: A. Sch.: Parerga und Paralipomena. Bd. 1. Berlin 1851.
Sämtliche Werke. Textkrit. bearb. und hrsg. von W. v. Löhneysen. Bd. 4 und 5: Parerga und Paralipomena I. II. Stuttgart / Frankfurt a. M. 1963–64.
Zürcher Ausgabe. 10 Bde. Hrsg. von Angelika Hübscher, unter Mitarb. von Arthur Hübscher, Schopenhauer-Gesellschaft und Schopenhauer-Archiv, Frankfurt am Main. Zürich 1977.

D Aphorismen zur Lebensweisheit. Hrsg. und mit einem Vorw. von A. Hübscher. Stuttgart 1972.
1 = 147 f.; 2 = 151; 3 = 173; 4 = 180; 5 = 213; 6 = 214; 7 = 215; 8 = 217.

L A. Hübscher: Schopenhauer. Biographie eines Weltbildes. 2., erg. Aufl. Stuttgart 1967.
F. Riedinger: Schopenhauer und der Aphorismus. In: Kant-Studien 54 (1963) S. 221–227.
R. Safranski: Schopenhauer und Die wilden Jahre der Philosophie. Eine Biographie. München/Wien 1987.

GEORGE BERNARD SHAW (1856–1950)

Irischer Dramatiker. Seine ironisch-satirischen Dramen voll witzig-paradoxer Dialoge sind eine Fundgrube für geistreiche Sentenzen. Selbständige Aphorismen hingegen sind nur die *Maxims for Revolutionists*, als Anhang zu dem 1905 uraufgeführten Drama *Man and Superman* gedruckt. Aphoristische Erörterung von Begriffen, Bierce nicht unähnlich. Ideen von

Nietzsche, Bergson und Darwin verbunden zu einem Praktikum in denkerischem Tabubruch (Horstmann, 1993, S. 193).

A Man and Superman. London 1903.

D Aphorismen für Umstürzler. In: G. B. Sh.: Mensch und Übermensch. Zürich 1946. – Mit Genehmigung des Suhrkamp Verlags, Frankfurt am Main.
1 = 325,2; 2 = 327,3; 3 = 328,8; 4 = 331,8; 5 = 333,8; 6 = 335,2; 7 = 336,1; 8 = 337,8; 9 = 342,7; 10 = 343,1.

BOTHO STRAUSS (geb. 1944)

Einer der meistgespielten zeitgenössischen Theaterautoren des deutschsprachigen Raumes. Gesellschaftsanalytische Komödien, in denen Realistik und Phantastik gemischt sind. Auch Prosa und Essay. In *Paare, Passanten* Beobachtungen, Kommentare, Reflexionen und Anekdoten über die wahrgenommene Welt aus der Perspektive eines außenstehenden Flaneurs; Auseinandersetzung mit Adorno (*Minima Moralia*). Dann auch in den Kurzprosasammlungen fortschreitend eine Poetik der Erinnerung und des Mythos in Annäherung an die Romantik. Vorwurf: sein Ästhetizismus klammere die politische Realität aus. *Die Fehler des Kopisten* verbindet in verschiedenartigen Kurzformen, in Naturbeobachtung, Skizze, Aphorismus, Tagebuch, mit melancholischer Grundbefindlichkeit scharfe Zeitkritik. Rezipiert u. a. Cioran, Gómez Dávila, Ceronetti.

A Beginnlosigkeit. Reflexionen über Fleck und Linie. München/Wien 1992.

D Paare, Passanten. München/Wien 1981. – © 1981 Carl Hanser Verlag GmbH & Co., München und Wien.
1 = 101,2; 2 = 192,1; 3 = 192,4; 4 = 202,2.

Fragmente der Undeutlichkeit. München/Wien 1989. – © 1989 Carl Hanser Verlag GmbH & Co., München und Wien.
5 = 43,3; 6 = 49,1; 7 = 49,2; 8 = 56,2.
Die Fehler des Kopisten. München/Wien 1997. – © 1997 Carl Hanser Verlag GmbH & Co., München und Wien.
9 = 28,1; 10 = 73,3; 11 = 75,2; 12 = 82,2; 13 = 87,4; 14 = 91,2; 15 = 102,3; 16 = 106,2; 17 = 107,2; 18 = 110,1; 19 = 114,3; 20 = 118,2; 21 = 121,4; 22 = 145,1; 23 = 172,1; 24 = 205,2.

L D. Göttsche: Denkbild und Kulturkritik. Entwicklungen der Kurzprosa bei Botho Strauß. In: Text und Kritik. H. 81: Botho Strauß. 2., vollst. rev. Aufl. München 1998. S. 27–40.
U. Greiner-Kemptner: Subjekt und Fragment. Textpraxis in der (Post-)Moderne. Aphoristische Strukturen in Texten von P. Handke, B. Strauß, J. Becker, Th. Bernhard, W. Hildesheimer, F. Ph. Ingold und A. Heiz. Stuttgart 1990.

Jonathan Swift (1667–1745)

Bedeutendster englischer (anglo-irischer) Satiriker. Von zeitweilig großem politischen Einfluß (bei den Whigs). Misanthrop. In geistiger Umnachtung gestorben. *Gulliver's Travels* (1726) ist eine realistisch-phantastische ätzende Satire auf den Menschen. Die wenigen Aphorismen seiner *Thoughts on Various Subjects* im Stil La Rochefoucaulds fügen sich seiner demaskierenden und in schärfster Form desillusionierenden sonstigen Prosa ein.

A Thoughts on Various Subjects. In: Miscellanies in Prose and Verse. London 1711.
Thoughts on Various Subjects. In: J. S.: The Prose Works. Bd. 1: A Tale of a Tub. Hrsg. von H. Davis. Oxford 1957. S. 241–245.
Thoughts on Various Subjects. In: J. S.: The Prose Works. Bd. 4: A Proposal for Correcting the English Tongue, Polite Conversation etc. Hrsg. von H. Davis. Oxford 1957. S. 243–254.

Die menschliche Komödie. Schriften, Fragmente, Aphorismen. Übers. und hrsg. von M. Freund. Stuttgart 1957. S. 267–269.

D Gedanken über verschiedene Gegenstände erbaulicher und ergötzlicher Art. In: J. S.: Ausgewählte Werke in drei Bänden. Hrsg., eingel. und komm. von A. Schlösser. Bd. 1: Satiren und Zeitkommentare. Frankfurt a. M. 1972. – © 1972 Insel Verlag, Frankfurt am Main.
1 = 497,1; 2 = 498,1; 3 = 498,5; 4 = 501,4; 5 = 503,3; 6 = 507,1; 7 = 507,4; 8 = 508,2; 9 = 508,9; 10 = 509,3; 11 = 513,3; 12 = 514,6; 13 = 514,10; 14 = 515,2.

JULIAN TUWIM (1894–1953)

Polnischer Lyriker, Satiriker und Kabarettist. 1939 Emigration, 1946 Rückkehr. Gehört zu den populärsten polnischen Dichtern dieses Jahrhunderts (Krupka, 1976, S. 30). In seiner Aphoristik stark von Bierce und Wilde beeinflußt, deren Aphorismen er auch zu Eigenem umarbeitet.

A Jarmark rymów (Jahrmarkt der Reime). Warschau 1957.

D A. Marianowicz, R. M. Groński (Hrsg.): Denkspiele. Frankfurt a. M. 1975. – © 1975 Suhrkamp Verlag, Frankfurt am Main.
1 = 41,7; 2 = 43,1; 3 = 44,2; 4 = 44,7; 5 = 46,1; 6 = 46,3; 7 = 46,6.
K. Dedecius (Hrsg.): Polnische Pointen. Zürich 1997. – © 1997 Amman Verlag & Co., Zürich.
8 = 286,4; 9 = 286,10; 10 = 287,9; 11 = 288,6.

L P. Krupka: Der polnische Aphorismus. München 1976. S. 30 f.

MARK TWAIN
(Samuel Langhorne Clemens, 1835–1910)

Im amerikanischen Westen aufgewachsen. Humoristischer (Reise-)Schriftsteller. Größter Erfolg mit *The Adventures of Tom Sawyer* (1876) und *The Adventures of Huckleberry Finn* (1884). Spätestens ab 1907 internationaler Ruhm. Sein *Note-*

book, die postum veröffentlichten Reisetagebücher, sammelt zwischen verschiedenartigsten Reisenotizen auch Aphorismen. Sie finden sich hier ab 1866, nehmen mit der Zeit mehr Raum ein und machen Pessimismus und innere Widersprüchlichkeit produktiv.

D Notebook. Hrsg. von A. B. Paine. London 1935. Nachdr. New York 1972.

1 = 20; 2 = 30; 3 = 235; 4 = 236,4; 5 = 236,8; 6 = 236,9; 7 = 306; 8 = 328; 9 = 344,5; 10 = 345,7; 11 = 345,8; 12 = 345,9; 13 = 346,9; 14 = 347,3; 15 = 347,6; 16 = 347,7; 17 = 373,3; 18 = 379; 19 = 385,4; 20 = 385,8; 21 = 393.

Übers. von Petra Madelung und Friedemann Spicker.

Paul Valéry (1871–1945)

Bedeutendster französischer Lyriker des 20. Jahrhunderts in der Nachfolge Mallarmés. Dichter, Denker, Essayist. Mitglied der Académie Française. Verfaßt jahrzehntelang allmorgendlich die Notizen seiner *Cahiers*, deren 263 Hefte in thematischer Zusammenstellung postum veröffentlicht werden. Die zu Lebzeiten publizierten Aphorismenbände (z. B. *Rhumbs*; *Tel Quel*) sind weitgehend Auszüge daraus. Die Wissenschaften von der Mathematik und den Naturwissenschaften bis zu Philosophie, Psychologie und Historiographie umfassender Geist. Bringt in den *Cahiers* in ständiger Reflexion auf die Bedingungen des eigenen Denkens und Schreibens den literarischen und den wissenschaftlichen Traditionsstrang innerhalb der Geschichte des Aphorismus zur Synthese.

A Cahier B 1910. Paris 1924.
Rhumbs. Paris 1926.
Autres rhumbs. Aphorismes. Paris 1927.
Littérature. Aphorismes. Paris 1929.

Choses tues. Aphorismes. Paris 1930.
Suite. Paris 1930.
Moralités. Aphorismes. Paris 1932.
Tel Quel. Aphorismes. 2 Bde. Paris 1941–43.
Mauvaises pensées et autres. Paris 1942.
Œuvres. Bd. 1–2. Hrsg. von H. J. Hytier. Paris 1957–60.
Cahiers I–XXIX. Paris 1957–61. [Faks.-Ausg.]
Cahiers I–II. Hrsg. von J. Robinson. Paris 1973–74.

D Windstriche. Aufzeichnungen und Aphorismen. Übertr. von
B. Böschenstein, H. Staub, P. Szondi. Frankfurt a. M. 1995. – © 1995
Suhrkamp Verlag, Frankfurt am Main.
1 = 27,4; 2 = 45,2; 3 = 49,2; 4 = 50,3; 5 = 57,1; 6 = 72,4; 7 = 109,2; 8
= 111,3; 9 = 168,5; 10 = 174,4; 11 = 181,4.
Cahiers/Hefte. Hrsg. von H. Köhler und J. Schmidt-Radefeldt.
6 Bde. Frankfurt a. M. 1987–93. – © 1991, 1988, 1989, 1990, 1992,
1993 S. Fischer Verlag GmbH, Frankfurt am Main.
Bd. 1: 12 = 49,1; 13 = 58,2; 14 = 59,2; 15 = 61,3; 16 = 144,4; 17 = 172,2;
18 = 305,3; 19 = 336,2; 20 = 401,1; 21 = 405,2; 22 = 434,6;
23 = 435,1; 24 = 476,3; 25 = 504,2.
Bd. 2: 26 = 30,3; 27 = 37,4; 28 = 40,4; 29 = 99,2; 30 = 141,1; 31 = 151,2;
32 = 158,2; 33 = 216,2; 34 = 263,3; 35 = 377,5; 36 = 392,4; 37 = 475,3;
38 = 480,2; 39 = 482,5; 40 = 510,3; 41 = 530,2; 42 = 549,2; 43 = 559,1.
Bd. 3: 44 = 54,3; 45 = 125,3; 46 = 143,4; 47 = 155,2; 48 = 371,2;
49 = 379,4; 50 = 442,4.
Bd. 4: 51 = 407,4; 52 = 486,2.
Bd. 5: 53 = 58,3; 54 = 138,1; 55 = 209,2; 56 = 246,2; 57 = 363,5;
58 = 378,2; 59 = 391,3; 60 = 473,2; 61 = 476,4; 62 = 595,2.
Bd. 6: 63 = 101,3; 64 = 557,2; 65 = 558,2; 66 = 559,6; 67 = 565,4;
68 = 597,2; 69 = 600,3; 70 = 602,2; 71 = 617,5; 72 = 623,3; 73 = 640,1.
Zur Theorie der Dichtkunst und Vermischte Gedanken. Frankfurter
Ausgabe. Bd. 5. Hrsg. von J. Schmidt-Radefeldt. Frankfurt a. M. 1991. –
© 1991 Insel Verlag, Frankfurt am Main.
74 = 187,1; 75 = 362,2; 76 = 365,3; 77 = 382,5; 78 = 384,4; 79 = 389,5;
80 = 391,6; 81 = 398,7; 82 = 424,6; 83 = 442,4; 84 = 444,3; 85 = 457,4;
86 = 459,5; 87 = 465,3; 88 = 477,6.

L W. Helmich: Der moderne französische Aphorismus. Tübingen
1991. S. 160–198.
J. Schmidt-Radefeldt (Hrsg.): Paul Valéry. Tübingen 1999.

Luc de Clapiers, Marquis de Vauvenargues
(1715–1747)

Frühverstorbener französischer Moralist. Zu Lebzeiten als Schriftsteller unbeachtet. Mit Voltaire befreundet. Betont im bewußten Widerspruch zu La Rochefoucauld die menschlichen Leidenschaften als Triebkräfte des Lebens. Seine *Maximen* erweitern ihren Themenkreis um Geschichte und Politik. Stilistisch durchweg weniger ambitioniert als die seines Vorgängers, ragen sie durch die Modernität ihres ambivalenten Denkens wie ihres Menschenbildes heraus.

A Réflexions et maximes. Paris 1746.
Réflexions et maximes. Hrsg. von R. Charbonnel. Paris 1934.
Œuvres complètes. Hrsg. von N. Bonnier. Paris 1968.

D Die französischen Moralisten. Hrsg. und übers. von F. Schalk. Bd. 1. München 1973. – © 1979, 1992 Sammlung Dieterich Verlagsgesellschaft mbH, Leipzig.
1 = 108,3; 2 = 110,10; 3 = 111,2; 4 = 111,5; 5 = 111,8; 6 = 113,7; 7 = 115,6; 8 = 115,15; 9 = 116,12; 10 = 116,15; 11 = 117,1; 12 = 117,9; 13 = 118,2; 14 = 118,3; 15 = 119,5; 16 = 120,2; 17 = 120,13; 18 = 127,7; 19 = 128,1; 20 = 129,2; 21 = 132,1; 22 = 133,1; 23 = 136,7; 24 = 138,2; 25 = 139,9; 26 = 140,9; 27 = 142,6; 28 = 142,7; 29 = 147,2; 30 = 151,6; 31 = 167,3; 32 = 171,1; 33 = 182,6; 34 = 185,3; 35 = 188,2; 36 = 188,5; 37 = 189,10.

L W. Helmich: Der moderne französische Aphorismus. Tübingen 1991. S. 48 f.
M. Kruse: Die Maxime in der französischen Literatur. Studien zum Werk La Rochefoucaulds und seiner Nachfolger. Hamburg 1960.

Oscar Wilde (1854–1900)

Anglo-irischer Dramatiker. Dandy und Exzentriker. Verfechter eines absoluten l'art pour l'art. Nach zweijährigem Zuchthausaufenthalt wegen ›sexueller Perversität‹ gesellschaftlich und finanziell zerstört. Seine Gesellschaftskomödien voll pointierter Dialoge bieten bei einem unscharfen Aphorismus-Begriff mehr noch als die Shaws die Grundlage für zahlreiche Sammlungen witzig-ironischer Sentenzen, Zitate, Bonmots als »Aphorismen«, speziell zu den Themen Moral und Liebe, Schönheit und Kunst. Isolierte Aphorismen hingegen nur im Vorwort zum *Bildnis des Dorian Gray* (1891), ferner *A Few Maxims for the Instruction of the Over-Educated* und *Phrases and Philosophies for the Use of the Young*, beide von 1894.

A   A Few Maxims for the Instruction of the Over-Educated. In: SatR Satirical Review. 17. November 1894.
Phrases and Philosophies for the Use of the Young. New York 1906.
Epigrams and Aphorisms. Boston 1905. New York 1973.
Complete Works. Hrsg. von V. Holland. London 1973. Nachdr. New York 1989.

Lehren und Sprüche. Übers. von F. Blei. Leipzig [o. J.].
Aphorismen. Hrsg. von F. Thissen. Frankfurt a. M. 1987.
Extravagante Gedanken. Ausw. und Übers. von C. Kraus. Hrsg. von W. Kraus. Zürich 1988.

D   Sämtliche Werke in zehn Bänden. Hrsg. von N. Kohl. Frankfurt a. M. 1982. – © 1982 Insel Verlag, Frankfurt am Main.
Bd. 1, S. 9–10: 1 = 9,2; 2 = 10.
Bd. 7, S. 253–255: 3 = 253,7; 4 = 254,1; 5 = 254, 5; 6 = 254,13; 7 = 255,6; 8 = 255,7; 9 = 255,8.
Bd. 9, S. 963–964: 10 = 963,1; 11 = 963,2; 12 = 964,3; 13 = 964,10.

L   N. Kohl: Oscar Wilde. Das literarische Werk zwischen Provokation und Anpassung. Heidelberg 1980. [S. 557 f.: Bibliographie zum Aphorismus.]

Bibliographie

Anthologien

Weltliteratur

Almansi, Guido (Hrsg.): Il filosofo portatile. Citazioni, aforismi e pensieri scelti e tradotti par G. A. Mailand: TEA, 1991.

Auden, Wystan Hugh / Kronenberger, Louis (Hrsg.): The Faber Book of Aphorisms. A Personal Selection. London: Faber and Faber, 1964.

Berg, Egon [Auspitz, Leopold] (Hrsg.): Das Buch der Bücher. Aphorismen der Welt-Literatur. 7. Aufl. Wien / Leipzig / Teschen: Prochaska, [1901].

Brauers, Jan (Hrsg.): In verbo veritas. Aphorismen-Auslese. Baden-Baden: Baden-Badener Verlag, 1996.

Buddingh', Cees (Hrsg.): Spectrum Citatenboek. Herzien door Bert Edens, met medewerking van Ruurd Edens en Reinder Storm. Utrecht: Het Spectrum, 1992.

Edens, Bert / Edens, Ruurd / Storm, Reinder (Hrsg.): Prisma van de citaten. 3001 moderne aforismen. 2. Auflage. Utrecht: Het Spectrum, 1997.

Gross, John (Hrsg.): The Oxford Book of Aphorisms. Oxford / New York: Oxford University Press, 1983.

Grunow, Alfred (Hrsg.): Führende Worte. Bd. 2: Lebensweisheit und Weltanschauung abendländischer Dichter und Denker. Berlin: Haude und Spener, 1962.

Hoddick, Fritz (Hrsg.): Weltliche Texte. Aphorismenschatz der Weltliteratur. Berlin: Spener, ⁴1901.

Hübscher, Arthur (Hrsg.): Brevier der Lebenskunst. Aphorismen der Weltliteratur. München: Desch, 1952.

Lockridge, Norman (Hrsg.): World's Wit and Wisdom. New York: Dorene, 1945.

Margolius, Hans (Hrsg.): Was wir suchen, ist alles. Aphorismen der Weltliteratur. Bern / Stuttgart / Wien: Scherz, 1958.

Palazzi, Fernando / Spaventa Filippi, Silvio (Hrsg.): Il libro dei mille savi. Massime, pensieri, aforismi, paradossi di tutti i tempi

e di tutti i paesi. Accompagnato dal testo originale e dalla cita-
zione delle fonti. Quinta ristampa della seconda edizione con
l'aggiunta di circa altri mille aforismi. Mailand: Hoepli, 1967.

Polt-Heinzl, Evelyne (Hrsg.): Weisheit für alle Tage. Stuttgart: Reclam, 1997.

Roncoroni, Federico (Hrsg.): Il libro degli aforismi. Mailand: Mondadori, 1989.

Schmidt, Lothar (Hrsg.): Das große Handbuch geflügelter Definitionen. München: Moderne Verlagsgesellschaft, 1971. – Leicht
veränd. Ausg. u. d. T.: Schlagfertige Definitionen. Von Aberglaube bis Zynismus. 5000 geschliffene Begriffsbeschreibungen
für Rede, Gespräch, Diskussion, Referat, Artikel oder Brief.
Reinbek bei Hamburg: Rowohlt, 1976.

Schultz, Joachim (Hrsg.): Der Mensch in der Gesellschaft. Aphorismen und Maximen aus Frankreich, England, Italien, 16. –
18. Jahrhundert. Zweisprachig herausgegeben. Bamberg: Weiß,
1997.

Wilcox, Frederick W. (Hrsg.): A Little Book of Aphorisms. New
York: Scribner's, 1947.

Wittek, Aurel (Hrsg.): Parallelen des Geistes. Ein Handbuch der Zitate, Sentenzen, Aussprüche, Aphorismen, philosophischen Stellen und Sprüchen [!] aus der poetischen, klassischen und wissenschaftlichen Literatur aller Kulturvölker von den ältesten Zeiten
bis zur Gegenwart. In fünf Textbänden. Bd. 1–2 [mehr nicht
ersch.]. Prag: Rota, 1936–37.

Einzelliteraturen

Deutsch

Eckart, Hans (Hrsg.): Führende Worte. Lebensweisheit und Welt-
anschauung deutscher Dichter und Denker. Berlin: Haude und
Spener, ⁴1919. – 6. Aufl. bearb. von Alfred Grunow. Berlin:
Haude und Spener, 1961.

Fieguth, Gerhard (Hrsg.): Deutsche Aphorismen. Durchges. und
bibliogr. erg. Ausg. Stuttgart: Reclam, 1994.

Fricke, Harald / Meyer, Urs (Hrsg.): Abgerissene Einfälle. Deutsche
Aphorismen des 18. Jahrhunderts. München: C. H. Beck, 1998.

Gaugler, Almut (Hrsg.): Aphorismen. Gütersloh: Bertelsmann,
1994.

Hindermann, Federico / Heinser, Bernhard (Hrsg.): Deutsche Aphorismen aus drei Jahrhunderten. Zürich: Manesse, ²1987.

Margolius, Hans (Hrsg.): Deutsche Aphorismen. Bern: Scherz, 1953.

Simon, Dietrich (Hrsg.): Eine ganze Milchstraße von Einfällen. Aphorismen von Lichtenberg bis Raabe. München: Hanser, 1975.

Welser, Klaus von (Hrsg.): Deutsche Aphorismen. München/Zürich: Piper, 1988.

Wiedner, Laurenz (Hrsg.): Unbezwinglicher Geist. Ein Brevier deutscher Aphoristik. Zürich: Pegasus, 1944.

Skupy, Hans-Horst (Hrsg.): Österreich-Brevier. Aphorismen und Zitate von Altenberg bis Zweig. Wien/München: Amalthea, 1983.

Englisch

Horstmann, Ulrich (Hrsg.): English Aphorisms. Stuttgart: Reclam, 1993.

Smith, Logan Pearsall (Hrsg.): A Treasury of English Aphorisms. London: Constable, 1928.

Französisch

Bauer, Gérard (Hrsg.): Les moralistes français. La Rochefoucauld, La Bruyère, Vauvenargues, Chamfort, Rivarol, Joubert. Choix de Textes et préface par G. B. Paris: Editions Albin Michel, 1962.

Lafond, Jean (Hrsg.): Moralistes du XVIIe siècle. Paris: Lafont, 1992.

Schalk, Fritz (Hrsg.): Die französischen Moralisten. Hrsg. und übers. von F. Sch. 2 Bde. München: Deutscher Taschenbuch Verlag, 1973. – Zuerst: Wiesbaden: Dieterich, 1949.

Italienisch

Ruozzi, Gino (Hrsg.): Scrittori italiani di aforismi. Bd. 1, 2. Mailand: Mondadori, 1994–96.

Polnisch

Dedecius, Karl (Hrsg.): Bedenke, bevor du denkst. 2222 Aphorismen, Sentenzen und Gedankensplitter. Frankfurt a. M.: Suhrkamp, 1984.

Dedecius, Karl (Hrsg.): Polnische Pointen. Satiren und kleine Prosa des 20. Jahrhunderts. München: Deutscher Taschenbuch Verlag, 1963. – Erw. Ausg.: Zürich: Amann, 1997.

Glensk, Joachim (Hrsg.): Współczesna aforystyka polska. Antologia 1945–84. Lodz: Wydawnictwo Łódźkie, 1986.

– (Hrsg.): Aforyzmy o aforyzmach. Opole (Oppeln): Wydawnictwo »Test«, 1991.

Glenskowa, Czesława / Glensk, Joachim (Hrsg.): Myślę więc jestem. Aforyzmy, Maksymy, Sentencje. Opole (Oppeln): Instytut Śląski w Opolu, 1986.

Marianowicz, Antoni / Groński, Ryszard Marek (Hrsg.): Denkspiele. Polnische Aphorismen des 20. Jahrhunderts. Frankfurt a. M.: Insel, 1975.

Orzechowski, Kazimierz (Hrsg.): Żądło i Miód Mądrości. Antologia aforyzmu polskiego. Wrocław (Breslau): Ossolineum, 1990.

Serbokroatisch

Dor, Milo (Hrsg.): Schreib wie du schweigst. Serbische Aphorismen. Wien/München/Zürich: Europa, 1984.

– (Hrsg.): Irren ist menschlich. Und patriotisch. Serbische Aphorismen aus dem Krieg. Salzburg: Mueller, 1994.

Eschker, Wolfgang (Hrsg.): Die Chamäleons sind zur Zeit rot. Belgrader Aphorismen. Tübingen: Heliopolis, 1989.

Russisch

Kurella, Stefan, Genin, Michail (Hrsg.): Samowahrheiten. Aphorismen aus der Sowjetunion. Berlin: Eulenspiegel, ²1989.

Jüdisch

Zeitlin, Egon (Hrsg.): Jüdische Aphorismen aus zwei Jahrtausenden. Frankfurt a. M.: Ner Tamid, 1963.

Sekundärliteratur

Balmer, Hans Peter: Philosophie der menschlichen Dinge. Die europäische Moralistik. Bern/München: Francke, 1981.

Biason, Maria Teresa: La Massima o il »saper dire«. Palermo: Sellerio, 1990.

Biason, Maria Teresa (Hrsg.): L'Europa degli aforisti. I: Pragmatica dell' aforisma nella cultura europea. In: Annali di Ca' Foscari 26 (1997) H. 1–2.
– (Hrsg.): Tematiche dell' Aforisma nella cultura europea. In: Annali di Ca' Foscari 37 (1998) H. 1–2.
Blüher, Karl Alfred: Graciáns Aphorismen im *Oraculo manual* und die Tradition der politischen Aphorismensammlungen in Spanien. In: Ibero-Romania 1 (1969) S. 319–327. – Wiederabgedr. in: Neumann (1976b), S. 413–426.
Cantarutti, Giulia: La fortuna critica dell'aforismo nell'area tedesca. Abano Terme: Piovan, 1980. – Dt.: Aphorismusforschung im deutschen Sprachraum. Frankfurt a. M. [u. a.]: Lang, 1984. (Berliner Beiträge zur neueren deutschen Literaturgeschichte. 5.)
– Zehn Jahre Aphorismusforschung (1980–1990). In: Lichtenberg-Jahrbuch 1990. Hrsg. von der Lichtenberg Gesellschaft e. V. Bearb. von Wolfgang Promies und Ulrich Joost. Saarbrücken 1991. S. 197–224.
– / Schumacher, Hans (Hrsg.): Neuere Studien zur Aphoristik und Essayistik. Mit einer Handvoll zeitgenössischer Aphorismen. Frankfurt a. M. [u. a.]: Lang, 1986. (Berliner Beiträge zur neueren deutschen Literaturgeschichte. 9.)
Febel, Gisela: Aphorismus in Frankreich und Deutschland. Zum Spiel als Textstruktur. Frankfurt a. M. / Bern: Lang, 1985. – Zuerst: Diss. Stuttgart 1983.
Fedler, Stephan: Der Aphorismus. Begriffsspiel zwischen Philosophie und Poesie. Stuttgart: Verlag für Wissenschaft und Forschung, 1992. [Zit. als: Fedler, 1992a.]
– Aphorismus. In: Literaturlexikon. Autoren und Werke deutscher Sprache. Hrsg. von Walther Killy. Bd. 13. Gütersloh: Bertelsmann, 1992. S. 39–40. [Zit. als: Fedler, 1992b.]
Fieguth, Gerhard: Nachwort. In: Deutsche Aphorismen. Hrsg. von G. F. Durchges. und bibliogr. erg. Ausg. Stuttgart: Reclam, 1994. S. 352–392.
– Möglichkeiten der Aphoristik: Grillparzer – Hofmannsthal – Kraus. In: Geschichte der österreichischen Literatur. Tl. 1. Hrsg. von D. G. Daviau und H. Arlt. St. Ingbert: Röhrig, 1996. S. 285–295.
Fricke, Harald: Aphorismus. Stuttgart: Metzler, 1984. (Sammlung Metzler. 208.)

Fricke, Harald: Aphorismus. In: Historisches Wörterbuch der Rhe-
    torik. Hrsg. von Gert Ueding. Bd. 1. Tübingen: Niemeyer, 1992.
    Sp. 773–790.
– Aphorismus. In: Reallexikon der deutschen Literaturwissen-
    schaft. 3., völlig neubearb. Aufl. Gemeinsam mit H. F., Klaus
    Grubmüller und Jan-Dirk Müller hrsg. von Klaus Weimar. Bd. 1.
    Berlin / New York: de Gruyter, 1997. S. 104–106.
Gabriel, Gottfried: Zwischen Logik und Literatur. Erkenntnisfor-
    men von Dichtung, Philosophie und Wissenschaft. Stuttgart:
    Metzler, 1991.
Gerhardt, Dietrich: La Rochefoucauld in der Geschichte der russi-
    schen Bildung. In: Commentationes linguisticae et philologicae.
    Ernesto Dickenmann lustrum claudenti quintum decimum. Hei-
    delberg: C. Winter, 1977. S. 89–133.
– La Rochefoucauld und der Aphorismus in Rußland. Nachträge.
    In: Colloquium Slavicum Basiliense. Gedenkschrift für Hildegard
    Schroeder. Hrsg. von Heinrich Riggenbach. Bern / Frankfurt
    a. M.: Lang, 1981. S. 163–178.
Gray, Richard Terrence: Aphorism and Sprachkrise in Turn-of-the-
    Century Austria. In: Orbis Litterarum 41 (1986) S. 332–354.
– From Impression to Epiphany. The Aphorism in the Austrian
    Jahrhundertwende. In: Modern Austrian Literature 20 (1987)
    S. 81–95.
Helmich, Werner: Der moderne französische Aphorismus. Innova-
    tion und Gattungsreflexion. Tübingen: Niemeyer, 1991. (mime-
    sis. 9.)
Horstmann, Ulrich: Der englische Aphorismus. Expeditionsein-
    ladung zu einer apokryphen Gattung. In: Poetica 15 (1983) H. 1–2.
    S. 34–65.
Ivask, Ivar: Theologie als Grammatik. Der Aphorismus als die
    österreichische Form des Philosophierens. In: Basil, Otto /
    Eisenreich, Herbert / Ivask, Ivar: Das große Erbe. Aufsätze
    zur österreichischen Literatur. Graz/Wien: Stiasny, 1962. S. 38–
    46.
Johnston, William M.: The Vienna School of Aphorists. 1880–1930.
    Reflections on a Neglected Genre. In: The Turn of the Century.
    German Literature and Art. 1890–1915. Hrsg. von Gerald
    Chapple und Hans H. Schulte. The McMaster Colloquium on
    German Literature (2). Bonn: Bouvier, 1981. (Modern German
    Studies. 5.) S. 275–290.

Kaszinski, Stefan H.: Modelle des österreichischen Aphorismus im 20. Jahrhundert. In: St. H. K.: Österreich und Mitteleuropa. Kritische Seitenblicke auf die neuere österreichische Literatur. Poznan: Adam-Mieckiewicz-Universität, 1995. (Seria Filologia Germanska. 41.) S. 79–92.

Krupka, Peter: Der polnische Aphorismus. Die *Unfrisierten Gedanken* von Stanisław Jerzy Lec und ihr Platz in der polnischen Aphoristik. München: Sagner, 1976.

Kruse, Margot: Die Maxime in der französischen Literatur. Studien zum Werk La Rochefoucaulds und seiner Nachfolger. Hamburg: Cram [de Gruyter in Komm.], 1960. (Hamburger Romanistische Studien. A. 44.)

– Die französischen Moralisten des 17. Jahrhunderts. In: Renaissance und Barock II. Hrsg. von August Buck. Frankfurt a. M.: Athenaion, 1972. (Neues Handbuch der Literaturwissenschaft. X.). S. 280–300.

Kulischkina, Olga N.: Mann-Frau-Beziehungen in der russischen Aphoristik des 19. Jahrhunderts. In: Österreichische Literatur. Theorie, Geschichte und Rezeption. Hrsg. von Alexandr W. Belobratow. St. Petersburg: Peterburg XXI VEK, 1997. (Jahrbuch der Österreich-Bibliothek in St. Petersburg. 2.)

Lamping, Dieter: Der Aphorismus. In: Formen der Literatur in Einzeldarstellungen. Hrsg. von Otto Knörrich. 2., überarb. Aufl. Stuttgart: Kröner, 1991. S. 21–27.

Mason, Eudo C.: The Aphorism. In: The Romantic Period in Germany. Essays by Members of the London University Institute of Germanic Studies. Hrsg. von Siegbert Prawer. London: Weidenfeld and Nicolson, 1970. S. 204–234.

Mautner, Franz H.: Der Aphorismus als literarische Gattung. In: Zeitschrift für Ästhetik und allgemeine Kunstwissenschaft 27 (1933) S. 132–175. – Wiederabgedr. in: Neumann (1976b), S. 19–74.

– Maxim(e)s, Sentences, Fragmente, Aphorismen. In: Actes du IVe Congrès de l'Association Internationale de Littérature Comparée (Fribourg 1964). The Hague / Paris: Mouton, 1966. S. 812–819. – Wiederabgedr. in: Neumann (1976b), S. 399–412.

– Der Aphorismus. In: Prosakunst ohne Erzählen. Die Gattungen der nicht-fiktionalen Kunstprosa. Hrsg. von Klaus Weissengerber. Tübingen: Niemeyer, 1985. S. 7–26.

Montandon, Alain: Les formes brèves. Paris: Hachette, 1992.

Moret, Philippe: Tradition et modernité de l'aphorisme. Cioran, Reverdy, Scutenaire, Jourdan, Chazal. Genf: Droz, 1997.

Neumann, Gerhard: Ideenparadiese. Untersuchungen zur Aphoristik bei Lichtenberg, Novalis, Friedrich Schlegel und Goethe. München: Fink, 1976. [Zit. als: Neumann, 1976a.]

– (Hrsg.): Der Aphorismus. Zur Geschichte, zu den Formen und Möglichkeiten einer literarischen Gattung. Darmstadt: Wissenschaftliche Buchgesellschaft, 1976. (Wege der Forschung. 356.) [Zit. als: Neumann, 1976b.]

Pagliaro, Harold E.: Paradox in the Aphorisms of La Rochefoucauld and Some Representative English Followers. In: Publications of Modern Language Association of America 79 (1964) S. 42–50. – Wiederabgedr. in: Neumann (1976b), S. 305–330.

Preyer, Robert: Victorian Wisdom Literature: Fragments and Maxims. In: Victorian Studies 6 (1962/63) S. 245–262.

Rosso, Corrado: La »maxime«. Saggi per una tipologia critica. Neapel: Edizioni Scientifiche Italiane, 1968.

– Maximen und Regeln. Von den Evangelien bis zur Gegenwart (Methodische Überlegungen). In: Neuere Studien zur Aphoristik und Essayistik. Mit einer Handvoll zeitgenössischer Aphorismen. Hrsg. von Giulia Cantarutti und Hans Schumacher. Frankfurt a. M. [u. a.]: Lang, 1986. S. 132–162.

Rowinski, Cesary: Aphorisme – paradoxe – humour. L'aphorisme dans les littératures de l'Europe Centrale au XXième siècle. In: L'humour européen. Textes réunis par Maciej Abramowicz. Tl. 1. Sèvres: Central Int. d'Études Pédagogiques, 1993. S. 247–259.

Ruozzi, Gino: Forme brevi. Pensieri, massime e aforismi nel Novecento italiano. Pisa: Ed. Libr. Goliardica, 1992. (Storia e Critica delle Idee. 19.)

– Die Lichtenberg-Rezeption in Italien. In: Lichtenberg-Jahrbuch 1996. Hrsg. von der Lichtenberg-Gesellschaft e. V. Bearb. von Wolfgang Promies und Ulrich Joost. Saarbrücken 1997. S. 282–300.

– Heilung der Ärzte. Medizinische Aphorismen im Italien des 18. Jahrhunderts. In: Offene Formen. Beiträge zur Literatur, Philosophie und Wissenschaft im 18. Jahrhundert. Hrsg. von Bernd Bräutigam und Burghard Damerau. Frankfurt a. M. [u. a.]: Lang, 1997. (Berliner Beiträge zur neueren deutschen Literaturgeschichte. 22.) S. 184–207.

Schalk, Fritz: Aphorismus. In: Historisches Wörterbuch der Philo-
    sophie. Hrsg. von Joachim Ritter. Bd. 1: A – C. Darmstadt: Wis-
    senschaftliche Buchgesellschaft, 1971. Sp. 437–439.
Schneider, Albert: L'aphorisme et les aphoristes. In: Germanistik.
    Publ. du Centre universitaire de Luxembourg 2 (1991) S. 109–
    161.
Schneider, Ulrike: Der poetische Aphorismus bei Edmond Jabès,
    Henri Michaux und René Char. Zu Grundfragen einer Poetik.
    Stuttgart: Steiner, 1998. (Zeitschrift für französische Sprache und
    Literatur. Beihefte N. F. 26.)
Smith, Logan Pearsall: Introduction. In: A Treasury of English
    Aphorism. Hrsg. von L. P. S. London: Constable, 1928.
Spicker, Friedemann: Der Aphorismus. Begriff und Gattung von
    der Mitte des 18. Jahrhunderts bis 1912. Berlin: de Gruyter, 1997.
    [Zit. als: Spicker, 1997a.]
– Literarische Kleinformen. In: Literaturwissenschaftliches Lexi-
    kon. Grundbegriffe der Germanistik. Hrsg. von Horst Brunner
    und Rainer Moritz. Berlin: Schmidt, 1997. S. 189–194. [Zit. als:
    Spicker, 1997b.]
Sprengel, Peter: Aphorismen und philosophische Prosa. In: P. S.:
    Geschichte der deutschen Literatur 1870–1900. München: Beck,
    1998. (Geschichte der deutschen Literatur von den Anfängen bis
    zur Gegenwart. Bd. IX,1.) S. 688–698.
Stölzel, Thomas: Rohe und polierte Gedanken. Studien zur Wir-
    kungsweise aphoristischer Texte. Freiburg i. Br.: Rombach, 1998.
    (Reihe Cultura. 1.) [Diss. Freiburg i. Br. 1997.]
Wanning, Frank: Diskursivität und Aphoristik. Untersuchungen
    zum Formen- und Wertewandel in der höfischen Moralistik. Tü-
    bingen: Niemeyer, 1989. (mimesis. 6.)
Wirion, Jacques: Aphorismen und anderes über den Aphorismus.
    In: Galerie 11 (1993) S. 495–517.
Zymner, Rüdiger: Aphorismus / Literarische Kleinformen. In: Fi-
    scher Lexikon Literatur. Hrsg. von Ulfert Ricklefs. Bd. 1. Frank-
    furt a. M.: S. Fischer, 1996. S. 80–106.

Handbuch- und Lexikon-Artikel

Fedler (1992b), Fricke (1992; 1997), Lamping (1991), Schalk (1971),
Spicker (1997b), Zymner (1996)

Zum internationalen Aphorismus, zu Geschichte und Typologie

Balmer (1981), Biason (1997; 1998), Cantarutti (1990), Cantarutti/
Schumacher (1986), Fedler (1992a), Fieguth (1994), Fricke (1984),
Mautner (1966; 1985), Montandon (1992), Neumann (1976b),
Schneider (1991), Stölzel (1998), Wirion (1993)

Deutschland

Biason (1997; 1998), Cantarutti (1984), Febel (1983), Fricke (1992),
Mason (1970), Neumann (1976a; 1976b), Spicker (1997a)

England

Biason (1997; 1998), Horstmann (1983), Neumann (1976b), Pagliaro (1964), Preyer (1962/63), Smith (1928)

Frankreich

Biason (1990; 1997; 1998), Febel (1983), Helmich (1991), Kruse
(1960; 1972), Moret (1997), Neumann (1976b), Rosso (1968), Schalk
(1971), Schneider (1998)

Italien

Biason (1997), Ruozzi (1992; 1996)

Österreich

Ivask (1962), Gray (1986; 1987), Johnston (1981), Kaszinski (1995),
Rowinski (1993)

Polen

Krupka (1976), Rowinski (1993)

Rußland

Gerhardt (1977; 1981), Kulischkina (1997)

Spanien

Biason (1997; 1998), Blüher (1969), Neumann (1976b)

Außerdem sind die genannten Anthologien mit ihren Vor- oder
Nachworten höchst nützliche Informationsquellen.

Nachwort

Zum Begriff »Aphorismus«

»Ein Deutscher ist großer Dinge fähig.« Das ist zweifellos ein Satz von Nietzsche, aber so zweifels*voll* ein Nietzsche-Aphorismus wie der folgende, ziemlich anders klingende: »Ein Deutscher ist großer Dinge fähig, aber es ist unwahrscheinlich, daß er sie tut.« Und diese nationalironische Wendung geht noch nicht weit genug: »Ein Deutscher ist großer Dinge fähig, aber es ist unwahrscheinlich, daß er sie tut: denn er gehorcht.« Und fortgesetzt schärfer: »Ein Deutscher ist großer Dinge fähig, aber es ist unwahrscheinlich, daß er sie tut: denn er gehorcht, *wo er kann.*« Endlich: »Ein Deutscher ist großer Dinge fähig, aber es ist unwahrscheinlich, daß er sie tut: denn er gehorcht, *wo er kann*, wie dies einem an sich trägen Geiste wohltut.« Der Anthologist, der verkürzend-verfälschend eines dieser Zitate als »Aphorismus« abdruckte, auch das letzte, handelte nach der Devise: »Wie hätten Sie's denn gern?« Mindestens müßte er sich der üblichen und redlichen Klammern [...] bedienen, oder er druckte den dreiseitigen Kurzessay Nietzsches aus der *Morgenröte* (Nr. 207) ganz ab, von dem ich hier die Einleitung zu Demonstrationszwecken zitiert habe. Anders wäre ihm der Leser für Form und Inhalt des Nietzsche-»Aphorismus« hoffnungslos ausgeliefert.

Gewiß konstruiert, gewiß übertrieben. Aber die Wirklichkeit der Aphorismus-Anthologien, wie sie die Bibliographie sammelt, ist nicht sehr weit davon entfernt.

»Es ist nichts groß, was nicht gut ist.« Dieser Aphorismus von Matthias Claudius, von Margolius 1958 in seine *Aphorismen der Weltliteratur* aufgenommen (S. 28), ist kei-

ner. Claudius' Brief »An meinen Sohn Johannes« beginnt
nach einer Einleitung mit dem, »was die Zeit mich gelehret
hat«: »Es ist nichts groß, was nicht gut ist; und ist nichts
wahr, was nicht bestehet. Der Mensch ist hier nicht zu
Hause, und er geht hier nicht von ungefähr in dem schlechten Rock umher. [...]«.

»Jemand vergessen wollen heißt an ihn denken.« Dieser
Aphorismus Jean de La Bruyères, den Günther von Schuck-
mann 1968 in seine Auswahl von dessen *Aphorismen* auf-
nimmt (S. 34), ist keiner. In Gerhard Hess' Ausgabe (1978)
heißt er so: »Jemand vergessen wollen heißt an ihn denken.
Die Liebe hat mit den Gewissenszweifeln gemein, daß
Nachdenken und Grübeln nicht davon befreien, sondern sie
eher steigern. Um seine Leidenschaft zu lindern, muß man,
wenn möglich, gar nicht an sie denken« (S. 101).

»Knowledge is power.« Dieser Aphorismus Francis
Bacons ist keiner, auch wenn er überall als solcher begegnet,
noch in den von Ulrich Horstmann herausgegebenen
English Aphorisms (1993). Der Satz findet sich syntaktisch
eingebunden in Bacons *Essays* (und ähnlich im dritten
Aphorismus seines *Neuen Organon der Wissenschaften*).

Drei Beispiele für die sekundäre Herstellung von Aphorismen: sentenziöse Zitate, die auf vage aphoristische Vorstellungen des Herausgebers hin aus Texten des Autors her-
ausgelöst sind, aus einem Brief, einem Essay, aus einem längeren Aphorismus, der den maximenhaften Kopfsatz und
seine Anwendung in einem Zusammenhang halten will. Sie
sind anspruchsvolleren und sorgfältigeren Anthologien ent-
nommen und ließen sich beliebig vermehren, wenn man
auch die vielen populären Sammlungen, die »Aphorismen
der Liebe«, die »Aphorismen für alle Tage«, die »Klassischen Aphorismen« einbezöge. Da macht der Nicht-Aphoristiker Kant in Auden/Kronenbergers *Faber Book of
Aphorisms* (1964) so mißtrauisch wie der Nicht-Aphoristiker Freud in Gross' *Oxford Book of Aphorisms* (1983), der

Nicht-Aphoristiker Fontane bei Margolius (1958) ebenso
wie die Nicht-Aphoristiker Balzac oder Stendhal, Kant
oder Fontane bei Hübscher (1952) oder Palazzi/Filippi
(1967). Wem würde in einer Gedicht-Anthologie einfallen,
hier und da nur die erste Strophe abzudrucken? Wer würde
in eine Sammlung von Kurzgeschichten die in sich abge-
schlossene Episode aus einem Roman aufnehmen? Dem
›kleinen‹ Aphorismus wird das ohne weiteres angetan, und
mit bestem Willen.

   Genug der Klage. Der Begriff »Aphorismus« ist unklar
und klärungsbedürftig, so daß der Leser Anspruch darauf
hat zu erfahren, wie er in dieser Sammlung verwendet wird.
Es darf, soviel ist gewiß schon deutlich geworden, keine
Sammlung »führender Worte abendländischer Dichter und
Denker« (Eckart/Grunow, 1961) sein. Bei der einschränkenden Erörterung des Begriffes ›Weltliteratur‹ habe ich
schon auf die Dimension der Zeit verwiesen (vgl. »Zur Auswahl und Anordnung«, S. 327–343). So ist die Antike neben
Asien der zweite große Literaturkreis, der sich hier nicht
findet. Aber die »Fragmente« Heraklits zum Beispiel sind
auch nur fragmentarisch, bruchstückhaft eben, überliefert
und nicht absichtsvoll so verfaßt. Epiktets *Encheiridion*, das
Handbüchlein der Ethik, ist eine Zusammenstellung seines
Schülers, und auch die in allen Anthologien zu findenden
»Aphorismen« Epikurs und Senecas beruhen auf Auszügen
späterer Bearbeiter oder sind sentenziöse Exzerpte aus den
Traktaten (die freilich für die Entwicklung des modernen
Aphorismus von größter Bedeutung waren). Solche Sentenzen, Zitate, Aussprüche, ›Sekundäraphorismen‹ aus Brevie-
ren und ähnlichen Zusammenstellungen öffnen aber der Be-
liebigkeit des Sammlers Tür und Tor und geben keinerlei
Chance, die Umrisse einer Gattung zu erkennen. Dann ist
es nicht weit zur profillosen Gemeinsamkeit mit Redens-
arten, Sinnsprüchen, Sprichwörtern bis hin zu Inschriften,
Epigrammen, Bibelstellen, Bauernregeln, wie sie Lipperhei-

des *Spruchwörterbuch* von 1907 gemeinsam mit »Aphorismen« sammelt. Solche Bücher lassen ihre andersartige
Intention richtigerweise auch zuweilen schon im Titel erkennen, in den *Parallelen des Geistes* (Wittek, 1936/37) oder
in *World's Wit and Wisdom* (Lockridge, 1945) oder *Citatenboek* (Buddingh', 1992).

   Das bedeutet nicht unbedingt, daß Aphorismen nicht im
Einzelfall in einem größeren Text gestanden haben können.
Von Kraus ist bekannt, daß er Formulierungen aus seinen
Briefen als Selbstzitate zu Aphorismen gemacht hat. Die
Autorintention ist eben in jedem Fall ausschlaggebend. Es
geht also zunächst um Texte, die *als* Aphorismen veröffentlicht wurden. Die Konsequenzen sind weitreichend ein-
engend. Zumal Sentenzen, Aperçus, Bonmots aus Dramen-
dialogen eignen sich zur Aufnahme in weitherzige, falsche
Aphorismensammlungen. Von Oscar Wilde etwa sind eigene Bändchen mit solchen Aphorismen zusammengestellt
worden; in dieser Sammlung erscheint er dagegen nur mit
dem schmalen unter dem Begriff »Aphorismus« veröffentlichten Ausschnitt seines Werks. Ähnliches ist bei Shaw zu
beobachten, auch bei dem Dramatiker und wirklichen
Aphoristiker Schnitzler, von dem scheinbaren Aphoristiker
Shakespeare zu schweigen, den so gut wie alle Anthologien
kennen.

   So weit, so einfach. Wir haben vom Kriterium der Autorintention gesprochen, also von Aphorismenbüchern, die als
solche konzipiert sind, und zur ersten Ausgrenzung schlicht
unterschieden: Hat der Verfasser selbst die Gestalt bestimmt (wie Bacon und Benyoëtz, Hazlitt und Kraus, um
den zeitlichen Bogen zu spannen) oder nicht? Wie aber
steht es dann mit den Klassikern der Gattung Pascal und
Lichtenberg, wie mit dem *Journal* Renards, mit Hebbels
Tagebüchern, Leopardis *Zibaldone di pensieri*, Jouberts
Carnets, Mark Twains *Notebooks*? Das Verhältnis von Tagebuch und Aphorismus ist nicht einfach, erst recht nicht,

wenn es sich, wie meist, mit dem Problem des Nachlasses
verschränkt: Was ist flüchtige, private Notiz, was gültiges,
gewissermaßen ›verabschiedetes‹ Notat; durch Veröffentlichung herausgehoben ist ja das eine so wenig wie das andere. Das Problem ist nur im Einzelfall zu lösen, und die
biographischen Notizen geben die nötige Detailinforma-
tion. Die Form der Tagebücher im allgemeinen ist so unterschiedlich, wie es ihre Bestandteile im einzelnen sind. Sie
grundsätzlich auszuschließen, hieße einerseits die Gattung
verstümmeln. Andererseits ist es immer problematisch, Re-
flexionstagebücher von der Art Hebbels oder Leopardis
einzubeziehen und innerhalb ihrer diaristische, essayistische
und gnomische Elemente zu sondern. Bei aller Sorge um
Genauigkeit öffnet sich hier der zuordnenden Interpretation ein Feld. Es ist allein der Herausgeber, der beim Nachlaß angesichts einer fließenden und nicht immer eindeutig
zu bestimmenden Grenze eine Unterscheidung trifft zwischen vorläufiger Notiz und Vorstufe einerseits, vom Willen
zur Kunstform geprägtem fertigen Aphorismus andererseits. Zu Heine ist diese Diskussion auch exemplarisch er-
tragreich geführt worden, zu Jean Paul stellt sie sich in dem
Maße neu, in dem sein Nachlaß ediert wird. Es ist der Anthologist, der aus den Tagebüchern eine Notiz als Aphorismus herauslöst; daß sie isoliert und selbständig ist, reicht ja
als Begründung nicht hin. Er hat dabei eine Vorstellung von
Aphorismus vor dem geistigen Auge, die (auch uneinge-
standenermaßen) an einer traditionalen Gattungsmitte ge-
schult ist. Davon später.

So weit, so kompliziert. Von dem, was wir in der Formu-
lierung: *als* Aphorismen gefordert haben, rücken wir mit
Pascals *Pensées* wie mit Lichtenbergs *Sudelbüchern*, mit Valérys *Cahiers* ebenso wie mit Handkes *Journalen* schon
wieder etwas ab. Und sind denn die *Maximes* La Rochefoucaulds, die *Greguerías* Gómez de la Sernas, die Texte Botho
Strauß’ *als* »Aphorismen« publiziert worden? Für die

Fragmente Friedrich Schlegels ist sogar der Anspruch einer eigenen Gattung erhoben worden, ebenso für die *Aufzeichnungen* Canettis. Schlicht auf den Namen »Aphorismus« zu rekurrieren – soviel leuchtet unmittelbar ein – wäre naiv und ohne irgendwelchen Erkenntnisertrag. Das schlösse ja sogar die musterhaften Aphorismen aus, die zugunsten eines metaphorischen Titels auf jede formale Gattungszuordnung über den Begriff verzichten, Lec' *Unfrisierte Gedanken* ebenso wie Ceronettis *Pensieri del Tè*. Gerade weil die Aphoristiker selbst eine Unzahl aphoristischer Definitionen geliefert haben – schließlich liegt in griech. *aphorizein*, lat. *definitio* seine etymologische Wurzel –, ist eine literaturwissenschaftliche Begriffsklärung der Sache unumgänglich. Sie muß die Selbstreferenz aufbrechen und aufdecken, was sich an Apologie und Überkompensation in den Aphorismen selbst vorfindet. Herausgeber wie Anthologisten haben sie ausgesprochen oder unausgesprochen vor Augen, wie wir sahen. Dabei sind die Begriffsvorstellungen in verschiedenen Sprachen durchaus verschieden, und die naive Übersetzung ginge fehl. Darauf weist einer der Pioniere der Aphorismusforschung, Mautner, schon 1966 hin, wenn er die Begriffe »Maxim(e)s, Sentences, Fragmente, Aphorismen« vergleicht. Wenn sich auch gerade in den letzten Jahrzehnten unter dem Einfluß der deutschen Terminologie, die die Systematisierung am weitesten getrieben hat, eine allgemeine Tendenz zur Bezeichnung Aphorismen, aphorismes, aphorisms, aforismen, aforisti, aforismos, aforyzmy abzeichnet, so ist doch die Leitbegrifflichkeit für die Gattung in den einzelnen Sprachen nicht unbedingt und jederzeit dieselbe. In Frankreich zum Beispiel prägt die Sonderform der Maxime unter *diesem* Begriff die Gattung bis etwa 1900. In dieser deutschsprachigen Sammlung ist also von dem deutschen (in dieser Form nicht unbedingt übertragbaren) Terminus die Rede.

Hier aber beginnen eigentlich erst die Probleme. Denn: Der Gattung werden nicht nur fraglos Texte zugeordnet, die nicht so heißen: das romantische »Fragment« ebenso wie die französische »Maxime«, »pensées« und »pensieri«, »Notate« – um eine neutrale Bezeichnung zu wählen – von Lichtenberg (*Sudelbücher*) oder Hebbel (*Tagebücher*), Butler (I) oder Butler (II) (jeweils *Note-Books*), Canetti (*Aufzeichnungen*) oder Handke (*Journal*). Aus der Gattung werden andererseits genauso selbstredend Texte, die sich selbst diesem Begriff zuordnen, ausgeschlossen. Wie ist das zu erklären? Wie ist dieser Begriffsmisere zu entkommen?

Der Name Aphorismus bezeichnet aus der hippokratischen Tradition heraus seit Bacon eine wissenschaftliche Schreibart: in unverbundenen Lehrsätzen im Gegensatz zur systematischen Darlegung. Dieser (populär-)wissenschaftliche »Aphorismus« wird im letzten Drittel des 18. Jahrhunderts in Deutschland zu einer regelrechten Moodeerscheinung mit Dutzenden von Titeln, gerade zu der Zeit, als sich hier der literarische Aphorismus unter wechselnden metaphorischen Bezeichnungen entwickelt, für den seine Autoren noch so gut wie keine Publikationsmöglichkeit sehen. Bis zur Mitte des 19. Jahrhunderts etwa wachsen Begriff und Gattung dann zusammen, ermöglicht dadurch, daß sich die Autoren hier wie da dem von – wissenschaftlicher – Anthropologie wie – literarischer – Moralistik her gleichermaßen zu eröffnenden Bereich der Menschenkunde zuwenden. In einem ersten Ansatz seit Hebbel um 1850, in einem zweiten Ansatz seit der Edition von Lichtenbergs *Sudelbüchern* als »Aphorismen« und der immens starken Wirkung Nietzsches um 1900 ist dann eine literarische Gattung unter dem Begriff »Aphorismus« erkennbar. Sie schafft sich eine Tradition und entwickelt sowohl für die Literaturwissenschaft wie für die Literatur zentripetale Kraft: Einerseits wird diesem Aphorismus jetzt auch (vor-)schnell zugeordnet, was nicht zu ihm gehört - mit den Auswirkungen hat-

ten wir uns ja kurz auseinanderzusetzen –, andererseits
stellt er, zumal für eine Menge durchschnittlicher Autoren,
ein zu erfüllendes Gattungsmuster dar. Daneben hat sich
der wissenschaftliche Aphorismus-Strang in einzelnen Fa-
sern bis ins 20. Jahrhundert hinein erhalten.

Auf verschiedenen Pfaden hat man sich einer literaturwissenschaftlichen Begriffsbestimmung genähert, von der
Philosophie her, in Anwendung rezeptionsästhetischer Einsichten, mit Hilfe linguistischer: syntaktischer und semioti-
scher Analysen. Zwei breite Wege lassen sich klar unterscheiden. Der vom zugrundeliegenden aphoristischen Denken ausgehende Ansatz ist reich an produktionsästhetischen
Einsichten, droht aber die Form aus dem Blick zu verlieren. Daneben hat sich die Wissenschaft dem Aphorismus
am häufigsten gestaltanalytisch-typologisch angenähert: er
sollte naheliegenderweise durch eine Beschreibung seiner
literarischen Formen und Figuren terminologisch geklärt
werden. Das führt zu einer Addition und zu einer im
Prinzip offenen, auch heterogenen Liste, die Paradoxon,
Chiasmus, Antithese, die Wortspiel, Umkehrung und Neologismus, Exempel, (Schein-)Definition, Aussparung, Poin-
tierung, Proportion und vieles mehr umfaßt. Eine solche
Auflistung kann ihn aber letztlich nicht bestimmen.

Prinzipiell läßt sich der Begriffsproblematik, die in der
komplizierten Geschichte der Verschränkung von Begriff
und Gattung ihre Erklärung findet, vielleicht auf zwei Weisen begegnen.

Der klassische Weg ist der der literaturwissenschaftlichen
Definition. Er ist ungezählte Male eingeschlagen worden –
und ebensooft wurde er daraufhin als ungenügend befestig-
ter Pfad, als Seitenweg erkannt, als *ein* Arm in einem Delta
der literarischen Erscheinungen. Am nachhaltigsten hat zu
Recht der Versuch Harald Frickes (1984; 1992 und 1997
weitergef.) gewirkt, der über drei notwendige Merkmale
(kotextuelle Isolation, Prosaform, Nichtfiktionalität) und

vier alternative Merkmale (Einzelsatz, Konzision, sprachliche Pointe, sachliche Pointe) eine Definition entwickelt:
»Ein Aphorismus ist ein kotextuell isoliertes Element einer
Kette von schriftlichen Sachprosatexten, das in einem ver-
weisungsfähigen Einzelsatz bzw. in konziser Weise formuliert oder auch sprachlich bzw. sachlich pointiert ist«
(Fricke, 1984, S. 18). Größtmögliche Klarheit ist hier um
den Preis rigoroser Ausschließung geschaffen. Schopenhauers *Aphorismen* können dann keine mehr sein, Hebbel fällt
als »Klassiker der Gattung« damit aus. Ein anderer Weg ist
der, zum einen zu beschreiben, wo sich die Ränder der Gattung mit denen von Regel, Maxime, Sentenz, Spruch, auch
Anmerkung, Zitat und Sentenz überlappen; dabei ist das oft
verwirrende Durcheinander als historisch bedingt auseinan-
derzulegen. Zum andern ist aus dem Interferenten und sich
Wandelnden die semantische Begriffsmitte in einer Summe
von Merkmalen zu beschreiben, etwa der unsystematischen
Vereinzelung, dem Hypothetisch-Experimentellen oder
dem kraftvoll Konzentrierten. Dieser Weg zahlt zwar die
größere Nähe zu den Objekten, den einzelnen literarischen
Texten, mit einer ungleich geringeren Griffigkeit und Eindeutigkeit, scheint mir aber in seiner historischen Orientierung die notwendige Ergänzung zu einem strengen definitorischen Prüf- und Ausschlußverfahren, wenn er nicht
überhaupt angemessener – angemessen anspruchsloser –
sein sollte. Ich habe ihn 1997 erprobt, und er hat mich auch
zu der Sammlung in der vorliegenden Form geführt.

So streng er alles sekundär zu Aphorismen Gemachte
oder Gewordene ausschließt, so offen erprobt er die Gattung: So will er mit Bacon die Verflechtung und Überlage-
rung mit dem wissenschaftlichen Aphorismus zeigen, mit
Schopenhauer an den Grenzen zur Philosophie lavieren,
mit Max Jacob die neue Variante eines surrealistischen Bildaphorismus vorführen, mit René Char den Übergang zum
Prosagedicht zur Diskussion stellen, mit Peter Handke ei-

nen (wieder) anderen, nicht primär intellektuellen Ansatz
vermitteln.

Es mögen dabei philosophisch-ethische, kritische oder ästhetische Intentionen im Vordergrund stehen. Der Weg mag
vom Satirischen her, wie bei La Bruyère, Swift, Lichtenberg,
Bierce, Mark Twain, Kraus, Wilde, Nowaczyński, Tuwim,
Lec, Crnčević oder Petan, zur Gattung führen, er mag vom
Metaphorischen herkommen, so bei Lichtenberg, Jean Paul,
Jacob, Canetti, Char, Gómez de la Serna, Handke. Ausgangspunkt mögen das Imaginative wie bei Handke oder
das Kognitiv-Reflektive wie bei Valéry sein. Ob das Lehr-
hafte (wie bei La Bruyère, Goethe, Hazlitt, Feuchtersleben,
Schopenhauer, Leopardi) oder das Poetisch-Philosophische
(Pascal, Novalis, Friedrich Schlegel, Nietzsche) betont sind,
ob der Aphorismus diaristisch integriert ist, ohne letzte ›De-
finitivierung‹ nachgelassen oder in eigenständiger Sammlung publiziert ist: Immer sucht der Aphoristiker dem eigenen Erkenntnisanspruch zwischen Wissenschaft und Literatur gerecht zu werden, Begriff und Bild, Denk-Experiment
und Anschauung zu verknüpfen. Er dringt in einer Art von
›Lebensphilosophie‹ auf Erkenntnis *und* Form, auf Form
als Erkenntnis, auch wohl Form *statt* Erkenntnis. So ist der
Aphorismus am Beginn schauend-gestaltende Emanzipation vom Forschend-Lehrenden (Mautner, 1933, S. 147) und
dringt auf Erkenntniserweiterung, indem er als nicht-fiktio-
naler literarischer Text das Verweisen auf Gegenstände und
das Mitteilen von Inhalten mit dem Aufweisen von Sinn
verknüpft (Gabriel, 1991). Er erscheint als literarische Anthropologie im 17. und 18., als lebendigster Ausdruck des
Konflikts von logisch-mathematischer und ästhetischer
Wahrheit (Neumann, 1976a) um die Wende zum 19. Jahrhundert in Deutschland, als Integration von Poesie und Philosophie im romantischen Fragment, als Einheit von Erleben und Denken, Wahrheit und Dichtung bei Nietzsche, als
Synthese von Wissenschaft und Literatur bei Valéry (Hel-

mich, 1991), als die Erkenntnisse der Wissenschaft kritisie-
rende, teils spielerische, teils (also) existentielle, teils politische Erkenntnis im 19. und 20. Jahrhundert.

Zur Geschichte des Aphorismus

Es ist am Ende des vorigen Abschnittes eine verwirrende
Fülle von Namen genannt, denn wie ließe sich über die
Texte ohne ihre Verfasser reden? Der Leser hat Anspruch
auf eine historische Orientierung; die exemplarischen Texte
mag er aus der Anthologie selbst beiziehen. Diese Notizen
»zur« Geschichte des Aphorismus können nicht mehr als
eine vorläufige Übersicht sein, indem sie einige Grundlinien
aufzeigen, die Autoren über die Kurzporträts hinaus in einen historischen Rahmen einordnen und auf den einen oder
anderen zusätzlichen Namen hinweisen.

Aus vornehmlich drei Quellen speist sich der Aphoris-
mus, wie er sich seit der Renaissance in Europa entwickelt.
Die »Aphorismen« des Hippokrates, als Sammlung von
Lehrsätzen das berühmteste Buch innerhalb einer großen
Anzahl Hippokratischer Schriften, das sich auf den griechi-
schen Arzt aus dem 5. Jahrhundert v. Chr. selbst freilich
nicht zurückführen läßt, geben der Gattung den Namen.
Darüber hinaus begründen sie über den spätrömischen
Arzt Galen, über Paracelsus im 16. und Herman Boerhaave
im frühen 18. Jahrhundert eine Tradition medizinischer
Aphoristik und besonderer Affinität der Ärzte zu dieser literarischen Kurzform, die bis in die Gegenwart reicht.
Boerhaaves *Aphorismi* (1709) sind mit rund 50 Nachdru-
ken und Übersetzungen das 18. Jahrhundert hindurch das
entscheidende Zwischenglied zwischen Hippokrates und einer Hippokrates-Renaissance im späten 18. Jahrhundert,
mit der eine regelrechte Konjunktur des (populär-)wissen-
schaftlichen Aphorismus verbunden ist.

Das Vorbild medizinischer Lehrbuch-Aphoristik wird nämlich auf andere Wissenschaften übertragen, beipielsweise die Physik, die Pädagogik, die Astronomie, so schon von Alanus ab Insulis im 12. Jahrhundert, von Hieronymus Cardanus und Otto von Brunfels im 16., in breitem Umfang dann im späten 18. Jahrhundert. Die Verbindung von Medizin und Politik – der kranke Körper, der kranke Staat – ragt darunter hervor.

Diese Tradition verknüpft sich mit dem nachhaltigen Einfluß von Senecas Sentenzen, wie sie in Gnomologien, antiken Spruchsammlungen, überliefert sind, sowie der Tacitus-Kommentierung mit ihrem Kürze-Ideal als der zweiten Quelle. Dies zeigen die ersten modernen Aphorismen, die noch weitgehend pragmatisch orientierten *Ricordi* Francesco Guicciardinis (1483–1540) in Italien, in Spanien die *Relaciones* von Antonio Pérez (1540–1611) oder, von ungleich größerer literarischer Ambition und Wirkung, das *Oráculo manual* Baltasar Graciáns (1601–1658). Sie geben Regeln und Ratschläge zum Verhalten im politischen Leben, die in den Problemen von Gesellschaft und Individualität, Herrschaft und Abhängigkeit, Berechnung und (Selbst-) Täuschung, Schein, Realität und Realität des Scheins ihre Mitte haben. Vom Kommentar entwickeln sie sich zu literarischer Eigenständigkeit, bei Gracián im Miteinander von – eigenem – Aphorismus und Selbstkommentierung gut zu beobachten. Die Überschneidungsbereiche der Gattung mit Regel, Maxime und Sentenz einerseits, mit Zitat und Anmerkung, (Fuß-)Note oder Marginalie andererseits erklären sich aus dieser Frühgeschichte.

Die dritte Quelle stellen Apophthegmata dar, aus einer bestimmten Situation hervorgegangene und in sie eingebundene Denksprüche, wie sie seit Plutarch überliefert sind. Hier fließt auch die gesamte religiöse Spruchweisheit vor allem aus der Bibel ein. Erasmus von Rotterdam stellt in der entscheidenden Umbruchzeit der Renaissance neben kom-

mentierten Sprichwörtern 1536 die maßgebende Sammlung
von Apophthegmata zusammen. Wenn er 1540 »Aphorismen« schreibt, so will er in diesen nur lose miteinander ver-
bundenen Sätzen seine Loslösung vom System der Schola-
stik dokumentieren.

Zur Schlüsselfigur für die europäische Aphoristik wird
Francis Bacon (1561–1626), der sich nicht nur mit der Gattung der Apophthegmata – sammelnd und reflektierend –
auseinandersetzt, sondern 1620 gegen die »traditio methodica« eine neue »traditio per aphorismos« in einem *Novum
Organum*, eben einem *Neuen Organ der Wissenschaften*,
begründet und erprobt. Apophthegmatik und vor allem
Antisystematik verbinden sich in der Form des Aphorismus
zu einem Vorbild, das in die wissenschaftliche Aphoristik
(etwa bei Ernst Platner 1776) wie in die noch namenlose literarische Aphoristik (bei Swift in England, bei Lichtenberg
in Deutschland) gleichermaßen hinüberführt.

Im Frankreich des 17. Jahrhunderts kommt die Gattung
unter dem Begriff der Maxime zu einer ersten Blüte, für die
vornehmlich die Namen La Rochefoucauld und andererseits Pascal, dann La Bruyère und des weiteren Vauvenargues und Chamfort stehen. Montaigne geht La Rochefoucauld wie auch Pascal mit seinen *Essais* voraus. Wenn
Aphorismus und Essay in der Betonung des Individuellen,
in ihrer Systemskepsis und ihrem logisch-ästhetischen Ineinander verwandt, in dem Sinne verstanden werden, daß
dieser so etwas wie Ausführung oder Ausbreitung von je-
nem ist, so ist diese Nähe schon in den beiden entscheidenden Figuren der Frühgeschichte des Essays, neben Bacon
eben in Montaigne, personifiziert.

François de La Rochefoucauld (1613–1680) darf man,
auch wenn er Gracián (und Seneca) rezipiert, als Schöpfer
einer neuen literarischen Form bezeichnen, die – konzentriert auf den isolierten Einzelsatz und nicht mehr den ganzen Denkprozeß vermittelnd – modellbildend wirkt und

formal wie inhaltlich von beispielloser Wirkung ist. Seine
Réflexions ou sentences et maximes morales (1665) entstehen als durchaus individuelle Kunstform auf dem Boden einer Kultur des literarischen Salons, die vom Ideal des »honnête homme«, des sittlich und gesellschaftlich vollendete Gebildeten, geprägt ist. Sie führen, mehrfach überarbeitet, die
Kunst der Beobachtung des Menschen als eines Gesell-
schaftswesens in äußerster Verknappung und Zuspitzung
zur Pointe auf einen Höhepunkt. Die Themen seiner ab-
strakten Einsichten sind die in der französischen Moralistik
wie in der Geschichte des Aphorismus überhaupt immer
wieder bedachten: Glück und Unglück, Liebe und Freundschaft, Leidenschaft und Eifersucht, Ruhm und Ehre, Geiz
und Neid, Lob und Schmeichelei. Von der Grundvorausset-
zung des individuellen Egoismus her werden die Ambiva-
lenz von Tugend und Laster blitzlichtartig beleuchtet, die
Tugend und ihr Anschein, Täuschung und Selbsttäuschung
scharf analysiert. Stilistische Mittel wie Parallelismus, Antithese, Chiasmus werden dabei gattungsprägend.

Blaise Pascals (1623–1662) *Pensées* sind die fragmentarisch gebliebenen Entwürfe zu einem zusammenhängenden
Buch und insofern zunächst vielleicht nur als Vorstufe zu
sehen. Möglicherweise unter dem Einfluß des Erfolges von
La Rochefoucaulds *Maximen* sind sie als losgelöste »pensées« veröffentlicht worden. Sie stehen ihnen, was Einfluß
und Modellbildung betrifft, kaum etwas nach. Die ethisch-
religiöse Forderung, nicht die literarische Gestaltung ist für
Pascal maßgebend. Ein dialektischer Geist operiert in seiner
Suche nach rationalen Gottesbeweisen an den Grenzen der
Vernunft, verbohrt sich in die größtmögliche Aufgabe, das
Undefinierbare zu definieren, unlösbare Fragen paradox zu
beantworten. Höchste geistige Prägnanz und Durchdrin-
gung verbinden sich bei ihm mit Unterwerfung im Glauben, ein Miteinander, das schon für Lichtenberg, erst recht
dann für Nietzsche nicht nachvollziehbar ist.

Das Interesse der französischen Moralistik, die Sitten und Konventionen des Menschen zu beobachten und seine Handlungsantriebe und Normen zu analysieren, manifestiert sich bei Jean de La Bruyère (1645–1696) in Maximen und Porträts, den *Caractères* (1688), Charakterskizzen in der Tradition Theophrasts. La Bruyère ist neben La Rochefoucauld und Pascal Montaignes *Essais* verpflichtet. Stilistisch und motivisch sind Maxime und Porträt eng verbunden. Die treffsichere Darstellung der variablen Vielfalt des Menschlich-Widersprüchlichen überwiegt das systematische Interesse. Aphoristische, auf die eine bewegende Mitte hin kondensierte Kurzporträts – ›Er-Aphorismen‹ könnte man sie nennen – sind seither ein Typ innerhalb der Gattung, der von Lichtenberg bis Canetti weit verbreitet ist.

In vielem moderner erscheinen der Marquis de Vauvenargues (1715–1747) und erst recht Nicolas-Sébastien Roch Chamfort (1741–1794), die beide für den Vorrang von Gefühl und Leidenschaft gegenüber der Vernunft plädieren, das Herz – »le cœur« – gegen den Kopf ausspielen. Vauvenargues steht mit seinen *Réflexions et maximes* (1746) in bewußter Opposition zu La Rochefoucauld. Skepsis auch gegenüber der Ratio selbst führt ihn zu einem weniger partiellen Menschenbild, in dem Leidenschaft sich mit Verstandesschärfe paart. Seine Maximen lassen eher als das rationale Kalkül scharfer Distinktion Gefühl und Spontaneität erkennen. Chamfort beobachtet weniger von hoher Warte aus die unwandelbaren Charakterzüge des Menschen als mit persönlicher Anteilnahme – in seinen postum veröffentlichten *Maximes et Pensées, Caractères et Anecdotes* (1795) – den veränderbaren Menschen in einer bestimmten historischen Situation, in den Umwälzungen der Revolution nämlich. Er wirkt auf die deutschen Romantiker und weist durch seinen witzig-ironischen Subjektivismus auf Nietzsche voraus.

Für die weitere Geschichte des Aphorismus ist La Rochefoucaulds Einfluß namentlich in England, Deutschland und

Rußland entscheidend und über Christina von Schweden, die 1656 in den französischen Salons verkehrt, wohl auch in Skandinavien bestimmend.

Während sich in England die Aphoristik Samuel Butlers (1612–1680) – sie bleibt bis 1908 unveröffentlicht – noch eher vom wissenschaftlichen Aphorismus Bacons als vom Porträt in der Nachfolge Theophrasts her erklären mag, stehen die Autoren nach den englischen Übersetzungen La Rochefoucaulds von 1670 und 1685 deutlich in dessen Nachfolge. Das gilt für George Savile, Marquess of Halifax (1633–1695), dessen *Political, Moral and Miscellaneous Reflections* erst postum 1750 erscheinen, das gilt für die pädagogisch orientierten »maxims« Philip Dormer Stanhopes, Earls of Chesterfield (1694–1773) von 1753, für William Shenstone (1714–1763) und Samuel Taylor Coleridge (1772–1834). Auch der wahrhaft unhöfische Jonathan Swift (1667–1745) wird mit seinen *Thoughts on Various Subjects* (1711) in dieser Tradition gesehen, unter die William Hazlitt (1778–1830) in quantitativer Aufschwellung den »epigonalen Schlußstrich« (Horstmann, 1983, S. 51) zieht. 1823 veröffentlicht er als Ausgangspunkt weiterer literarischer Betätigung in der Gattung seine *Characteristics* ausdrücklich »In the Manner of Rochefoucault's Maxims«.

In Deutschland sind bis gegen Ende des 18. Jahrhunderts nur vereinzelte Zeugnisse des literarischen Aphorismus zu verzeichnen, meist von kaum bekannten Autoren wie Johann Friedrich Baumann (1768 – um 1823), Sebastian Mutschelle (1749–1800), Karl Ferdinand Hommel (1722–1781) oder Marianne Ehrmann (1755[?]–1795). Von August Bohse (1661 – um 1730), der 1699 *Unterschiedliche Gedancken* veröffentlicht, bis zu Friedrich Schulz (1762–1798) mit seinen *Zerstreueten Gedanken* von 1790/91 stehen sie oft in der Abhängigkeit von dem französischen Vorbild oder gehen gar aus Übersetzungsarbeit hervor. Daneben sind zahlreiche Übergänge von der anthropologischen Lebensphilosophie mit ihrem wissenschaftlichen Aphorismus her zu konstatieren, etwa bei dem erfolgreichen Trivialschriftsteller August Lafontaine (1758–1831). Von verschiedenen Rändern her nähern sich bekanntere Autoren der Gattung. Johann Georg Hamanns (1730–1788), Abraham Gotthelf Kästners (1719–1800) und Johann Caspar Lavaters (1741–1801) erste Versuche stehen in Verbindung mit religiös motivierten »Brocken«, mit »Regeln zur Menschenkenntnis« oder dem älteren Epigramm. Mitunter sind Begriff und werdende Gattung auch schon verbunden, so bei Adolph von Knigge (1752–1796). Von Lavater aus ist über Heinrich Füsslis (1742–1825) Übersetzung von 1788 übrigens eine Querverbindung nach England, zu William Blake (1757–1827), zu beobachten.

Über den russischen Aphorismus, angefangen mit M. N. Murav'evs (1757–1807) *Schreibtäfelchen*, der »wohl ersten originalen russischen Aphorismensammlung« (Gerhardt, 1977, S. 89), ist noch wenig bekannt. Auch hier ist von La Rochefoucaulds Einfluß auszugehen; eine erste Phase (ab 1778 auf dem Weg über eine ins Russische übertragene deutsche Übersetzung) ist 1809 mit D. Pimenovs Übersetzung abgeschlossen. Insgesamt aber wird er dadurch eher zurückgedrängt, weil La Rochefoucauld sogleich als unmoralisch erachtet wird.

Auch der italienische Aphorismus ist international nur ungenügend rezipiert. Nach Francesco Guicciardini (1483–1540) kennt man im deutschen Sprachraum bis zur Mitte des 19. Jahrhunderts gerade noch einzelnes aus den *Aforismi politici* von Tommaso Campanella (1568–1639), aphoristische Aufzeichnungen von Leonardo da Vinci (1463–1519) und eine Auswahl aus den *Pensieri diversi* Francesco Algarottis (1712–1764), der zur Tafelrunde am Hof Friedrichs des Großen gehört und, wie Vauvenargues, mit Voltare befreundet ist. Sogar ein Autor wie Giambattista Vico (1668–1744) ist für die Geschichte der aphoristischen Weltliteratur recht eigentlich noch zu entdecken. Der Reichtum, den Gino Ruozzis Monographie *Forme brevi* (1992) und seine

zweibändige Anthologie *Scrittori italiani di aforismi* (1994/
1996) erschließen, ist international noch weitestgehend unbekannt. Seine Arbeiten lassen den italienischen Aphorismus aber jetzt schon als qualitativ wie quantitativ beacht-
liche eigene Größe neben dem französischen, deutschen und
englischen Aphorismus erkennen.

Entscheidend Neues bringt die Wende vom 18. zum
19. Jahrhundert. In Frankreich findet die klassische Moralistik unter Hunderten von Autoren, die die Maximenmode
erfüllen, beispielsweise in Antoine de Rivarol (1753–1801)
ihre Fortsetzung. Ernst Jünger hat ihn übersetzt und besonders geschätzt. Eher fällt aber Joseph Joubert (1754–1824)
die zentrale Rolle zu auf dem Weg von der Umgestaltung
der klassischen moralistischen Maxime zum modernen
Aphorismus, wie er etwa in Jules Renards *Journal* erkennbar ist. In seinen Tagebüchern entwirft Joubert eine radikale
Ästhetik des Aphorismus, die dem literarischen Bild Er-
kenntnisqualität zuerkennt (Helmich, 1991), er ist aber,
ohne jede Veröffentlichung, zu seinen Lebzeiten nur wenig
bekannt und geachtet.

Federführend wird Deutschland. Von Théodore Jouffroy
(1796–1842) abgesehen, verstummt Frankreich nach Joubert
bis Renard und Valéry weitgehend. Auch England hat nach
Hazlitt bis Oscar Wilde kaum etwas zur Geschichte der Gattung beigetragen, bietet dafür aber mit John Stuart Mills
Aphorisms (1837) einen der frühesten Versuche, den Aphorismus als Kunstform zu definieren. In Deutschland erlebt
die Gattung um die Jahrhundertwende ihren nächsten Höhepunkt durch eine – wie Neumann (1976a) sie nennt – »tran-
szendentale Moralistik«. Sie ist Ausdruck des Konflikts von
logisch-mathematischer und ästhetischer Wahrheit, den die
Autoren zur Bedingung der Möglichkeit ihres Erkennens er-
heben. Diese Blüte manifestiert sich zum einen in Werken,
die zu ihrer Zeit (so gut wie) unveröffentlicht bleiben: in Georg Christoph Lichtenbergs (1742–1799) *Sudelbüchern* (ab
1800 als »Bemerkungen vermischten Inhalts« auszugsweise

publiziert), auch in Jean Pauls (1763–1825) Aphoristik, wie
sie sich in aphoristischen Einsprengseln in seine Romane,
vor allem aber in den vielen Sammlungen seiner »Bemerkungen über den Menschen«, seiner »Gedanken«, »Einfälle«, »Merkblätter« erhalten hat (veröffentlicht im wesentlichen 1936 und seit 1996). Sie zeigt sich zum andern aber in
dem »Fragment«, wie es die Romantiker als die Idealform
für ihr poetisches Philosophieren entwickeln.

Man hat Bacon wie den Pietismus mit seiner Neigung zur
Selbstbeobachtung als Quellen für Lichtenberg eruiert; auf
anderer Ebene sind das satirische Element oder das kon-
junktivische Denken zum Ausgangspunkt seiner *Sudelbücher* oder *Gedankenbücher* erklärt worden. Die Franzosen
spielen jedenfalls in dieser Hinsicht keine Rolle. Dem-
entsprechend ist sein Werk – und damit die deutsche Gat-
tungsvorstellung – nicht an dem strengen Reduktions- und
Präzisionsideal der französischen Moralistik, dem Ergebnis
oftmaliger Überarbeitung, orientiert, sondern offener, viel-
gestaltiger, spontaner. Lichtenberg wird erst um 1900 als
Aphoristiker angemessen gewürdigt; das hängt mit der Be-
griffs- und Gattungsgeschichte in Deutschland zusammen,
wie sie oben skizziert wurde. Seitdem aber gilt er fraglos als
der erste und bedeutendste Vertreter der Gattung in ihrer
deutschen Ausprägung; er ist in seinem Formen- und Ge-
dankenreichtum so zeitlos wie, zumal in Sprachauffassung
und Psychologie, modern. Jean Paul hingegen, in seinem
Witz, seiner Selbstbeobachtung, seinem metaphorischen
Vermögen Lichtenberg nicht unähnlich, ist in diesem Teil
seines Werkes nach wie vor nur den Kennern ein Begriff.

In der Öffentlichkeit sind zur gleichen Zeit Friedrich
Schlegel (1772–1829) und Novalis (1772–1801) bahnbre-
chend. Schlegel rezipiert zwar mit seinen *Kritischen Fragmenten* in der Zeitschrift *Lyceum* (1797) Chamfort, sie sind
aber doch von ganz eigenem Anspruch, da sie, entgrenzende
Definitionen, die paradoxe Verbindung von zersplitterter
Vielfalt und systematischer Einheit darstellen wollen. Das

Athenäum wird zum Organ dieser Gruppe von Dichtern, die mit spekulativen Ideen zu einer umfassend-integrativen Welt-Erkenntnis programmatische Intentionen verbinden und dazu Begriffe wie Witz, Paradoxie, Ironie umkreisen. Von Friedrich Schlegel folgen hier im Jahr darauf *Fragmente* (auch sein Bruder August Wilhelm, Novalis und Schleiermacher sind daran beteiligt) und 1800 *Ideen*, die Poesie und Philosophie in eine höhere Einheit überführen wollen; Novalis veröffentlicht hier seine *Blütenstaub*-Fragmente (1798), in der er »das Unbedingte« in Traum, Liebe und Poesie intuitiv ersehnt und ersinnt.

Einen Sonderfall stellt Johann Wolfgang Goethe (1749–1832) dar, für den alles Sprüchliche, Maximenhafte je ist von Bedeutung ist und der »Eigenes und Angeeignetes« sammelt, auch gelegentlich in Zeitschriften veröffentlicht und als Einschub in Romanen zusammenstellt bzw. -stellen läßt, vielfach abgeklärte Lebensweisheiten und Denkergebnisse in der entsprechenden spruchhaft-endgültigen Form. Die *Maximen und Reflexionen*, nach ihrer ersten postumen Edition 1833 von größter internationaler Wirkung, sind gleichwohl nicht so sehr sein Werk als das Werk einer editorischen Konvention, das genauer Einzelfall-Prüfung bedarf, ehe man erkennt, wie Goethe sich die Gattung aneignet (Fricke, 1993, S. 457 ff.).

Die weitere Entwicklung sei nur mit einigen Namen gestreift: Johann Gottfried Seumes (1763–1810) *Apokryphen* (1806/07) und Friedrich Maximilian Klingers (1752–1831) 1803–05 anonym erschienene *Betrachtungen und Gedanken über verschiedene Gegenstände der Welt und der Literatur* stehen am Beginn der deutschen politischen Aphoristik; sie verfolgen die Gedanken der Aufklärung konsequent bis in ihre konkreten politischen Konsequenzen hinein und sind fast folgerichtig anderthalb Jahrhunderte lang unbeachtet geblieben. Das gilt aus anderen Gründen auch für die Aphoristikerin Rahel Varnhagen von Ense (1771–1833); vor allem aber hat der Wiener Arzt Ernst von

Feuchtersleben (1806–1849) nicht die Beachtung gefunden, die er verdient hätte. Als *Confessionen* (1851) und Dokumente innerer Entwicklung sind die drei Sammlungen seiner Aphorismen zu Wissen, Kunst, Leben zu sehen; aus ihnen sprechen der Popularphilosoph in der Tradition des 18. Jahrhunderts, der an Goethe orientierte literarische Aphoristiker und der letztlich auf Hippokrates zurückgehende ärztliche Lehrer. Arthur Schopenhauers (1788–1860) populärwissenschaftliche *Aphorismen zur Lebensweisheit* (1851) sind hingegen unter wirkungsgeschichtlichem Aspekt wichtig. Sie prägen den Begriff für die literarische Gattung, paradoxerweise, denn im ganzen sind sie, vor allem auch formal, noch stark an der nicht-literarischen Aphoristik des 18. Jahrhunderts orientiert.

Mit Friedrich Hebbel (1813–1863), der als Herausgeber Feuchterslebens auch für die Gattungsreflexion von großer Bedeutung ist, Franz Grillparzer (1791–1872) und mit Giacomo Leopardi (1798–1837) in Italien sind die entscheidenden Vertreter einer Tagebuchaphoristik in der Mitte des Jahrhunderts – zwischen Joubert und Renard – benannt. Hebbels Aphoristik treibt aus einem an Grenzen geführten Denken in unbedingter Härte zeitlose Diagnostik heraus. Der deutsche Dramatiker wie der italienische Lyriker stehen, formal unterschiedlich, gleichermaßen für den Zusammenhang von Schmerz, Einsamkeit und Erkenntnis (ein). Das Tagebuch ist gattungsmäßig nicht problemlos und nicht in jedem Fall eindeutig zu ordnen; davon war schon die Rede. Tagebücher, Aufzeichnungen, Journal; note-books, journal; cahiers, carnets, journal; giornali; notatki: sie bezeichnen eine weite Spanne von Möglichkeiten, die vom eindeutig aphoristisch Geprägten, von Joubert, Renard, Canetti, über je verschiedene reflektierend-beschreibend-notierende Mischformen, für die nur die Namen Hebbel, Jünger, Leopardi stehen mögen, bis ins offensichtlich Diaristische hineinreicht, das hier nicht in Betracht kommt.

Solche note-books und journals, die ihre Verfasser auch als Aphoristiker erweisen, stammen im 19. Jahrhundert u. a. in den Vereinigten Staaten von Henry David Thoreau (1817–1862) (*The Journal*), Ralph Waldo Emerson (1803–1882) (*The Journals and Miscellaneous Notebooks*) und Mark Twain (1835–1910) (*Notebook*), dem pragmatisch-pessimistischen reisenden Menschenbeobachter, in England von Samuel Butler (1835–1902) (*The Note-Books*), der ihm in der boshaften Illusionslosigkeit nicht nachsteht. Das satirische Element, das sie immer auch enthalten, ist die Quelle, aus der in den USA Ambrose Bierces (1842–1914 [?]) *The Cynic's Word Book* (1906) schöpft. Es nutzt die aus der aphoristischen Definition abgeleitete Sonderform der alphabetischen Ordnung des Wörterbuchs in konsequenter zynischer Umkehrung. Sie macht ihrerseits formal wie inhaltlich Schule. In England sind es Oscar Wilde (1854–1900) und George Bernard Shaw (1856–1950), die mit der Fülle der witzig-ironischen Sentenzen in ihren Dramen am Rande der Gattung stehen, daneben aber auch isolierte Aphorismen desselben Geistes verfassen.

Aus den ›kleinen‹ Literaturen des westlichen Europa ist uns bisher nur Vereinzeltes bekannt. Im Land Hermann Boerhaaves, in den Niederlanden, ist der Aphorismus aus deutscher Perspektive bis heute, da die niederländische Literatur insgesamt stärker wahrgenommen wird, unbedeutend. So ist er hier dokumentiert durch einen kurzen Auszug aus dem mehrbändigen heterogenen »Ideen«-Werk des bekanntesten niederländischen Schriftstellers im 19. Jahrhundert, Multatuli (Eduard Douwes Dekker; 1820–1887); Pathetisches und Dialektisches verbinden sich mit dem Anspruch auf die Lehrerrolle. In der dänischen Literatur sehen wir uns der auch in den Aphorismus hineinstrahlenden überaus großen Wirkung Søren Kierkegaards (1813–1855) gegenüber (1843: »Diapsalmata«, in: *Entweder – Oder*).

Die beherrschende Figur in der Aphorismusgeschichte des ausgehenden 19. Jahrhunderts ist ohne Zweifel Friedrich Nietzsche (1844–1900). Die Radikalität seines Denkens und die Kraft seiner Sprache machen ihn dazu ebenso wie die gewaltige internationale Wirkung bis auf den heutigen Tag. Nietzsche formuliert von der französischen Moralistik, der deutschen Romantik, von Schopenhauer und Wagner her im bewußt unsystematischen, auch widersprüchlichen Aufnehmen und Umkreisen aller sprachlich-literarischen, religiös-kulturellen und gesellschaftlichen Themen eine umfassende Kultur-, Erkenntnis- und Ideologiekritik. Sie bewegt sich, ein Tanz der Begriffe, bei höchstem Verbindlichkeitsanspruch im Spiel zwischen Dichtung und Philosophie.

Während in Deutschland eine Fülle von Trivialaphoristik ein nun gängiges Gattungsschema bis zum billigsten Wortspiel hinunter variiert, entwickelt sich von Grillparzer her über die formvollendeten und höchste ethische Ansprüche formulierenden *Aphorismen* (ab 1880) Marie von Ebner-Eschenbachs (1830–1916) mit ihrer nachhaltigen Wirkung eine spezifisch österreichische Jahrhundertwende-Aphoristik, die in so verschiedenen Autoren wie Franz Kafka (1883–1924) und Karl Kraus (1874–1936) kulminiert – Kafka, der aus eigenem Denken-Erleben heraus Kategorien wie Glück und Leid, Weg und Ziel, Frage und Antwort existentielle, schlagend-paradoxe Einsichten abverlangt; Kraus, für den das Satirische und Agonale im Mittelpunkt der Sprach-Kunst seines Aphorismus stehen. Sie umfaßt weiterhin den Freundeskreis um Hugo von Hofmannsthal (1874–1929) (*Buch der Freunde*, 1922) und Arthur Schnitzler (1862–1931), der den diagnostischen Blick des Arztes mit Skepsis und wohlverstandener Konservativität verbindet, und reicht in ihrer Wirkung noch über Robert Musil (1880–1942) und Heimito von Doderer (1896–1966) hinaus. Die Gründe sind wohl darin zu suchen, daß die aphoristische Ausdrucksweise der Sprachskepsis und dem Krisengefühl der Zeit besonders gut entspricht.

Durch die Lösung vom Schema der klassischen Maxime
erneuert sich die Gattung in Frankreich zur gleichen Zeit in
höchst bedeutendem Maße. Dafür stehen einerseits die einem konsequenten Sprachzweifel abgewonnenen, radikal
reduzierten Aphorismen Jules Renards (1864–1910) in seinem *Journal*, das von 1887 bis zum Lebensende geführt,
freilich erst später rezipiert wird. Zum andern erhebt sich
hier als aphoristisches Massiv das überragende poetisch-
philosophische Werk Paul Valérys (1871–1945), das sich in
den regelmäßigen Einträgen seiner *Cahiers* (Auszüge daraus ab 1924) niederschlägt. Hinzu kommt zum dritten die
surrealistische Bildaphoristik etwa Max Jacobs (1876–1944),
die die Grenzen des Intellekts sprengt, wobei aber durchaus
fraglich ist, ob und wie weit sie dabei jeglichen Erkenntnisanspruch aufgibt. In der gnomischen Prosapoesie René
Chars (1907–1988) findet sie ihre glühend kunstgläubige,
bildschöpferisch-orakelnde Fortsetzung, die wiederum auf
den deutschen Sprachraum einwirkt.

Der polnische Aphorismus ist über seinen Sprachraum
hinaus vornehmlich seit der Jahrhundertwende wahrgenommen worden. Aber es gibt eine weit zurückreichende
Vorgeschichte, wovon zahlreiche eindrucksvolle national-
sprachliche Anthologien zeugen. Die dem Sprichwort verwandte Aphoristik Andrzej Maksymilian Fredros (1620–
1679) ist noch bis zur Gegenwart populär, und im 19. Jahrhundert findet die Gattung zahlreiche Vertreter, von Stefan
Witwicki (1802–1847) bis Henryk Sienkiewicz (1846–1916)
und Stefan Żeromski (1864–1925). Mit der erkennbaren Rezeption von Wilde, Ebner-Eschenbach, Nietzsche reiht sich
nach 1900 dann Adolf Nowaczyński (1876–1944) nach-
drücklich in die internationale Geschichte des Aphorismus
ein, desgleichen Karol Irzykowski (1873–1944), der neben
Lec wohl bedeutendste polnische Aphoristiker, der besonders von Hebbel herkommt, aber auch von Nietzsche beeinflußt ist. In der nächsten Generation sind der an Bierce und

Wilde geschulte Julian Tuwim (1894–1953) und Stefan Napierski (1899–1940) mit seiner erklärten Abhängigkeit von
der deutschen Romantik zu nennen, daneben unter einer
Vielzahl von Namen Stanisław Brzozowski (1878–1911),
Tadeusz Kotarbiński (1886–1981) und Hugo Steinhaus
(1887–1972). Den wirklich durchschlagenden internationalen Erfolg aber hat erst Stanisław Jerzy Lec (1909–1966)
mit seinen dialektisch zugespitzten *Unfrisierten Gedanken*
(in mehreren Sammlungen ab 1959); unter seinen Nachfol-
gern ist vor allem Wiesław Brudziński (geb. 1920) über die
Grenzen seines Landes hinaus bekannt geworden.

Lec' schier singuläre Wirkung erstreckt sich nicht nur auf
den Westen, etwa die Unzahl ›verlecender‹ Aphorismen gerade nach 1968 in Deutschland, sondern auch und zunächst
auf die sozialistischen Nachbarländer. Für den politisch-sa-
tirischen Kampf in der Meinungsdiktatur des real existie-
renden Sozialismus stehen für Rußland Michail Genin (geb.
1927) und für das ehemalige Jugoslawien der Slowene
Žarko Petan (geb. 1929) sowie der Serbe Brana Crnčević
(geb. 1933). Ihre Aphoristik bedient sich der klassischen
Mittel, Umkehrung und Weiterführung, Wortspiel, Definition und Variation. In glücklichen Fällen trägt sie über ihren
aktuell-journalistischen Kontext hinaus.

Das Motivbündel, aus dem Übersetzungen entspringen,
hat für die italienische Aphoristik des 20. Jahrhunderts allein den Literaturwissenschaftler und Schriftsteller Ferrucio
Masini (1928–1988; *Aforismi di Marburgo*, 1983) und den
Historiker und Übersetzer Guido Ceronetti (geb. 1927) in
Deutschland präsent gemacht (*Il silenzio del corpe*, dt. *Das
Schweigen des Körpers*, 1983; *Pensieri del Tè*, dt. *Teegedanken*, 1993), daneben auch Giovanni Papini (1881–1956) und
Ennio Flaiano (1910–1972), nicht oder doch kaum aber
(mit ihrem aphoristischen Werk) etwa Leo Longanesi
(1905–1957), Umberto Saba (1883–1957), Aldo Palazzeschi
(1885–1974) oder Gesualdo Bufalino (geb. 1920).

Aus dem weiten spanischen Sprachraum reichen vollends nur Einzelheiten herüber, die sich nicht zu einer historischen Skizze verknüpfen lassen: nach Gracián am Anfang der Geschichte des Aphorismus der Spanier Antonio Machado y Ruiz (1875–1939) mit fiktiven *Sentencias* (1936), der nach dem spanischen Bürgerkrieg in Argentinien lebende Ramón Gómez de la Serna (1888–1963) mit seinen *Greguerías* (entstanden ab 1910; dt. ab 1958), die bei aller Besonderheit ihre Verbindung zu den definitorischen wie surrealistischen Ausprägungen der Gattung nicht leugnen können, schließlich der Kolumbianer Nicolás Gómez Dávila (1913–1994) mit seiner klassisch-›reaktionären‹ Aphoristik (dt. ab 1987), die der Verbindung von enzyklopädischer Bildung mit einem unabhängigen, kämpferisch-zuspitzenden Geist entspringt.

Während sich die Gattung in England mit William Somerset Maugham (1874–1965) (*A Writer's Notebook*, 1949) und Wystan Hugh Auden (1907–1973), in den USA etwa mit Wallace Stevens (1879–1955) ins 20. Jahrhundert hinein fortsetzt, findet sie nach Valéry und neben Char in Frankreich ihre besonders markante und dabei völlig andere Ausprägung in dem umfangreichen, großartig monomanen Werk des Bulgaren E. M. Cioran (1911–1995), dessen vernichtende punktuelle Einsichten, dem Nicht-Sprechen wie dem Nicht-Leben abgerungen, seit 1949 in französischer Sprache erscheinen (dt. ab 1969).

Daß die sprachliche Zugehörigkeit nicht mit der nationalen verwechselt werden darf, zeigt der deutschsprachige, aber nicht deutsche Aphorismus im späten 20. Jahrhundert besonders gut, und dies nicht allein im Hinblick auf die Nachbarländer Österreich und die Schweiz. Schließlich sind (der Bulgare, Jude, Österreicher, Engländer?) Elias Canetti (1905–1994) und danach der in Österreich geborene Israeli Elazar Benyoëtz (geb. 1937) seine bedeutendsten Repräsentanten. Canettis *Aufzeichnungen* seit 1942 rezipieren die gesamte aphoristische Tradition produktiv, namentlich Lichtenberg, Joubert und das Porträt in der Nachfolge La Bruyères. Sie umkreisen thematisch immer wieder vor allem Macht, Mythos, Todeshaß, Geschichte und sind Bausteine einer eigenen Bildwelt, als strenge Reflexion in Gestalt eines streng reflexionsfreien Textes (von Matt, 1996). Benyoëtz operiert mit seinen wort- und klangbewußten, mystisch-religiösen Etüden im Umkreis von Sprache und Erinnerung, Glaube und Zweifel an der Grenze der Sagbarkeit.

Im übrigen bietet der deutschsprachige Aphorismus im 20. Jahrhundert ein breites, wenn auch noch weitgehend unerforschtes Panorama, das nur einige namentliche Hinweise erlaubt: auf den expressionistischen Aphorismus mit Kurt Hiller (1885–1972) und Rudolf Leonhard (1889–1953), der in These und »Satz« Emotionalität und Handlungsorientiertheit, Mystik und Revolution zu verbinden sucht; auf die ebenso dunkel wie apodiktisch kündende Spruch-Aphoristik während der Zeit des Dritten Reiches (Ernst Bertram; 1884–1957); auf den am Rande von Philosophien angesiedelten Aphorismus, »Denkbild« und »Reflexion«: Walter Benjamin (*Einbahnstraße*, 1929), Theodor W. Adorno (*Minima Moralia*, 1951); auf eine höchst bedeutende Einzelerscheinung wie Ernst Jünger (1895–1998), als nationalkonservativer Essayist und Diarist wie selbstverständlich auch Aphoristiker, der sich in Gestalten wie Rivarol oder Gómez Dávila gespiegelt sieht; auf den zumeist aus der sogenannten »inneren Emigration« erwachsenen, formal und inhaltlich konservativen Aphorismus nach 1945, mit Martin Kessel (1901–1990), Ernst Wilhelm Eschmann (1905–1987) oder etwa Friedrich Georg Jünger (1898–1977); auf das Exil (Werner Kraft; 1896–1991); auf Hans Kasper (1916–1990) im wesentlichen, Wolfdietrich Schnurre (1920–1989) in nicht unwesentlichen Teil seines Œuvre oder auf das schmale, aber gewichtige Werk von Hans Kudszus (1901–1977); auf die politisch-satirische Erneuerung in den siebziger Jahren.

In der Schweiz ragt das solipsistische Werk Ludwig
Hohls (1904–1980) heraus (*Die Notizen oder Von der un-
voreiligen Versöhnung*, 1944/54), und bis in die Gegenwart
hinein ist ein österreichischer ›Sonderweg‹ zu beobachten,
nicht nur mit Peter Handke (geb. 1942), auch mit einem
Autor wie Franz-Josef Czernin (geb. 1952) (*die aphorismen*,
8 Bde., 1992). Handkes poetischer Journal-Aphorismus ist
als Ausdruck einer Wende zu ästhetisierendem Irrationalis-
mus hart kritisiert worden, beeindruckt gleichwohl im einzelnen durch viele Notizen von frappierendem intuitiven
Vermögen wie im ganzen durch seine ernsthafte Konse-
quenz; ein angemessenes Verständnis könnte sich nicht nur
aus der romantischen Tradition, sondern auch vom Bildaphorismus Chars her entwickeln.
   Im übrigen mag diese nationale Perspektive ordnen, sie
trägt aber nicht weit. Aufschlußreicher wäre es, über die
Landesgrenzen zumindest des deutschsprachigen Raumes
hinweg Tendenzen zu beschreiben, die der Gattungsverdün-
nung zu begegnen suchen, wie sie sich dort zeigt, wo der
Aphorismus in Variation und Repetition vorgestellte Gat-
tungsnormen erfüllt und in politisch-satirischer Tagesaktua-
lität aufgeht oder aus reiner Artistik entspringt und ohne
Nachhaltigkeit bleibt. Das mag durch die Evozierung von
Vorstellungswelten (Canetti) geschehen, durch wortgläubige
Konzentration (Benyoëtz), durch Fiktionalisierung wie in
Martin Walsers *Meßmers Gedanken* (1985) oder auch durch
poetisch-mythische Versenkung. Vornehmlich ist eine Tendenz zu Mischformen, an der Tagebuch-Aufzeichnung orientiert, zu beobachten (von Ilse Aichinger über Wolfdietrich
Schnurre bis Felix Philipp Ingold). Ähnliche Tendenzen wie
bei Handke sind dabei etwa bei Botho Strauß (geb. 1944) zu
erläutern: hochreflektierte Einfachheit, Naturversenkung,
Gegenwartsdistanz und Vergegenwärtigung von Vergange-
nem. Es sind die Innovationen von den Rändern her, die der
Gattung neue Substanz zuführen und damit ihren Anspruch

auf eine Form eigener Erkenntnis im Spannungsfeld zwischen Wissenschaft und Literatur erneuern.

Man hat, da man den historischen Weg des Aphorismus von Spanien nach Frankreich – von hier in verschiedene europäische Länder ausstrahlend –, weiter dann nach Deutschland und schließlich nach Österreich und Polen beobachtete, eine West-Ost-Wanderung zu erkennen gemeint, man hat von einer Blüte der Gattung in Zeiten geistigen Umbruchs gesprochen (nach 1900 in Österreich, um 1970 in Polen): Wer sich die Lückenhaftigkeit seiner historischen Erforschung vor Augen führt, wird noch für längere Zeit lieber als zu solchen gewagten Thesen zu Blättern greifen, auf denen er unter den vielen weißen Flecken auf den Karten der Gattungsgeschichte den einen oder anderen Ort gezeichnet findet.

Man hat außer historischen auch typologisch weitreichende Analysen versucht und Elemente aphoristischen Denkens gesucht, ja, eine aphoristische Existenz beschreiben zu können geglaubt. Auch dazu kann die vorliegende Sammlung Einsichten eröffnen, nicht auf dem Weg psychologisierender Spekulation, sondern durch die Beobachtung von biographischen Gemeinsamkeiten und von Denkzusammenhängen, wie sie auch diese schmale Auswahl schon erkennen läßt. Einige mögen abschließend knapp angedeutet sein.

Sehr oft scheint der Aphoristiker sein Werk Krankheit, Schmerz, körperlicher Beeinträchtigung abringen zu müssen. Das gilt für Pascal, Vauvenargues, Chamfort, Lichtenberg, Leopardi, Cioran. Auffällig häufig definiert er sich darüber hinaus in anderer Weise als solcher körperlichen Andersartigkeit von einem Platz am Rande aus, als sexueller Außenseiter (Wilde), als gescheitert Zurückgezogener (Guicciardini, La Rochefoucauld, Gracián, Pascal, Swift). Eine eindrucksvolle Reihe von Aphoristikern: Pascal, Vauvenargues, Chamfort, Joubert, Renard; Butler (I), But-

ler (II); Lichtenberg, Goethe, Jean Paul, Hebbel, Kafka; Irzykowski; Leopardi: zu Lebzeiten sind sie *als* Aphoristiker unveröffentlicht und unbekannt. Das eröffnet Vorstellungen weiten Raum, die einen Zusammenhang von Leiden und Kreativität mit den emotionalen Kräften, einen
Zusammenhang von Rand (auch ›Randständigkeit‹) und
Scharfblick mit den intellektuellen Fähigkeiten sehen, beides zugleich aber als eine dem Aphoristiker höchst förder-
liche geistige Konstitution betrachten. Pessimismus überwiegt; der Melancholiker ist die vorherrschende Figur,
überdeutlich bei Bierce, Twain, Swift, Schopenhauer,
Strauß. Daß aphoristisches Denken wie Denken überhaupt
alles andere als glücklich macht, ist dem Aphoristiker seit
jeher bewußt:

> Unsre Vernunft macht uns oft unglücklicher als unsre
> Leidenschaften, und man kann sagen, daß der Mensch
> dem Kranken gleicht, den sein Arzt vergiftet hat.
> (Chamfort 6)

> Man ist meistens nur durch Nachdenken unglück-
> lich.   (Joubert 37)

> Der Gedanke tritt zwischen den Menschen und das
> Leben; er verbrennt die Früchte, die es bietet.
> (Hebbel 22)

> *Wo das Gute beginnt.* – Wo die geringe Sehkraft des
> Auges den bösen Trieb wegen seiner Verfeinerung
> nicht mehr als solchen zu sehen vermag, da setzt der
> Mensch das Reich des Guten an [...]. Daher die Dü-
> sterkeit und der dem schlechten Gewissen verwandte
> Gram der großen Denker!   (Nietzsche 60)

> Der Geist lebt auf Kosten des Körpers: Wenn du dich
> wohlfühlst, denkst du schlecht.   (Renard 18)

Wie selten denkt man zu Ende ohne zu seufzen.
Am äußersten Ende jedes Gedankens wartet ein Seufzer.   (Valéry 6)

Die Vernunft trägt immer Trauer.
                                (Gómez de la Serna 19)

Es soll nichts zu Erkenntnis werden, was einen nicht
erbarmungslos gequält hat. Alle anderen Einsichten
haben mathematischen oder technischen Charakter.
Ihre Folgen ereilen uns, weil wir sie nicht erlitten haben.   (Canetti 89)

Es ist nicht ausgeschlossen, zwischen dem einen Gedanken und dem anderen – glücklich zu sein.
                                               (Lec 44)

Leiden heißt Erkenntnis *produzieren*.   (Cioran 31)

Wer den Opponenten gegen alles Gleichförmige, nur ge-
wohnheitsmäßig Richtige, den umstürzenden Denker und
Verfasser radikaler Einsichten als durchweg revolutionär im
politischen Sinne begreifen wollte, irrt sich. Es reicht dazu,
auf La Bruyère und Joubert im 17. und 18., auf Schopenhauer und Leopardi im 19., Schnitzler und Jünger im
20. Jahrhundert, auf Strauß, Gómez Dávila, Ceronetti in der
Gegenwart zu verweisen. Dazu ist sein Denken zu sehr einem zeitübergreifenden Gemeinsamkeitsgefühl verpflichtet,
auch zu sehr von Ambivalenzen und Paradoxien geprägt,
sucht also eher im Bewahren zu verändern. Man möchte sagen: Dazu weiß er zu viel und ist er zu wenig definitiv. Tra-
ditional ist der Aphoristiker schließlich auch in dem Sinne,
daß er die Spannung der Gattung zwischen Intellekt und
Anschauung, Begriff und Bild, die ihre Mitte beschreibt, bis
in die Gegenwart hinein immer wieder erlebt und begreift;
damit gebührt ihm unbedingt das letzte Wort:

Was dich berührt, wirst du nicht begreifen.

(Benyoëtz 29)

Die Erkenntnis gründet auf klugen Ahnungen, nicht auf unumstößlichen Gewißheiten.

(Gómez Dávila 37)

Wenn alle Gedanken im Blut ertrinken, wird der Philosoph zum Anwalt des Herzens.　　(Cioran 8)

Ich dachte so lange nach, bis ich mich fühlte

(Handke 8)

Man wird noch eine Weile brauchen, bis man zum poetischen Kern unserer Kognition vorstößt.

(Strauß 23)

Zu Auswahl und Anordnung

Mit Goethes Begriff der »Weltliteratur« geht man oft vorschnell um. So sind die abschließenden Bemerkungen zur Auswahl als eine Reihe von Einschränkungen gegenüber dem Anspruch zu lesen, Aphorismen »der Weltliteratur« zu bieten. Sie gleichen das Wünschenswerte mit dem Möglichen ab. Weltliteratur: der Titel ist aus eurozentrischem Denken formuliert und bei genauer Betrachtung anmaßend falsch. Es geht um die aphoristische Literatur lediglich in einigen europäischen Sprachen, vom Spanischen bis zum Russischen. Ganz falsch ist er andererseits auch wieder nicht, wenn man innerhalb dieser Sprachen eben auch mit Ambrose Bierce und Mark Twain Nordamerika, mit Ramón Gómez de la Serna und Nicolás Gómez Dávila Südamerika, mit Elazar Benyoëtz schließlich Israel einbezogen sieht. Asien vor allem ist dabei ein ebenso weites wie unsicheres Feld. Dürfen wir Texte von K'ung-fu-tse, Lao-tse, Dschuang Dsi, von Yoshida Kenko oder Sa'di nicht einbeziehen? Die Frage nach den sprachlichen Grenzen überlagert sich hier mit der Frage nach den Grenzen der Gattung. Die historische Dimension kommt hinzu: Finden sich Aphorismen von Mark Aurel, Seneca, Epiktet nicht in beinahe jeder einschlägigen Sammlung? Ist der Aphorismus eine aus spätantiken Wurzeln heraus in der Renaissance sich entwickelnde europäische Erscheinung, oder darf die Gattung darüber hinaus auch universelle Geltung beanspruchen? Welche Auswirkungen hätte das für den Inhalt des Begriffes? Wie wären in anderen Kulturen die Grenzen zu Sprichwort, Sentenz o. ä. zu ziehen? Sämtlich ungeklärte Fragen, die nicht nur aus pragmatischen Gründen eine ›europa-sprachliche‹ Beschränkung der »Weltliteratur« geboten erscheinen lassen. Den Leser erwartet in dieser Sammlung nicht eine gattungsmäßig völlig indifferente ›Lebensweisheit der Völker‹; über den Aphorismus-Begriff seines ›Vor-Lesers‹ hat er Aufklärung erhalten.

Innerhalb dieser Begrenzung wird freilich größtmögliche Breite angestrebt. Daß ich slowenische (Žarko Petan), serbische (Brana Crnčević), russische (Michail Genin) oder niederländische (Multatuli) Aphoristik aufgenommen habe, verdankt sich auch Überlegungen zu *solcher* Repräsentativität. Andererseits bedeutet das aber, einen subjektiven Qualitätsmaßstab zu relativieren. Das ist zu berücksichtigen, wenn man Crnčević oder Petan hier vertreten findet und Antoine de Rivarol, Philip Dormer Stanhope, Earl of Chesterfield oder Hugo von Hofmannsthal vermissen sollte.

Die deutschsprachige Perspektive ist dabei – weitere Einschränkung – schon allein dadurch gegeben, daß die Anthologie bei ausländischen Autoren auf vorhandene deutsche Übersetzungen zurückgreift. (Nur zu Samuel Butler [I], William Hazlitt, Samuel Butler [II] und Mark Twain sind eigene Übersetzungen angefertigt worden, um den in Deutschland bisher stark unterrepräsentierten englischsprachigen Aphorismus auch nur annähernd angemessen vorzustellen.) Das bedeutet aber auch, Wertung und Auswahl der jeweiligen Übersetzer-Herausgeber zu übernehmen. Gerade etwa im Fall der polnischen Aphoristik habe ich den Mangel stark empfunden, der darin liegt, mir wegen mangelnder Sprachkenntnis einen eigenständigen Überblick versagen zu müssen. Auf der anderen Seite bin ich bei den mir ›naheliegenden‹ deutschsprachigen Autoren eher restriktiv verfahren, um der wahrscheinlichen perspektivischen Verzeichnung zu steuern. Der Verzicht fiel etwas leichter, weil gute deutschsprachige Anthologien vorliegen; der Überblick »Zur Geschichte des Aphorismus« (S. 316–337) gibt weitere Hinweise.

In diesen Grenzen geht die Auswahl nun allerdings möglichst auf das jeweils ganze und originale Textkorpus eines Autors zurück, ist also nur ausnahmsweise (etwa im Fall einiger polnischer Aphoristiker) auf Auswahlen gegründet; und jeder Aphorismus ist auch über die genauen Stellenverweise im Kapitel »Autoren, Kurzbiographien, Druckvorlagen« eindeutig auf die Quelle zurückzuverfolgen. Nur so läßt sich die Gefahr weitestgehend ausschließen, unter diesem Etikett auch allem irgendwie prägnant Sentenziösen, jedwedem bonmothaften Zitat aufzusitzen und den Begriff damit völlig zu verwischen. Genau so verfahren ja *Schlagfertige Definitionen* (Schmidt, 1971 und 1976), das *Prisma van de citaten* (Edens [u. a.], 1997) oder *Il libro dei mille savi* (Palazzi/Spaventa, 1967); der Abschnitt »Zum Begriff ›Aphorismus‹« hatte sich mit solchen sekundär hergestellten »Aphorismen« auseinanderzusetzen. Wenn der Leser also einiges aus dem Grundbestand der »aphoristischen« Weltliteratur vermissen sollte, dann mag das eben diesen Grund haben. Es mögen witzige und zugleich tiefsinnige, weise und lebenskluge, mit Recht häufig zitierte Sätze sein, nur: Aphorismen sind es nicht. In diese Auswahl sind also nur ›ursprüngliche‹ und überdies vollständige Aphorismen aufgenommen worden, aber mit der einen, jeweils durch

[...] gekennzeichneten Ausnahme Schopenhauers, auch weil in einer aphoristischen Anthologie eine Ausnahme von der Regel einfach aus inneren Gründen geboten ist.

So sehr diese Auswahl das Ergebnis einer subjektiven Lesart ist, so sehr muß auch Bekannteres und ›Repräsentativeres‹ sein Recht haben. Sie will aber nicht in jedem Fall und primär das für den Autor Spezifische herausheben. Zu Pascal etwa streicht sie deutlich *einen* Aspekt seines Denkens heraus; bei Joubert ist das eher Untypischere das mir Interessantere. Zudem habe ich bei der Auswahl den Blickpunkt von heute aus gewählt. Es geht nicht um ein Museum, weniger um historische Würdigung als um überdauernde Geltung, vielleicht auch überraschende Aktualität. Herausgehoben ist daneben manches, was geeignet ist, ein Beziehungsgeflecht sichtbar zu machen. Was den Maßstab künstlerischer Qualität betrifft, läuft man leicht Gefahr, sich auf Gemeinplätze wie ›formal bestechend‹ oder ›Tiefe der Einsicht‹ zurückzuziehen. Das hieße aber, letztlich nichtssagend zu bleiben und damit nur scheinbar zu begründen. Ich erspare also mir und dem Leser hier solche Einschätzungen. Auch die Proportionen innerhalb der Sammlung lassen nicht (in jedem Fall) Schlüsse auf die Wertschätzung zu; denn natürlich ist dazu unbedingt der Umfang des vorhandenen (oder im Deutschen zur Verfügung stehenden) Textmaterials als Ausgangsbasis zu berücksichtigen.

Aber es wäre zugegebenermaßen unbefriedigend, die editorische Gretchenfrage nur mit solchen Negativkriterien zu bedienen. Die Auswahl will nicht verleugnen, daß sie notwendig subjektiv ist. Canetti hat sich die, nein: der Frage gestellt: »Welche Sätze, die man in einer Aphorismensammlung findet, schreibt man sich auf?« (*Die Provinz des Menschen*, S. 185). Und er findet unter denen, die sich auf einen selbst beziehen, die – rechthaberisch oder staunend – bestätigenden und vor allem die beschämenden. »Ohne sie kann er sich nie *ganz* sehen.« Es geht um das Aufspüren von be-

sonderen Widerhaken, auch um solche Aphorismen, die
Rätsel bleiben, und solche, die zu mir und zu denen ich in
dieser Lesesituation eine besondere Disposition haben. Der
Leser wird die Vorliebe für Figuren paradoxer Selbstaufhe-
bung erkennen, für ein ambivalentes und interpolierendes
Zu-begreifen-Suchen, für ein Denken, das sich – gewissermaßen in zweiter Potenz – selbst befragt und überprüft. Er
wird auch entsprechende thematische Schwerpunkte dort
bemerken, wo das Denken sich selbst bedenkt: den Umkreis von Erkenntnis, Selbsterkenntnis, Irrtum, Täuschung,
Selbstreflexion von Person und Gattung. Es ist ganz im
Sinne des Aphorismus, wenn es letztlich dem Leser überlassen bleibt, die einzelnen Fäden des Begründungsstranges zu
entdecken und zu verfolgen; er kann schlechterdings nicht
zu denen gehören wollen, »die bloß lesen, damit sie nicht
denken dürfen« (Lichtenberg, *Sudelbücher I*, G 82).

   Zur Mitarbeit eingeladen ist er auch dort, wo es um das
Herauslösen einzelner thematischer Fäden aus dieser Textur
geht. Viele Leser wollen ja primär wissen, was die großen
Autoren zu bestimmten Themen, insbesondere zu den ewigen Themen wie Liebe und Tod oder Glück und Unglück,
gesagt haben. Dieses Interesse bedienen denn auch die meisten Sammlungen von Hoddicks *Aphorismenschatz* von
1901 über Hübschers und Margolius' *Aphorismen der Weltliteratur* aus den fünfziger Jahren bis zu Schmidts *Geflügel-
ten Definitionen* 1971 im deutschen Sprachraum, vom *Faber
Book of Aphorisms* (Auden/Kronenberger, 1964) bis zum
Oxford Book of Aphorisms (Gross, 1983) in englischer oder
dem *Libro dei mille savi* (Palazzi/Spaventa, 1967) in italienischer Sprache.

   Im Gegensatz dazu will die vorliegende Sammlung unter
strengem Bezug auf die (deutschsprachigen) Quellen und
von einem überprüfbar distinktiven Gattungsbegriff aus ein
internationales Konzert der großen aphoristischen Stimmen
auf- und vorführen. Sie ordnet dazu die Texte schlicht chro-

nologisch nach den Geburtsdaten ihrer Autoren. Das führt zwar im Einzelfall zu geringen Verstößen gegen die historische Abfolge, wenn etwa Swift *vor* La Rochefoucauld, Bierce *vor* Nietzsche, Canetti *vor* Lec erscheinen, hat aber den Vorteil der Eindeutigkeit. Mit der Ordnung nach Entstehung(s-zeitraum) oder gar Erscheinung(szeitraum) würden die Probleme sinnvoll-konsequenter Abfolge nur größer. Harmonien und Disharmonien, einzelne führende Stimmen und Zusammenspiel in Formen und Themen von Joseph Joubert, Jean Paul und William Hazlitt um die Wende zum 19. Jahrhundert, von George Bernard Shaw, Arthur Schnitzler und Jules Renard um 1900, von Stanisław Jerzy Lec, E. M. Cioran, Nicolás Gómez Dávila um 1960 mögen auf diese Weise Ausdruck finden. Aphoristische ›Adoptionen‹ oder ›Filiationen‹ (Hebbel – Irzykowski, Joubert – Canetti, La Rochefoucauld – Hazlitt, Kraus – Nowaczyński, Nietzsche – Jünger, Nietzsche – Cioran – Strauß, Kraus – Lec – Petan), Gegensätze (La Rochefoucauld – Vauvenargues, Lichtenberg – Goethe, Char – Lec, Kafka – Kraus, Cioran – Gómez Dávila) und überraschende partielle Gleichklänge (Swift – Lichtenberg, Leopardi – Mark Twain, Ceronetti – Cioran): sie mögen die ›Nachlese‹ fördern.

Wer hingegen als Leser thematisch orientiert und interessiert ist, findet eine Themenzusammenstellung im Anhang, die sich von einer systematischen Ordnung mehr verspricht als von alphabetisierten Schlagwörtern.

*

Für die Beantwortung einzelner Fragen zu ausländischen Aphoristikern und für Hinweise danke ich Werner Helmich, Peter Krupka, Gino Ruozzi, Thomas Stölzel, für die kritische Lektüre des Nachwortes danke ich meinen Freund(inn)en. – Aber an erster Stelle bin ich für die Freiheit zur wissenschaftlichen Arbeit immer A. dankbar.

Inhalt